Der neue KI-Commerce

Gerrit Heinemann

Der neue KI-Commerce

Intelligenter E-Commerce und KI-basierte Plattformlösungen im Online-Handel

Springer Gabler

Gerrit Heinemann
eWeb Research Center
Hochschule Niederrhein
Mönchengladbach, Deutschland

ISBN 978-3-658-51172-2 ISBN 978-3-658-51173-9 (eBook)
https://doi.org/10.1007/978-3-658-51173-9

Die Deutsche Nationalbibliothek verzeichnet diese Publikation in der Deutschen Nationalbibliografie; detaillierte bibliografische Daten sind im Internet über https://portal.dnb.de abrufbar.

Planung/Lektorat: Maximilian David
Springer Gabler ist ein Imprint der eingetragenen Gesellschaft Springer Fachmedien Wiesbaden GmbH und ist ein Teil von Springer Nature.
Die Anschrift der Gesellschaft ist: Abraham-Lincoln-Str. 46, 65189 Wiesbaden, Germany

Wenn Sie dieses Produkt entsorgen, geben Sie das Papier bitte zum Recycling.

Vorwort

Experten prognostizieren bereits das Ende des Online-Shops. Demnach sollen schon 2030 mehr als 30 % der Bestellungen im E-Commerce nicht mehr von Menschen, sondern von KI-Agenten kommen. Sollte diese Prognose zutreffen, bedeutet das allerdings nicht das Ende des Online-Handels, sondern eine tiefgreifende Transformation, die vor allem durch Künstliche Intelligenz (KI) getrieben wird. Zweifelsohne steht der Online-Handel an einem Wendepunkt. Düsteres Konsumklima, Kaufzurückhaltung, steigende Kosten, Inflationsdruck sowie der technologische Umbruch durch KI verändern die Spielregeln rasant und setzen die ohnehin stark gebeutelten Online-Händler unter Druck. Auch wenn diese wieder ein nominales Wachstum verzeichnen konnten, treiben eigentlich nur die asiatischen Billig-Plattformen sowie Amazon das Online-Wachstum. KI-basierte Plattformen sind in allen Ländern die Online-Gewinner. E-Commerce wird damit immer mehr zum KI-Commerce. Künstliche Intelligenz (KI) ist für den Onlinehandel unerlässlich geworden und erfindet die Art und Weise, wie Online-Geschäfte betrieben werden, grundlegend neu. Unternehmen, die KI nutzen, können Kunden besser verstehen sowie binden und gleichzeitig ihre Geschäftsprozesse optimieren, um wettbewerbsfähig zu bleiben.

KI verbessert nicht nur personalisierte Einkaufserlebnisse durch Empfehlungen, sondern ermöglicht eine fortschrittlichere Analyse des Kundenverhaltens, was zu mehr Effizienz und Wettbewerbsfähigkeit führt. KI-gestützte Suchfunktionen verstehen den Sinn hinter Suchanfragen und können auch Bilder als Eingabe verwenden, nicht nur Text. KI-Algorithmen geben individuelle Produktempfehlungen und erstellen hyperpersonalisierte Marketingbotschaften. Chatbots und virtuelle Assistenten beantworten Kundenanfragen in Echtzeit, was das Einkaufserlebnis noch weiter verbessert. KI kann Preise in Echtzeit anpassen, basierend auf Nachfrage, Wettbewerb und anderen Faktoren. Künstliche Intelligenz optimiert außerdem auch interne Abläufe und hilft bei der Optimierung der Lieferketten, der Bestandsverwaltung bzw. dem Bestandsmanagement und der Vorhersage von Verkaufsspitzen, um Über- oder Unterbestände zu vermeiden. Machine-Learning-Algorithmen sind darüber hinaus in der Lage, Betrugsversuche zu erkennen und zu verhindern. Insofern ist die Integration von KI kein optionaler Zusatz mehr, sondern der Schlüssel für Erfolg. Die KI ist somit zu einem strategischen Werkzeug geworden, das das gesamte Kundenerlebnis neu definiert und eine Revolution im Online-Handel darstellt.

Die neuesten Geschäftsmodelle und Formate des Online-Handels, zu denen Shein, Temu und TikTok Shop zählen, zeigen bereits deutlich veränderte Shoppingoberflächen und -zugänge. Agentic Commerce ist derzeit das große Thema, das einen Paradigmenwechsel im E-Commerce einleiten könnte. Dieses Buch möchte die Grundlagen des KI-Commerce und die systemtechnischen Voraussetzungen für KI im Online-Handel aufzeigen. Darauf aufbauend sollen Geschäftsidee, Geschäftsmodell sowie Geschäftssystem des KI-Commerce beschrieben und anhand aktueller Beispiele belegt werden.

Mein Dank gebührt Springer Nature, die schnell und pragmatisch meinen Buchvorschlag angenommen und die Erstellung des Buches umfassend unterstützt haben. Zudem möchte ich gerne darauf verweisen, dass es mein vordringlichstes Anliegen war, mit diesem Buch eine Brücke zwischen Theorie und Praxis zu schlagen und es maximal benutzerfreundlich zu gestalten. Sollte ich diesem Anspruch nicht genügen, bitte ich um Nachsicht, aber auch um entsprechendes Feedback.

Mönchengladbach, Deutschland — Gerrit Heinemann

Inhaltsverzeichnis

Abkürzungsverzeichnis

5G	5. Generation
App	Applikation
API	Application Programming Interface
bevh	Bundesverband E-Commerce und Versandhandel
B2B	Business-to-Business
B2C	Business-to-Consumer
CAGR	Compound Annual Growth Rate
CBC	Customer Buying Cycle
CEO	Chief Executive Officer
CGI	Computer Generated Imagery
CLV	Customer Lifetime Value
CPC	Cost-per-Click
CRM	Customer Relationship Management
EDI	Electronic Data Interchange
ERP	Enterprise Resource Planning
EU	Europäische Union
FAQ	Frequently Asked Questions
FBA	Fulfillment by Amazon
FDL	Finanzdienstleistung/Finanzdienstleister
GEO	Generative Engine Optimization
GMV	Gross Merchandise Volume
IT	Informationstechnologie
KI	Künstliche Intelligenz
LBS	Landesbausparkasse
m	mobile
max.	maximal
MP	Marktplatz
PIM	Product Information Management
PoS	Point of Sale
PSD2	Payment Service Directive 2

PSD3	Payment Service Directive 3
QR	Quick Response
ROI	Return on Investment
ROPO	Research online – purchase offline
SEA	Search Engine Advertising
SEO	Search Engine Optimization
URL	Uniform Resource Locator
USP	Unique Selling Proposition
WWS	Warenwirtschaftssystem
WWW	World Wide Web
XS2A	Access to Account

Der Autor

Prof. Dr. Gerrit Heinemann ist Professor für Betriebswirtschaftslehre, Management und Handel an der Hochschule Niederrhein und leitet dort das eWeb Research Center.

E-Commerce ist KI-Commerce

1

Zusammenfassung

Der Online-Handel steht vor gewaltigen Herausforderungen. Plattformen und Künstliche Intelligenz (KI) sowie die dadurch initiierte Veränderung des Kundenverhaltens lassen einen rasanten Wandel im E-Commerce erwarten. Dieser erinnert an die digitale Disruption, die vor rund 30 Jahren begann und für die als Vorreiter Google, Amazon, Facebook/Meta und Apple stehen. Innovative Geschäftsmodelle aus Fernost setzen den deutschen Online-Handel bereits erheblich unter Druck. KI-basierte Shoppingoberflächen und -zugänge stoßen auf großes Interesse bei den Online-Kunden. Diese suchen zunehmend per ChatGPT, Gemini oder Perplexity statt per Google ihre Produkte im Netz. Der Schritt zum Einkauf ist dort nicht weit und Instant Checkout sowie Agentic Commerce sind bereits die großen Themen. Dieses Kapitel beschreibt die aktuelle Situation und die absehbaren Entwicklungen.

1.1 Aktuelle Situation und Entwicklungen im Online-Handel

1.1.1 Situation im Online-Handel

Insgesamt legte der deutsche Online-Handel 2024 sowie voraussichtlich auch 2025 – nach endgültiger Bereinigung des Corona-Effektes – wieder deutlich zu (bevh, 2025a, b). Dementsprechend werden für das Jahr 2025 für den deutschen Online-Handel – je nach Quelle – zwischen 82,3 Mrd. € und 92,4 Mrd. € Umsatz erwartet (bevh, 2025a, b; HDE, 2025b, c; IFH Köln, 2024). Bei der Umsatzentwicklung wurden für 2025 Wachstumszahlen zwischen + 2,5 % (bevh, 2025a) und + 4,0 % (HDE, 2025b; IFH Köln, 2024) prognostiziert (vgl. Abb. 1.1). Das deutsche Online-Wachstum wird allerdings ausschließlich

G. Heinemann, *Der neue KI-Commerce*,
https://doi.org/10.1007/978-3-658-51173-9_1

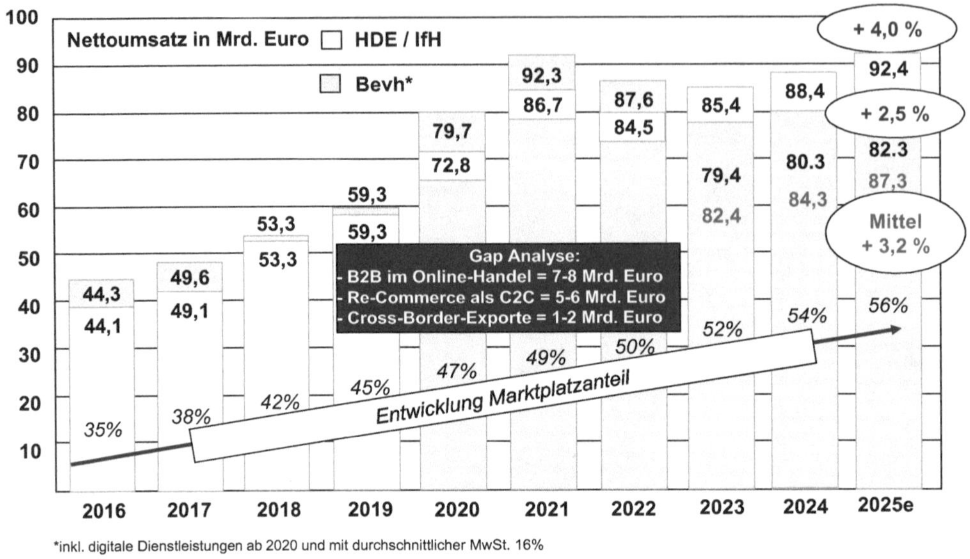

Abb. 1.1 Umsätze des B2C-Online-Handels in Deutschland – Marktplätze dominieren. (Auf Basis von bevh, 2025a; HDE, 2025b; IFH Köln, 2024)

durch den Zuwachs des Marktführers Amazon, der mit über 60 % Marktanteil in 2024 rund 7,7 % zulegen konnte, sowie der asiatischen Billigplattformen Shein, Temu und AliExpress getrieben (Amazon, 2025; bevh, 2025a). Letztere konnten 2024 ihren Marktanteil in Deutschland – gemessen an der Nutzung – zeitgleich von 2,0 auf 5,8 % nahezu verdreifachen. Dadurch wurden dem deutschen Non-Food-Online-Handel rund 5 Mrd. € Umsatz genommen, obwohl der gesamte Non-Food-Einzelhandel per se im selben Zeitraum schon um rund 2 % schrumpfte (bevh, 2025a; Destatis, 2025). Somit erzielte der restliche deutsche Online-Handel in 2024 ein dickes Minus von – 6,8 % (Abb. 1.2). Dieses setzt die ohnehin stark gebeutelten Online-Händler weiter unter Druck (Grollmann, 2025). Der Zuwachs der asiatischen Plattformen wird sich bei rund 25 % bewegen (bevh, 2025b).

Exkurs zu den Online-Umsatzzahlen

Ein wesentlicher Grund für die Unterschiede in den Umsatzzahlen liegt in der Erhebungsmethode. Während der bevh die Zahlen durch eine reine Verbraucherbefragung in einer 7-Tage-Historie erhebt, wertet das IFH Köln für den HDE weitestgehend alle Pressemeldungen und Geschäftsberichte möglichst aller deutschen Online-Händler aus. Dabei werden beim IFH Köln auch die B2B-Umsätze miterfasst, die wie bei Amazon bis zu 20 % Umsatzanteil ausmachen können. Auch finden offensichtlich keine Korrekturen um C2C-Umsätze statt, die im Zuge des Secondhand-Trends mittlerweile ein Milliardenvolumen erreicht haben. Ebenso

Abb. 1.2 Umsätze und Marktanteil asiatischer Billigplattformen. (Auf Basis von bevh, 2025a, b)

dürften in den Umsätzen der Geschäftsberichte auch erhebliche Cross-Border-Umsätze enthalten sein. Andererseits werden Online-Käufe nicht als Online-Umsätze erfasst, sofern diese wie bei Click & Collect selbst abgeholt und vor Ort im Geschäft bezahlt werden, da sie handelsrechtlich als stationäre Umsätze gelten. Demgegenüber erfasst die 7-Tage-Historie des bevh die Saison- oder Event-Peaks unzureichend. Insofern sind die Unterschiede in den Online-Handelszahlen durchaus erklärbar, erschweren aber den Branchenvergleich. Im Mittel beider Quellen wuchs der Online-Handel um rund 1,7 % nominal (Heinemann, 2025).

1.1.2 Lagebeurteilung und Prognose bis 2027

Bis 2027 erscheint bei fortschreitender Geschäftsentwicklung ein Online-Anstieg auf über 100 Mrd. € insgesamt als realistisch, was ein jährliches Wachstum von 4,4 % unterstellt (IFH Köln, 2024). Weltweit entwickeln sich die Online-Handelsumsätze nach wie vor stärker als in Deutschland und sollen bis 2028 auf über 8 Trillionen US$ anwachsen, was einem jährlichen Zuwachs von rund 7,6 % entspricht (Statista, 2024). Dabei verschieben sich allerdings die Kräfteverhältnisse dramatisch. So konnte sich im deutschen Markt die asiatische Billig-Plattform Temu bereits vor Zalando auf Platz 4 der größten Online-Marktplätze katapultieren (Fuchs, 2025). Insofern steht der deutsche Online-Handel gewaltig unter Druck. Für immer mehr Online-Händler kommt es zum Shake-out. Selbst die bis vor kurzem als Best Practices gehandelten Unternehmen stehen zum Verkauf und werden zu Getriebenen einer Konsolidierungswelle – u. a. Breuninger im Multi-Channel-Handel sowie u. a. AboutYou oder die Richemont-Tochter Yoox-Net-a-Porter im „Pure Online-Handel". Gewinner sind zweifelsohne die Online-Discounter. Immer mehr preisaggressive Anbieter essen vom Online-Einzelhandelskuchen mit, insbesondere die asiatischen Billigplattformen, die mittlerweile einen Großteil der Luftfrachtkapazitäten von China nach Europa blocken. Shein ist inzwischen in Europa sowie weltweit bereits auf Platz 1 der größten Fashion-Anbieter vorgerückt (Heinemann, 2025). Der unentwegte Zollstreit zwischen den USA und China lässt eine weitere Zunahme der Billigproduktschwemme aus Fernost in Richtung Europa befürchten. Der Verfall der einst so stark gehypten britischen Online-Stars Asos und Bohoo lässt erahnen, was deutschen Online-Händlern noch bevorstehen könnte. Lediglich Amazon bleibt mit 61 Mrd. USD bzw. umgerechnet 52 Mrd. € GMV unangefochtener Spitzenreiter. Doch die neuen Player Temu und Shein, also asiatische KI-Plattformen, drängen in die Top 10 aller westlichen Länder. Dabei sind interessanterweise 33 % der 30 am schnellsten wachsenden Marktplätze Refurbished-Plattformen, womit neben KI auch Nachhaltigkeit zum Wachstumstreiber wird. Spezialisierte Marktplätze wie Shop-Apotheke, TCGplayer (Online-Marktplatz für Sammelkarten, + 24 % CAGR) und Bricklink (Online-Marktplatz für LEGO-Produkte, + 39 % CAGR) zeigen, dass auch Nischen überdurchschnittlich stark wachsen können (Fuchs, 2025).

1.2 Die Plattformökonomie als Gewinner

Plattformen sind derzeit die Gewinner und dominieren bereits zu 86 % den globalen E-Commerce. Mehr als 5 Billionen USD werden jährlich über Plattformen bzw. digitale Marktplätze umgesetzt. Vor allem in Europa wachsen sie mit + 15,1 % CAGR am schnellsten und erreichen bereits einen Marktplatzanteil von rund 70 %. Das waren in 2024/2025 247,5 Mrd. €, wobei die 100 größten Marktplätze um einen zweistelligen Prozentsatz auf 216,8 Mrd. € gewachsen sind (Fuchs, 2025; Mirakl, 2025). Im deutschen Online-Handel erzielten Marktplätze in 2024 zwar „nur" einen Anteil von 55 bis 57 % (vgl. Abb. 1.1), konnten jedoch überdurchschnittlich um 4,7 % auf 44 Mrd. € wachsen (HDE, 2025a).

Unter den Begriffen Marktplatz und Plattform werden allerdings mitunter sehr unterschiedliche Dinge verstanden. Nicht selten werden sie mit völlig anderen Erscheinungsformen des Internets vermischt. Zudem treten bei jeder Bilanzveröffentlichung von Amazon, Zalando & Co. Fragen auf, insbesondere wenn es um Umsatz versus GMV geht (Heinemann, 2025; Heinemann et al., 2021). Um den Überblick zu erleichtern, sollen hier deshalb die Begriffe „Plattform", „Marktplatz", „Portal" und „Internetplattform" voneinander unterschieden und gegenüber „E-Business", „E-Commerce", „Online-Handel", „Online-Shop" und „Website" abgegrenzt werden (Heinemann, 2025; Heinemann et al., 2025).

1.2.1 Spezifikation und Abgrenzung von Plattformen

Die **Plattform** gilt als Aggregation verschiedener Unternehmensleistungen und ist stets transaktionsbasiert. Ihre Geschäftskonzepte und -modelle können unterschiedlich ausgerichtet sein. So kann es sich einerseits um erweiterten E-Commerce wie z. B. bei der Amazon-Plattform handeln. Hier wurde das ursprüngliche Handelsgeschäft um das Marktplatzmodell sowie Video- und Musik-Dienste erweitert. Netflix betreibt demgegenüber eine E-Commerce-Plattform ausschließlich mit Video-Diensten. Möglich ist aber auch E-Context wie bei Suchmaschinen (Google), E-Content wie bei Verlagen (digitale Zeitschriften-Abos wie bei Spiegel.de) oder aber E-Connection wie bei Marktplätzen und Buchungsportalen (u. a. eBay oder Booking.com). Plattformen können sowohl auf Endkunden (B2C) als auch auf gewerbliche Kunden ausgerichtet sein. Im B2B-Geschäft werden Plattformen zur Vermittlung von Geschäften oder zum Finden von Lieferanten (z. B. Frachtvermittlungsplattformen) genutzt (Heinemann, 2025; Heinemann et al., 2025; Käppler, 2017; Kolbrück, 2017; Kollmann, 2013, 2019).

Ein **Online-Marktplatz** stellt eine Plattform dar, die das Geschäftskonzept E-Connection verfolgt. Sie bündelt gewöhnlich Waren oder Services verschiedenster Anbieter unter einer Marke oder Domain und vermittelt diese gegen eine Provision an Kunden. Alibaba, eBay oder der Amazon Marketplace sind Beispiele dafür. Sie zeigen die Angebote sehr vieler Anbieter (Marktplatzpartner) in marktplatzeigenen Kategorien. Dabei kann es sich um strukturierte Marktplätze mit Branchenfokus (z. B. Schuhe.de) oder offene Marktplätze mit universaler Auswahl (z. B. eBay) handeln. Durch sie initiiert, findet immer auch Online-Handel statt, sofern es sich um Waren handelt, und zwar bei den Marktplatzpartnern bzw. Sellern. Auch Buchungsportale wie Airbnb.com und Booking.com sind im Grunde genommen Marktplatzmodelle, vermitteln aber keine Waren und gelten deswegen eher als E-Commerce-Plattformen. Demgegenüber werden auf Marktplätzen ausschließlich Transaktionen mit Gütern abgewickelt, wofür sie von den Marktplatzpartnern eine Provision erhalten. Diese benötigen dafür nicht zwingend einen eigenen Online-Shop. Obwohl Marktplätze eigentlich als Intermediäre gelten, sind sie dem Online-Handel zuzurechnen. Sie erzielen zwar „nur" Provisionsumsätze mit Marktplatzpartnern, also im B2B-Geschäft, generieren allerdings auch erhebliche Online-Umsätze bei den Sellern, die zusammen mit den Marktplatzprovisionen als Brutto-Transaktionsvolumen oder auch GMV (Gross Merchandise Volume) erfasst und publiziert werden (Heinemann, 2025; Heinemann et al., 2025).

Online-Handel ist ein Teil des E-Commerce und umfasst den Kauf und Verkauf von Waren auf elektronische Weise über einen **Online-Shop**. Dieser bietet im Gegensatz zu einer reinen Website immer auch eine elektronische Transaktions- bzw. Shopping-Möglichkeit. Hier können private oder gewerbliche Kunden (B2C oder B2B) in Form des Distanzhandels einkaufen – sowohl physische Produkte als auch Services, Rechte und Lizenzen. Das Online-Banking ermöglicht zwar digitalbasierte Transaktionen, sieht allerdings keine direkte Kaufmöglichkeit von Bankprodukten vor und zählt deswegen nicht zum Online-Handel (Heinemann, 2025; Heinemann et al., 2025). Ebenso werden Apotheken und der KFZ-Handel nicht dem Online-Handel zugerechnet, dafür aber dem E-Commerce. Beides erfolgt auf Basis eines eigenen Online-Shops und ist aus der Perspektive des Verkäufers vom Verkauf auf externen Marktplätzen bzw. Plattformen abzugrenzen (Heinemann, 2020). Der Begriff „Online-Handel" ist insofern nicht mit Online-Shop, Website und/oder Internetplattform gleichzusetzen (Heinemann, 2025; Heinemann et al., 2025).

Electronic Commerce (E-Commerce) beinhaltet den Online-Handel und ist Teil des Electronic Business (E-Business). Er umfasst alle Transaktionen von Gütern und Dienstleistungen an Kunden, sowohl B2C als auch B2B, geht jedoch weit über den Online-Handel hinaus. Gegenstand sind sämtliche Branchen wie u. a. Online-Banking sowie Buchungsportale und Online-Ticketverkäufe. E-Commerce erfolgt im Rahmen eines Online-Verkaufsprozesses über elektronische Verbindungen an die User. Dazu zählen auch alle sonstigen elektronisch abgewickelten Geschäftsprozesse (z. B. Werbung, „After-Sales-Services", Online-Banking). Dabei interagieren die Beteiligten stets auf elektronischem Wege (z. B. über das Internet oder über Netzwerke von Mobilfunkanbietern), stehen also nicht in direktem physischem Kontakt bzw. Austausch (Kollmann, 2019). E-Commerce umfasst auch den **Mobile Commerce** (M-Commerce) inklusive Shopping-Apps. Mobile Commerce beinhaltet alle Transaktionen über Smartphones, einschließlich Mobile Payment (M-Payment) und Mobile Ticketing und geht damit ebenfalls über den reinen Online-Handel hinaus (Heinemann, 2025; Heinemann et al., 2025).

Electronic Business (E-Business) bezeichnet die integrierte Ausführung aller automatisierbaren Geschäftsprozesse eines Unternehmens mit Hilfe der Informations- und Kommunikationstechnik (Wikipedia E-Business, 2025). E-Commerce ist ein wichtiger Bestandteil des E-Business, da es im Frontend die Transaktions-Kontaktstelle gegenüber den Kunden darstellt. E-Business umfasst aber auch alle anderen Aktivitäten im Backend, also Funktionen im Rahmen der virtuellen Wertschöpfung, wie zum Beispiel Fabrik 4.0, Logistik 4.0 oder E-Procurement inklusive Electronic Data Interchange (EDI) (Heinemann, 2025).

Internetplattform, Internetauftritt, **Internetpräsenz**, **Website** und **Webpräsenz** sind grundsätzlich nicht transaktionsorientiert und zählen damit weder zu Marktplätzen noch zum E-Commerce. Eine **Website** stellt lediglich die – unter einer bestimmten Domain zusammengefasste – Präsenz eines privaten oder unternehmerischen Akteurs im Internet dar (Webauftritt, Webangebot). Dazu gehören auch Homepages und Blogs mit optional vorhandenen Downloads, sofern sie keine Transaktionen vorsehen (Heinemann, 2025; Heinemann et al., 2025; Wikipedia Website, 2025). Auch **Portale** stellen Internetplattformen dar, sind also nicht transaktionsorientiert. Sie bieten grundsätzlich keine direkte Einkaufsmöglichkeit. Zu ihnen zählen beispielsweise Anzeigenwebsites, Preisvergleichsportale (billiger.de, guenstiger.de, idealo.de etc.) sowie Kleinanzeigen. Sie bündeln Angebote und werden überwiegend gezielt aufgesucht (Heinemann, 2025; Heinemann et al., 2025).

1.2.2 Besonderheiten und disruptive Entwicklungen der Plattformökonomie

Plattformen begründen die Plattformökonomie, bei der zwei Interaktionspartner miteinander verbunden werden, ähnlich wie bei Börsen oder Auktionen. Sie folgt der Theorie zweiseitiger Märkte. Je mehr Besucher eine Plattform hat, desto attraktiver ist sie für Anbieter, die sie gegen Vergütung als Intermediär nutzen können. Diese sorgen für indirekte Netzwerkeffekte zwischen den Partnern, die eine Skalierung bewirken und die Umsätze treiben. Dadurch werden weitere Investitionen in die Plattform ermöglicht, was wiederum mehr User anzieht (Heinemann, 2025; Herda et al., 2018). Dies setzt sogenannte Netzwerkeffekte in Gang, die für den Aufbau einer Plattform unerlässlich sind. Auch Airbnb folgt diesem Prinzip und bietet Vermietern oder Eigentümern von Immobilien an, Wohnungen einer großen Anzahl von Urlaubern zur Verfügung zu stellen. Die Vermieter werden bei der Anbahnung des Geschäfts unterstützt, während die Kunden eine oft günstigere Alternative zu Hotels in attraktiven Wohnlagen buchen können (vgl. Abb. 1.3). Damit ist das Angebot der Plattformen für beide Seiten attraktiv und folgt dem Prinzip zweiseitiger Märkte (Heinemann, 2025; Heinemann et al., 2025; Herda et al., 2018).

Kernfunktion von Plattformen ist, mit offener Infrastruktur einen einfachen Zugang für die Interaktionspartner anzubieten. Dafür werden Standards festgelegt, und auf deren Grundlage wird ein „Matching" realisiert. Waren oder Dienstleistungen werden auf Basis eines Informationsaustausches gegen Vergütung bereitgestellt (Heinemann, 2025; Herda et al., 2018). Abgesehen von einer horizontalen Ausweitung der Angebote, die im Grunde

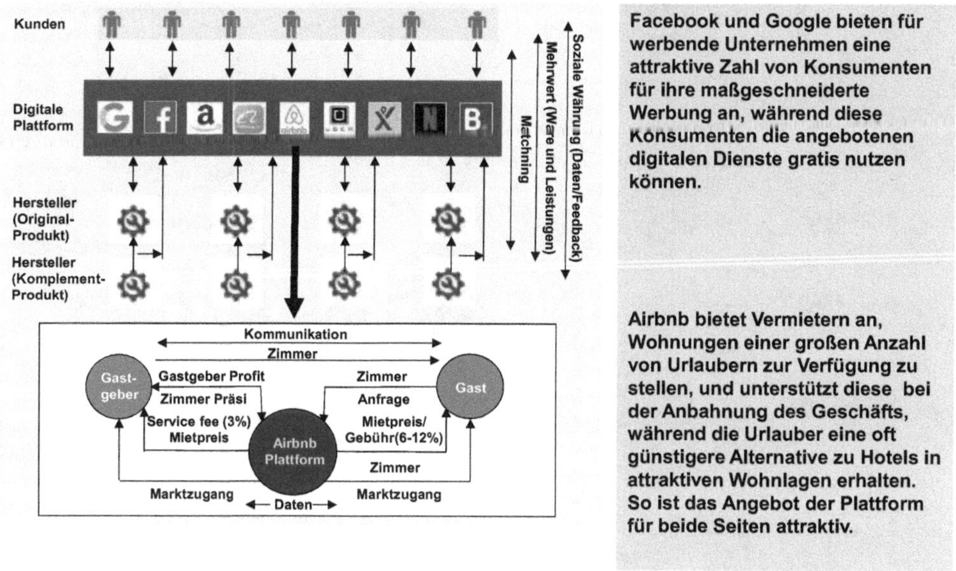

Abb. 1.3 Prinzip der Plattformökonomie am Beispiel Airbnb. (In Anlehnung an Herda et al., 2018)

eine natürliche Folge der Netzwerkeffekte ist, lässt sich bei Plattformen zunehmend auch ein Trend zur vertikalen Integration in Richtung zweiseitiger Ökosysteme erkennen, wie es Amazon mit AWS oder Zalando mit Zeus verfolgen.

Die Plattformökonomie galt in der westlichen Welt bisher immer als GAFA-Ökonomie (Google, Amazon, Facebook/Meta, Apple). Die „GAFA-Gruppe" kam zusammengenommen auf rund 1500 Mrd. US$ Handelsvolumen – also Umsatz plus GMV – in 2024. Dieser US-Gruppe steht in der östlichen Hemisphäre die TABPI-Gemeinschaft gegenüber, nämlich Tencent (inklusive WeChat), Alibaba (inklusive AliExpress, T-Mall und Taobao), Baidu, ByteDance (inklusive TikTok) sowie Pinduoduo bzw. PDD Holdings (inklusive Temu), mit zusammen mehr als 3000 Mrd. US$ Handelsvolumen. Die TABPIs – oder genauer TABBPIs – stehen nach Expertenmeinung den GAFAs in nichts nach und gelten mittlerweile sogar als Innovationsführer. Insofern ist die Frage berechtigt, welche Gruppe Europa aufzufahren hat. Bisher kann diese Frage nicht beantwortet werden, also „Zero". Deswegen ist der digitale Kampf der Triade wohl eher ein „GAFA-TABBPI-Zero"-Szenario (Abb. 1.4) (Heinemann, 2025).

Derzeit gibt es disruptive Entwicklungen der Plattformökonomie. Ist aktuell von disruptiven Playern die Rede, fallen zuallererst die Namen Shein und Temu. Diese beiden chinesischen bzw. asiatischen Billig-Plattformen haben sich in kürzester Zeit zu regelrechten Angstgegnern westlicher Online-Händler wie Amazon, Zalando und About You entwickelt (bevh, 2025a; Heinemann, 2025).

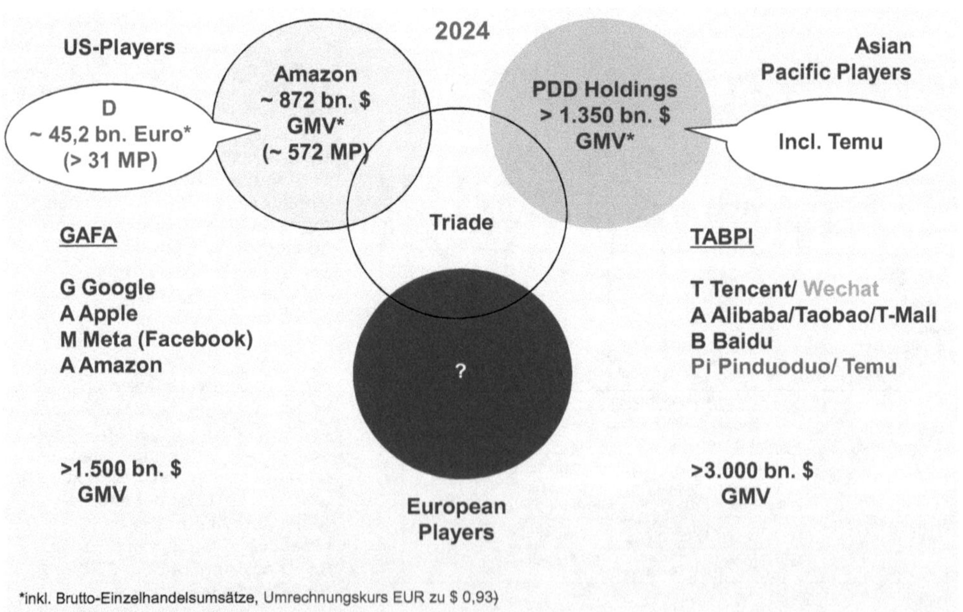

Abb. 1.4 Kampf der Triade – ein „GAFA-TABBPI-Zero"-Szenario. (Eigene Darstellung auf Basis der Geschäftsberichte 2024)

Insgesamt geraten die „GAFAs" bei der KI-Entwicklung gegenüber den digitalen Playern aus Fernost, zu denen u. a. Shein, Temu, AliExpress und vor allem TikTok Shop zählen (SHEMUTAs), zunehmend ins Hintertreffen. Sie werden immer mehr durch die intelligenten „SHEMUTAs" unter Druck gesetzt.

Was ist die Antwort auf das skizzierte Szenario? Zwei Dinge lehren die GAFAs und vor allem die SHEMUTAs zweifelsohne (Heinemann, 2025):

1. Sammle bzw. erhebe alle Kundendaten und kenne deine Kunden und deren Wünsche. Die GAFAs und vor allem die SHEMUTAS tun alles, um Kundendaten zu sammeln, Bewegungsprofile zu erstellen und ihre KI damit zu füttern. Die Kunden können posten, was sie gerade tun, dürfen gratis digitale Lösungen nutzen oder können sich gegen Vorteile bzw. Gutscheine registrieren lassen. Der Datensammlung dürfen keine Grenzen gesetzt werden.
2. Binde die Kunden, denn „Customer Retention" ist effizienter als Kundenakquisition. Amazon Prime macht es vor, und auch die SHEMUTAS versuchen mit unentwegter Beharrlichkeit herauszufinden, was die Nutzer gut finden, um es ihnen dann „intelligent" anzubieten.

1.3 Innovative und KI-basierte Plattformen

Der Erfolg von Shein und Temu beruht auf einem ein Mix aus Innovation, KI, Agilität und Finanzkraft sowie unternehmerischem Mut und sehr gutem Timing (Graf, 2023; Heinemann, 2025). Beide Anbieter stehen exemplarisch für den Aufstieg auch anderer chinesischer Plattformen, die in einem „Leapfrogging", d. h. mit atemberaubender Geschwindigkeit, wachsen und dafür ungewöhnliche Wege gehen. Auch wenn Shein mittlerweile den offiziellen Firmensitz in Singapur hat, so wurde das Unternehmen in China gegründet und bezieht nach wie vor große Teile seines Angebots aus der Volksrepublik. Statt wie bisher Trends vorherzusehen und diese in einer Vororder mit längerem Vorlauf umzusetzen, haben Shein und Temu mit den Fabriken in China eine direkte, datengesteuerte „On-Demand-Produktion" aufgezogen. Dadurch gibt es keine Zwischenhändler mehr, durch die bisher die Lieferketten „unflexibel verlängert" wurden. Deswegen können beide Anbieter jetzt innerhalb kürzester Zeit neue Produkte in kleinen Testmengen produzieren. Mithilfe von KI lässt sich schnell ermitteln, welche Produkte tatsächlich nachgefragt werden. Entwickeln sich Produkte zu Bestsellern, wird per Knopfdruck mehr davon produziert. Sind Artikel zu langsam im Abverkauf, wird ihre Herstellung umgehend gestoppt. Insofern wird die Produktion an der tatsächlichen Nachfrage ausgerichtet, was Friktionen und Überproduktionen vermeidet (Graf, 2023; Heinemann, 2025). Die Effizienzvorteile ermöglichen extrem wettbewerbsfähiges Pricing. Auf diese Weise konnte Shein als Ultra-Fashion-Anbieter mit geschätzt knapp 60 Mrd. USD Umsatz in 2024 – nach 45 Mrd. USD in 2023 (+ 33,3 %) – bereits die Inditex-Gruppe hinter sich lassen und Platz 1 der größten Fashion-Anbieter der Welt einnehmen. Insofern reiht sich mittlerweile Shein nicht nur

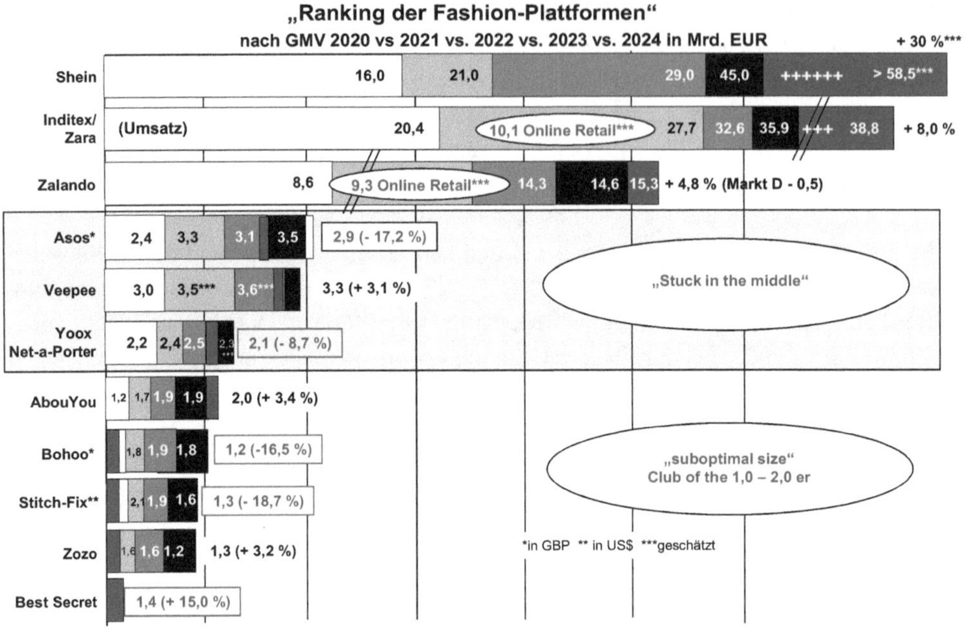

Abb. 1.5 Milliarden-Unternehmen in der Online-Mode 2024. (Eigene Darstellung auf Basis der Geschäftsberichte sowie Krisch, 2019, 2022; Bhardwaj, 2024)

unter den Milliarden-Unternehmen der Online-Mode ein, sondern übertrumpft sie alle (Abb. 1.5). Neben Shein konnte auch Inditex/Zara online deutlich zulegen und mit über 10 Mrd. € Online-Umsatz sogar Zalando in 2024 im reinen Retail-Geschäft überholen (9,3 Mrd. €). Zalando ist allerdings nach GMV – also inklusive der Marktplatzaktivitäten – online immer noch größer als Inditex/Zara und erzielte dort 4,5 % Umsatzplus. Der ehemalige Herausforderer About You, der im Jahr 2025 von Zalando übernommen wurde, konnte mit 3,4 % Umsatzplus ebenfalls wieder leicht wachsen. Dagegen schrumpfen der langjährige Best-Practice-Anbieter Asos aus UK genauso wie Yoox-Net-a-Porter und Veepee weiter. Hinter diesem „Stuck-in-the-Middle"-Feld liegt weit abgeschlagen das Verfolgerfeld der Player mit 1,6 bis 1,9 Mrd. € Umsatz. In dieser Gruppe konnten lediglich About You und Zozo ihre Umsätze steigern, während Mytheresa erstmals in dem Ranking erscheint und mit der geplanten Übernahme von Yoox-Net-a-Porter zukünftig weiter aufsteigen dürfte. Die Global Fashion Group fällt deutlich zurück, ebenso Bohoo, der auch mit Reputationsproblemen zu kämpfen hat. Stitch Fix bleibt zwar ein Milliardenplayer, steht jedoch aufgrund der negativen Geschäftsentwicklung in der Kritik (Kaczmarek et al., 2018; Stitch Fix, 2020, 2022).

Während also der klassische Online-Handel immer tiefer ins Minus rutscht, legt Fast Fashion gegen den Trend deutlich zu, allen voran Shein. Chinesische Billig-Plattformen und Ultra-Fast-Fashion-Anbieter boomen.

Shein plant weiteres Wachstum und hat dementsprechend seine Verkaufsmodalitäten geändert, um mehr Stammkundschaft zu gewinnen und darüber hinaus die Preisklassen zu diversifizieren. Zusätzlich wurde bereits eine Sortimentsdiversifizierung eingeleitet. Sie dient offensichtlich auch dazu, Investoren vor dem geplanten Börsengang zu beeindrucken. Shein arbeitet profitabel und erzielte im Jahr 2023 einen Gewinn von mehr als 2 Mrd. US$ (Krisch, 2024b).

Im Vergleich zu Shein konnte sich Temu zusammen mit der Muttergesellschaft PDD Holdings bereits in ganz andere GMV-Sphären katapultieren (Heinemann, 2025; Krisch, 2024b). Der GMV von PDD dürfte in 2024 bereits bei mehr als 1300 Mrd. US$ gelegen haben, also deutlich über dem von Alibaba mit rund 1100 Mrd. US$.

Zugleich mischen TikTok/Douyin (ByteDance) und Kwai (Kuaishou) den Online-Handel auf. Der TikTok Shop gilt derzeit als innovativstes Geschäftsmodell im Online-Handel und unterscheidet sich grundsätzlich von dem von Temu (Pinduoduo) und Shein. Durch einen direkten Zugriff auf die bestehenden User und deren friktionslose Integration kann TikTok extrem schnell skalieren. Damit konnte die chinesische Plattform global in 2024 bereits rund 285 Mrd. US$ GMV realisieren (+ 40 %).

1.3.1 KI als Erfolgsfaktor

Erfolgsfaktor Nr. 1 ist bei allen beschriebenen Innovatoren ganz klar der umfassende Einsatz von KI. Shein nutzt KI unter anderem, um sich eng mit einem gigantischen Netzwerk von Zulieferern zu verbinden, die gegenüber den Kunden nicht in Erscheinung treten (Heinemann, 2025; Kufferath, 2022). Diesen Zulieferern werden wiederum KI-basiert strikte Vorgaben gemacht, immer schneller und zu immer niedrigeren Preisen zu produzieren. Ähnlich wie Cider in China bietet Shein auf seiner Verkaufs-App pro Tag im Schnitt 5000 bis 6000 neue Designs an, die noch gar nicht produziert werden und rein KI-basiert entworfen wurden. Im Vergleich dazu kommt der Fast Fashion-Anbieter H&M z. B. nur auf rund 25.000 verschiedene Artikel pro Jahr. Die Bestellmengen entscheiden darüber, welche der „digitalen Angebote" Shein kurzfristig und „On-Demand" produzieren lässt. Damit entscheidet letztendlich der User, was produziert wird, weswegen das Geschäftsmodell auch als „F2C" (Factory-to-Consumer) oder „C2M" (Consumer-to-Manufacturer) bezeichnet wird (vgl. Abb. 4.8). Immer wieder durchsucht die KI von Shein digitale Plattformen wie Instagram oder Etsy, um die Kreationen ihrer Designer nachzuahmen und sie als ihre eigenen Designs zu verkaufen. Daneben nutzt Shein Google Trends und verschiedenste KI-basierte Social-Listening-Tools, um neue Bekleidungstrends bei Stoffen, Farben und Stilen im Voraus zu erkennen. Ausgeklügelte KI-Systeme ermöglichen dabei einen Datenstrom in Echtzeit, indem sie hochautomatisiert neue Produktideen aus dem Such- und Social-Media-Verhalten der User ableiten. Diese werden anschließend von den durch Shein-Communities eng mit der Plattform verwobenen Designern umgesetzt. Ein zentrales Shein-ERP-System leitet neue Entwürfe automatisch an die Zulieferer weiter, wo die neuen Produkte zunächst in begrenzter Stückzahl hergestellt und dann über länderspezifische Online-Shops angeboten werden. Bei erfolgreichen Produkten, die beim Seh- und Kaufverhalten im Webshop besonders hervorstechen, wird das Auftragsvolumen für die Produktion in Echtzeit und automatisch über das ERP-System erhöht.

Shein verfolgt also keinen eigenen Modestil und orientiert sich in seinem Angebot vielmehr KI-basiert stark an seinen Kunden. Insofern produziert Shein schlicht und ergreifend die Ware, die in den verschiedenen Regionen der Welt auf die größte Resonanz stößt. Somit ist Shein in der Lage, den differenzierten Modegeschmack für über 200 Länder in Echtzeit zu spiegeln und dafür ein jeweils unterschiedliches, aber immer relevantes Angebot zu erzeugen. Hierzu bedarf es „nur" einer KI-basierten Auswertung der Nutzergepflogenheiten in Echtzeit. Vermarktet wird dieses Angebot dann durch die Zusammenarbeit mit Influencern der Gen Z, die auf TikTok & Co., Instagram oder YouTube die trendigen und preisaggressiven Produkte anpreisen (Kreutzer, 2025; Kufferath, 2022). Das funktioniert, denn Shein zählt weltweit bereits zu den Top 5 bei den Downloadzahlen. Wie die Zahlen von Apptopia zeigen, wurde die Shein-App in 2023 rund 229 Mio. Mal heruntergeladen. Dagegen sieht sogar Amazon mit nur noch 195 Mio. Downloads alt aus (Apptopia, 2023).

1.3.2 KI-basiertes Social Media als Schlüsselfaktor

Die Arbeitsweise von Shein erinnert stark an den Engagement-Algorithmus von TikTok. So erscheinen bei TikTok neue Videos automatisch in der Timeline von immer mehr Usern, die zuvor durch ihr Verhalten aufgefallen sind oder identifiziert wurden. Dadurch entsteht eine daten-basierte Feedback-Schleife, die die digitale Kundenerfahrung permanent optimiert und die Produktion sowie Vermarktung kundenrelevanter Produkte fördert. Zugleich wird das Angebot schlecht verkäuflicher Angebote vermieden sowie deren Lagerhaltung reduziert (Kreutzer, 2025).

Vor allem Social-Commerce-Plattformen wie der TikTok Shop gelten neben dem Ultra-Fast-Fashion-Anbieter Shein als innovativste Geschäftsmodelle der Plattformökonomie. Ursprünglich beschreibt Social Commerce die Möglichkeit, über Social-Media-Plattformen direkt Produkte erwerben zu können (Heinemann, 2025). Dementsprechend bieten etliche Online-Händler über Instagram beispielsweise „Shoppable Posts" an, die die Customer Journey deutlich verkürzen und die Zahl der Spontankäufe steigern (Büttner, 2020). Das macht das Shoppingerlebnis für viele User angenehm und leicht. Als Durchbruch des Social Commerce gilt allerdings die Öffnung des TikTok Shops für Händler (Hart, 2022), und zwar zunächst in Großbritannien und einigen asiatischen Ländern, danach auch für US-Händler. Der Launch des TikTok Shops zum 01. April 2025 in Deutschland hat das Thema Social Commerce zusätzlich beflügelt und nachhaltig verändert. Der TikTok Shop bringt eine neue Art des Online-Shoppings auf den deutschen Markt. Anhand sogenannter Shoppable Videos können Nutzer*innen die Produkte direkt aus den Clips kaufen. Zudem wird das Einkaufserlebnis durch interaktive Shopping-Livestreams persönlicher. Bei über 20 Mio. Nutzern von TikTok hat der Shop das Potenzial, bereits jede*n Vierte*n in Deutschland zu erreichen (Krisch, 2025a). Vor dem Launch des Shops unternahm TikTok bereits Schritte, um sich im Social Commerce erfolgreicher zu positionieren. So konnten die Nutzer bereits über ein neu eingerichtetes Order Center Informationen wie z. B. zum Versandstatus von Bestellungen erhalten. Darüber hinaus werden dort Angebote und Produkt-Tipps angezeigt (Heinemann, 2025; Hutchinson, 2022). Insbesondere durch den direkten Zugriff auf die bestehenden User und deren reibungslose Integration kann TikTok extrem schnell skalieren. Wesentlicher Erfolgsfaktor ist dabei, dass TikTok den Checkout mit einem „eigenen" Fulfillment kombiniert, was die Nutzererfahrung verbessert und vereinheitlicht. Es erleichtert außerdem neuen, experimentierfreudigen Labels den Einstieg, da sie meist nicht über eigene Versand- und Logistikinfrastrukturen verfügen. Aber auch bei den Transaktionsgebühren kann TikTok Zugeständnisse machen, da es als Entertainmentplattform über etliche andere Monetarisierungsmöglichkeiten verfügt (Krisch, 2024a).

Der TikTok Shop nutzt eine provisionsbasierte E-Commerce-Plattform, die Content mit Shopping verbindet und auf den direkten Verkauf aus Unterhaltungsvideos und Livestreams heraus setzt. Shopping auf TikTok gilt als emotional und impulsiv, da es auf Trends und Influencer-Empfehlungen statt einer gezielten Suche beruht. Das Geschäftsmodell richtet sich an Marken, Händler und Influencer, die eine direkt mit Content verbundene E-Commerce-Möglichkeit suchen. Pro Verkauf zahlen Händler eine Provision zwischen 2 und 8 %. Monatliche Gebühren fallen nicht an. User brauchen die App nicht zu verlassen, um Produkte zu entdecken und zu kaufen. Das vereinfacht den Kaufprozess. Die Verkäufer sind für den Versand und die Rückgaben zuständig, was aber auch an TikTok ausgelagert werden kann. Die Zahlungen erfolgen über TikTok. Der Betrag wird nach erfolgreicher Lieferung an den Händler ausgezahlt (Palt, 2025).

KI-basierter Social Commerce wie im TikTok Shop oder auf Roblox schafft neue Kundenbeziehungen und bietet innovative Wege zum Beziehungsaufbau. Diese neue Art der Vermarktung hat einen Halo-Effekt, der weit über den jeweiligen Kanal hinausstrahlen kann. Social Commerce wird damit zum Markenerlebnis mit messbarem Impact auf alle Kanäle (Fuchs, 2025).

Listonic ist eine personalisierte und KI-basierte Shopping-App, die auf Basis des bisherigen Kaufverhaltens personalisierte Empfehlungen gibt und sich an die Einkaufsgewohnheiten des Nutzers anpasst. Sie ermöglicht es, schnell Listen zu erstellen, Produkte intelligent nach Kategorien oder bevorzugten Geschäften zu sortieren und die Warenkörbe mit einem Kostenrechner zu kalkulieren. Dabei unterstützt sie auch Funktionen wie gemeinsame Listen, Spracheingabe und das Hinzufügen von Bildern oder Notizen, um den Einkauf zu optimieren. Darüber hinaus können Angebote und Produkte direkt aus den Prospekten von Supermärkten wie Aldi, Lidl oder Edeka zur Einkaufsliste hinzugefügt werden.

1.4 KI-basierte Shoppingoberflächen und -zugänge

Der TikTok Shop besitzt eine innovative Shoppingoberfläche und einige völlig neue Besonderheiten beim User Interface (UI) und User Experience (UX). Der Fokus liegt dabei stark auf Video und Content. Das Shopping-Erlebnis ist durch Videos in den Fluss des Scrollens eingebettet, anders als bei allen bisherigen E-Commerce-Seiten. Weil User beim Scrollen auf Produkte oder Links stoßen, wird der Weg zum Kauf relativ kurz gehalten. Über einen „Shop-Tab" direkt in der TikTok App können User Produkte entdecken, und zwar über Kategorien, Suchleisten oder Empfehlungen. Zudem wird die Produktauswahl im Shop-Tab per KI an das Nutzerverhalten angepasst (z. B. Videos oder Produkte, die der User bevorzugt). In Videos bzw. Live Streams werden Produkte direkt eingebunden und können damit unmittelbar vom User gekauft werden (z. B. über den Button „Jetzt shoppen" sowie Produkt-Links im Video/Post). Die Kunden kaufen quasi direkt während des Scrollens ein. Sofern ein Shop eingerichtet ist, erscheint auf dem Profil der Marke eine Shop-Sektion mit allen verfügbaren Produkten und Informationen dazu. Checkout und Bezahlvorgang erfolgen nahtlos, ohne die App verlassen zu müssen; es handelt sich also um sogenannte In-App-Käufe.

1.4.1 KI-basierte alternative Shoppingzugänge

Im Zuge der aktuellen KI-Entwicklung werden KI-basierte alternative Shoppingzugänge ein immer spannenderes Thema. Dagegen erscheint der TikTok Shop beinahe schon wieder veraltet. So vermitteln smarte Browser wie Arc eine Vorstellung davon, was möglich sein könnte, wenn sich User mithilfe der KI ihre (Online-)Welt selbst gestalten. Und wenn Online-Kunden nicht nur beim Surfen und Suchen, sondern auch beim Shoppen eigene Tools in die Hand bekommen, die „mitdenken". Denkbar sind unendlich viele personalisierte Interfaces, die für jeden User anders aussehen. Zwar lässt sich alles bisher nur rudimentär anpassen, jedoch zeigt Arc bereits jetzt, welche neue Art von Shopping-Zugängen auf den E-Commerce zukommen könnten (Krisch, 2024c) (vgl. Abb. 1.6).

1.4.2 KI-basierte Shoppingoberflächen

Wie könnten zukünftige Shoppingoberflächen aussehen, die die Menschen wirklich weiterbringen? Jochen Krisch von Exciting Commerce weist darauf hin, dass den Shoppingoberflächen, Shoppingzugängen und Shoppingaggregatoren die Zukunft gehört. Wie Perplexity bereits zeigt, sind diese für die User um Dimensionen besser als die Google-Suche (Krisch, 2024c). Perplexity ist eine moderne, KI-gestützte Suchmaschine, die ähnlich wie ChatGPT Large Language Models (LLMs) nutzt, um direkte, ausformulierte Antworten auf Suchanfragen zu geben, anstatt nur eine Liste von Links anzuzeigen. Sie beantwortet Fragen in natürlicher Sprache und kann Nachfragen verstehen (konversationales Inter-

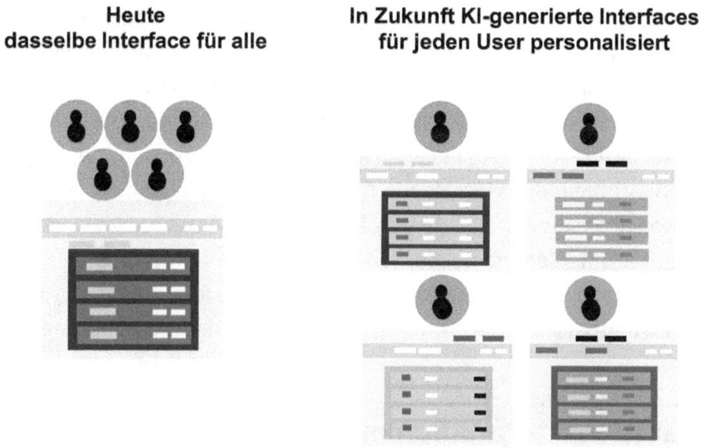

Abb. 1.6 Revolution der Welt der User Interfaces durch KI. (In Anlehnung an Krisch, 2024c)

face). Eine Besonderheit ist die Angabe von Quellen direkt bei der Antwort, die zudem verlinkte Fußnoten enthält. Diese verweisen auf die verwendeten Webseiten oder Artikel, was eine schnelle Überprüfung der Informationen ermöglicht. Perplexity greift auf aktuelle Webinhalte zu (ähnlich wie ein Browser oder Web-Tool), sodass es neueste Nachrichten oder Trends oft besser abbildet als reine Sprachmodelle ohne Internetzugang. Perplexity zeichnet sich durch eine sehr schnelle Antwortzeit und ein minimalistisches, nutzerfreundliches Interface aus. Es eignet sich ideal für Nutzer, die mehr als nur Links wollen, und legt besonderen Wert auf Informationsqualität sowie Usability (Krisch, 2024d). Mit seiner In-App-Shopping-Funktion hat Perplexity eine neue Ära der Markenerlebnisse eingeläutet und den nächsten Schritt in der Anwendbarkeit von AI-Companions im Shopping-Alltag der User gemacht. Experten sehen in der Neuerung bereits den Anfang eines völlig neuen Markenerlebens, das neue Dimensionen der Kommunikation und Usability eröffnet, wovon Google nur träumen könne (Van de Sand, 2024). Nach genauer Spezifikation des Users übernimmt Perplexity die Feature-Recherche, den Vergleich von Preisen sowie Kundenbewertungen und macht dann individuelle Produktvorschläge, die in der App direkt gekauft werden können. Die Produktsuche erfolgt konversationell in einem Dialog. Dadurch wird die KI zu einer regelrechten Beraterin. Die statische Suchmaske wird damit durch dynamische Gespräche ersetzt und emotionaler. Die intuitive Sucherfahrung stellt eine neue Art von Nutzererfahrung dar, bei der sämtliche bisher bekannten Gründe für Kaufabbrüche hinfällig werden (u. a. irrelevante Suchergebnisse, unübersichtliche Shop-Layouts oder auch Overchoice). Dabei ersetzt Perplexity einen Großteil der User Journey durch einen eigenen Prozess, bei dem das klassische User-Interface (UI) nicht mehr benötigt wird und wahrscheinlich bald der Vergangenheit angehört. Websites und Apps, die es schaffen, mit einem eigenen Shopping-Assistenten ein ähnliches Einkaufserlebnis wie Perplexity-Shopping zu bieten, werden entscheidende First-Mover-Vorteile haben (Van de Sand, 2024).

Nicht ohne Grund verkünden erste Fachleute bereits das Ende des Online-Shops und der entsprechenden Benutzeroberfläche. Sie argumentieren, dass die altbekannten User Interfaces langsam aussterben und zukünftig mit Hilfe von KI eingekauft wird. Dadurch können völlig neue Marktplätze und Formen des Online-Handels entstehen. KI-Plattformen entwickeln sich durch den KI-gesteuerten Einkauf wahrscheinlich zu neuartigen Commerce-Destinationen, die klassischen Marktplätzen Marktanteile abnehmen werden. In Zukunft müssen alle Fragen, die von den Kunden gestellt werden, aus den Produktdaten im Product-Information-Management (PIM)-System beantwortbar sein, sonst schlägt die KI das Produkt nicht vor. Daten sind damit die neue Währung, und die Qualität der Daten entscheidet über Sichtbarkeit von Produkten, nicht die Produktdarstellung (Fuchs, 2025).

1.5 GEO statt SEO – Paradigmenwechsel zum KI-Commerce

Analysten gehen davon aus, dass bis 2030 fast ein Drittel aller E-Commerce-Transaktionen von KI-Agenten ausgeführt wird (Shopware, 2025). Bereits im zweiten Quartal 2025 ging die Zahl echter Website-Besucher um zehn Prozent zurück. Zugleich vervierfachte sich der Bot-Traffic um das Vierfache (eTailment, 2025). Dies eröffnet neue Chancen bzw. neue Wachstumsmodelle und führt möglicherweise zur Entstehung neuer Kanäle. Die Zukunft, in der KI-Agenten Produkte für Kunden entdecken, vergleichen und kaufen, bedeutet einen nie da gewesenen Paradigmenwechsel vom E-Commerce zum KI-Commerce bzw. „Agentic Commerce“ (vgl. Abb. 1.7). Vor diesem Hintergrund ist die Entscheidung von OpenAI einzuordnen, das Agentic Commerce Protocol (ACP), also die technische Basis des Instant Checkout bzw. Kauf per KI-Agent, als Open-Source-Material bereitzustellen. Dies ebnet den Weg für gemeinsame Standards, interoperable Agenten und skalierbare Produktentdeckung. Offene Standards sorgen dafür, dass Agenten Vertrauenswürdigkeit, Service und Kompetenz erkennen, und stellen sicher, dass Händler jeder Größe sichtbar und wettbewerbsfähig bleiben. Ohne offene Standards würde das Risiko bestehen, dass „Discovery and Choice“ von geschlossenen Plattformen kontrolliert und dominiert werden (Shopware, 2025). Zugleich hat OpenAI den nächsten Schritt im KI-Commerce eingeleitet, indem es nach dem Preisvergleich jetzt auch den Direktkauf für Etsy und Shopify ankündigte („Buy it in ChatGPT“) (Krisch, 2025b). Prompt folgten Walmart und Target. Sie setzten damit ebenfalls ein Zeichen für KI (Aïtamer, 2025). Das Thema ist insofern mehr als relevant, als dass ChatGPT schneller wächst als jedes soziale Netzwerk zuvor. KI-gestützte Informationssuche ist bereits alltäglich, vor allem bei Kaufentscheidungen. Online-Händler, die jetzt vorpreschen, können sich höchstwahrscheinlich einen First-Mover-Vorteil sichern, da dieses Feld noch kaum besetzt ist. Wer jetzt investiert, profitiert langfristig von mehr Sichtbarkeit in KI-Antworten, einer gestärkten Markenautorität sowie einer zentralen Rolle in der digitalen Kundenansprache der Zukunft (Grollmann, 2025; Halm, 2025).

Die E-Commerce-Branche hat sich bereits auf die Bezeichnung Generative Engine Optimization (GEO) geeinigt, eine Kombination aus GenAI und Search Engine Optimization

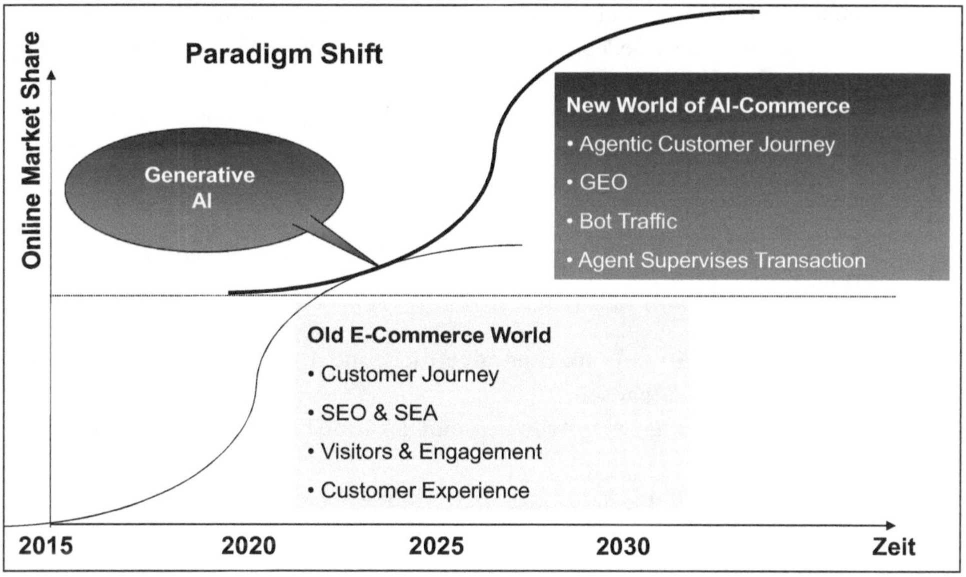

Abb. 1.7 Paradigmenwechsel zum KI-Commerce. (In Anlehnung an Shopware, 2025)

(SEO). Google und SEO sind zwar noch lange nicht tot, doch vermutlich bald diejenigen Agenturen und Dienstleister, die nicht in der Lage sind, ihren Klienten Zugang in die GEO- bzw. KI-Ergebnisse zu verschaffen. Keywords bleiben zweifelsohne weiterhin wichtig, um reichweitenstarke Themen zu identifizieren, aber der Content selbst rückt in den Vordergrund und ist nicht mehr ausschließlich auf das Keyword ausgerichtet. Demnach muss nunmehr jeder Inhalt individuell betrachtet werden. Bei GEO entscheiden nicht mehr Keywords, sondern die Fragen, die User an die Systeme stellen, also Prompts. Wer dort erscheint, wird wahrgenommen und kann die Customer Journey beeinflussen.

Generative Systeme bevorzugen Struktur und Verständlichkeit und damit Inhalte, die semantisch gut erfassbar, klar strukturiert sowie prägnant formuliert sind. Sachdienlich sind kurze, direkte Antworten oder Stichworte. FAQ-Bereiche mit strukturierten Daten sowie klaren Quellenangaben bei eingebundenem Fremdinhalt seien deshalb ein guter Hebel, so Antonia Hertlein von der Online Marketing Agentur Löwenstark (Halm, 2025). Reine Glossare oder FAQs reichen dagegen nicht mehr aus. Laut dem Marketingexperten Severin Lucks sind vor allem Inhalte gefragt, die es wert sind, referenziert zu werden, wie z. B. Studien oder Analysen (Halm, 2025). Bei GEO müssen Inhalte so gestaltet werden, dass sie von KI-Modellen verstanden, zitiert und weiterverwendet werden können. Ohne Frage steckt GEO noch in den Kinderschuhen, doch es wird sicher bald dieselbe Bedeutung wie SEO vor 20 Jahren haben (Grollmann, 2025; Halm, 2025).

So faszinierend die Möglichkeiten von Agentic Commerce und GEO auch zu sein scheinen, so erfordern sie doch auch ein hohes Maß an Vertrauen in die Kontrollierbarkeit und Transparenz eines Agenten sowie die Kriterien, nach denen Produkte priorisiert werden. Vertrauen wird damit zu einer Schlüsselwährung. Daher dürften Brands aufgrund ihres Vertrauenspotenzials an Bedeutung gewinnen. Es ist anzunehmen, dass das Branding die Kaufentscheidung in einem KI-gesteuerten Chat am stärksten beeinflusst. Wenn Produkte nicht mehr visuell verglichen werden können, haben echte Marken einen Vorteil. Sollten ChatGPT & Co. zu gigantischen Marktplätzen werden, können Brands mit eigenen KI-Angeboten dagegenhalten und Kunden einen adäquaten Komfort bieten (Fuchs, 2025; Halm, 2025). Parallel dazu schaffen Social-Commerce-Plattformen direkte Kundenbeziehungen, die ebenfalls Vertrauen generieren. Deswegen sollten Brands drei Dinge tun (Fuchs, 2025):

1. **Alle Produktdaten KI-ready machen, denn** jede mögliche Kundenfrage muss aus den PIM-Daten beantwortbar sein.
2. **Social-Commerce-Strategien entwickeln und** TikTok Shop, Roblox und Co. als Beziehungskanäle nutzen.
3. **Full-Funnel-Strategien mit Messbarkeit kombinieren, da** Brand Building und Performance kein Widerspruch mehr sind.

Literatur

Aïtamer, G. (2025, Oktober 20). Walmart plant ChatGPT-gestütztes Einkaufen in den USA. https://retail-optimiser.de/walmart-plant-chatgpt-gestuetztes-einkaufen-in-den-usa/. Zugegriffen am 21.10.2025.

Amazon. (2025). *Annual Report Form 10-K. For the fiscal year ended December 31, 2024*. Amazon Inc.

Apptopia. (2023, Januar 04). Worldwide and US Download Leaders 2022. https://blog.apptopia.com/worldwide-and-us-download-leaders-2022. Zugegriffen am 16.01.2023.

bevh. (2025a, Januar 22). E-Commerce zurück auf Wachstumskurs. *Pressemitteilung*. https://bevh.org/detail/e-commerce-zurueck-auf-wachstumskurs. Zugegriffen am 05.05.2025.

bevh. (2025b, Oktober 02). Onlinehandel wächst im dritten Quartal 2025 weiter moderat trotz schwachem Konsumumfeld. *Pressemitteilung*. https://bevh.org/detail/onlinehandel-waechst-im-dritten-quartal-2025-weiter-moderat-trotz-schwachem-konsumumfeld. Zugegriffen am 05.10.2025.

Bhardwaj, A. V. (2024, Dezember 27). What is future of Temu, SHEIN and TikTok – a big shocker from Temu and SHEIN revenue? Foreign Affairs Forum. https://www.faf.ae/home/2024/12/27/what-is-future-of-temu-shein-and-tiktok-in-2025-a-big-shocker-from-temu-and-shein-revenue#:~:text=SHEIN%20is%20targeting%20annual%20revenue,to%20%2480.6%20billion%20by%202025. Zugegriffen am 19.05.2025.

Büttner, A. (2020, Juli 24). 5 Content-Marketing-Trends, die uns 2020 erwarten. Unternehmer.de . https://unternehmer.de/marketing-vertrieb/239990-2020-content-marketingtrends. Zugegriffen am 02.08.2020.

Destatis. (2025). Einzelhandelsumsatz im Jahr 2024 real um 1,1 % höher als 2023. *Pressemitteilung*. https://www.destatis.de/DE/Presse/Pressemitteilungen/2025/01/PD25_040_45212.html. Zugegriffen am 01.03.2025.

eTailment. (2025, Oktober 06). Morning Briefing: Bot-Traffic vervierfacht sich. https://etailment.de/news/morning_briefing/morning-briefing-beratungsklau-deepl-horando-b2b-internethandel-shein-indien-asos-amazon-welthandel-griechenland-beauty-bot-traffic-25265. Zugegriffen am 15.10.2025.

Fuchs, J. G. (2025, Oktober 13). KI und Social Commerce revolutionieren Marktplätze. https://www.wuv.de/Themen/Commerce/KI-und-Social-Commerce-revolutionieren-Marktplaetze. Zugegriffen am 18.10.2025.

Graf, A. (2023, Mai 08). Warum Shein für Zalando eine existenzielle Bedrohung ist – und ChatGPT das (noch) nicht wahrhaben will. https://etailment.de/news/stories/etailment-expertenrat-warum-shein-fuer-zalando-eine-existenzielle-bedrohung-ist%2D%2D-und-chatgpt-das-noch-nicht-wahrhaben-will-24348. Zugegriffen am 25.03.2024.

Grollmann, D. (2025, September 24). Expert-Talk: „Google war gestern – die Zukunft heißt GEO". https://www.ibusiness.de/videopodcasts/db/550916grollmann.html. Zugegriffen am 05.10.2025.

Halm, S. (2025, September 08). Sichtbarkeit in KI-Systemen. So geht GEO – Was wir wissen und was noch kommen wird. https://www.ibusiness.de/aktuell/db/694820sh.html. Zugegriffen am 05.10.2025.

Hart, J. (2022, November 11). TikTok's venture into e-commerce continues as US American merchants can now apply to sell on TikTok Shop. https://www.businessinsider.com/tiktok-shop-available-select-business-owners-apply-2022-11. Zugegriffen am 12.11.2022.

HDE. (2025a). Online-Monitor 2025. IFH Köln GmbH im Auftrag des HDE e.V. https://einzelhandel.de/online-monitor. Zugegriffen am 05.10.2025.

HDE. (2025b). E-Commerce-Umsätze. Prognose 2025: Stand März 2025. https://einzelhandel.de/presse/zahlenfaktengrafiken/861-online-handel/1889-e-commerce-umsaetze. Zugegriffen am 05.05.2025.

HDE. (2025c, Mai 19). Onlinehandel wächst wieder deutlich – HDE setzt Umsatzprognose nach oben. *Pressemitteilung*. https://einzelhandel.de/presse/aktuellemeldungen/14816-onlinehandel-waechst-wieder-deutlich-hde-setzt-umsatzprognose-nach-oben#:~:text=Der%20Handelsverband%20Deutschland%20(HDE)%20erh%C3%B6ht,Drogeriewaren%20als%20Wachstumstreiber%20im%20Internet. Zugegriffen am 05.05.2025.

Heinemann, G. (2020). *B2B-eCommerce: Grundlagen, Geschäftsmodelle und Best Practices im Business-to-Business Online-Handel*. Springer-Gabler.

Heinemann, G. (2025). *Der neue Online-Handel: Geschäftsmodelle, Geschäftssysteme und Benchmarks im E-Commerce* (16. Aufl.). Springer-Gabler.

Heinemann, G., Kannen, K., & Bleil, S. (2021). *Plattformökonomie und eCommerce im Banking: Grundlagen, Plattform-Geschäftsmodelle, Optionen und Lösungsansätze*. Springer-Gabler.

Heinemann, G., Bartholomäus, S., & Bleil, S. (2025). *Intelligent Open Finance: Intelligente und integrierte Plattformlösungen im Banking* (2. Aufl.). Springer-Gabler.

Herda, N., Friedrich, K., & Ruf, S. (2018). Plattformökonomie als Game-Changer. Wie digitale Plattformen unsere Wirtschaft verändern: Eine strategische Analyse der Plattformökonomie. *Strategie Journal – Sonderausgabe zum Thema Digitalisierung, 3*(2018), 2–18. https://digital.fuerstenberg-forum.de/wp-content/uploads/2018/10/SJ_03-18_EBOOK_Plattformoekonomie_als_Game-Changer.pdf. Zugegriffen am 01.02.2019.

Hutchinson, A. (2022, August 08). TikTok Launches New ‚Order Center' eCommerce Tracking Hub With Selected Users. https://www.socialmediatoday.com/news/tiktok-launches-new-order-center-ecommerce-tracking-hub-with-selected-use/629144/. Zugegriffen am 07.01.2023.

IFH Köln. (2024, Dezember 10). Onlinehandel 2024: Rückkehr auf vorpandemischen Wachstumskurs. *Pressemitteilung*. https://www.ifhkoeln.de/onlinehandel-2024-rueckkehr-auf-vorpandemischen-wachstumskurs/. Zugegriffen am 05.05.2025.

Kaczmarek, J., Graf, A., & Krisch, J. S. F. (2018, Januar 31). Stitch Fix – Ein Fashionriese auf Expansionskurs. https://www.digitalkompakt.de/podcast/stitch-fix-online-fashion-handel-erfolg-podcast/. Zugegriffen am 24.07.2019.

Käppler, A. (2017). Plattform vs. Marktplatz. Die Aufklärung eines Missverständnisses. Und was jetzt zu tun ist. Whitepaper. https://diconium.com/de/news/plattform-vs-marktplatz. Zugegriffen am 01.02.2019.

Kolbrück, O. C. (2017, April 21). Wie Chatbots gerade den E-Commerce verändern. http://etailment.de/news/stories/Marketing-Wie-Chatbots-gerade-den-E-Commerce-veraendern%2D%2D20450. Zugegriffen am 29.04.2017.

Kollmann, T. (2013). *E-Business: Grundlagen elektronischer Geschäftsprozesse in der Net Economy*. Springer Gabler.

Kollmann, T. (2019). *E-Business: Grundlagen elektronischer Geschäftsprozesse in der Digitalen Wirtschaft* (7. Aufl.). Springer Gabler.

Kreutzer, R. T. (2025). Customer-to-Manufacturer – ein innovatives Geschäftsmodell. https://bitkom-akademie.de/news/customer-manufacturer-ein-innovatives-geschaeftsmodell#:~:text=SheIn%20verf%C3%BCgt%20%C3%BCber%20keinen%20eigenen,Auswertung%20der%20Nutzergepflogenheiten%20in%20Echtzeit. Zugegriffen am 05.10.2025.

Krisch, J. (2019, Juni 17). Die Milliardenplayer für den Online-Modehandel 2020. https://excitingcommerce.de/2019/06/17/die-neuen-milliardenplayer-fur-den-online-modehandel-2020/. Zugegriffen am 24.07.2019.

Krisch, J. (2022, November 28). Shein und die Top-Online-Fashion-Player in Deutschland. https://excitingcommerce.de/2022/11/28/shein-und-die-top-online-fashion-player-in-deutschland/. Zugegriffen am 10.04.2025.

Krisch, J. (2024a, Februar 24). Die E-Commerce-Maschinen von TikTok und Kwai (Kuaishou). https://excitingcommerce.de/2024/02/24/die-e-commerce-maschinen-von-tiktok-und-kwai-kuaishou/. Zugegriffen am 25.03.2024.

Krisch, J. (2024b, April 01). Shein soll 2023 auf 45 Mrd. Dollar (+55%) gewachsen sein. https://excitingcommerce.de/2024/04/01/shein-soll-2023-auf-45-mrd-dollar-55-gewachsen-sein/. Zugegriffen am 01.04.2024.

Krisch, J. (2024c, Mai 23). Von Shoppingoberflächen und Shoppingzugängen anderer Art. https://excitingcommerce.de/2024/05/23/von-shoppingoberflaechen-und-shoppingzugaengen-jeglicher-art/. Zugegriffen am 05.05.2025.

Krisch, J. (2024d, November 19). AI Commerce: Perplexity und die Folgen für den E-Commerce. https://excitingcommerce.de/2024/11/19/ai-commerce-perplexity-und-die-folgen-fuer-den-e-commerce/. Zugegriffen am 05.05.2025.

Krisch, J. (2025a, März 29). Wie sich TikTok Shop zum Deutschland-Start präsentiert. https://excitingcommerce.de/2025/03/29/wie-sich-tiktok-shop-zum-deutschland-start-praesentiert/. Zugegriffen am 05.05.2025.

Krisch, J. (2025b, September 29). ChatGPT kündigt Instant Checkout für Etsy und Shopify an. https://excitingcommerce.de/2025/09/29/chatgpt-kuendigt-instant-checkout-fuer-etsy-und-shopify-an/. Zugegriffen am 05.10.2025.

Kufferath, F. (2022, Juli 03). Schnell, billig und außer Kontrolle. Rheinische Post, Kolumne Total Digital. https://rp-online.de/digitales/chinesische-ultra-fast-fashion-unternehmen-schnell-billig-und-ausser-kontrolle_aid-72230035. Zugegriffen am 04.07.2022.

Mirakl. (2025, Oktober 30). Plattformen auf Wachstumskurs: Neue Rekorde, Benchmarks, Praxiseinblicke & BCG-Analyse zu Agentic Commerce – in den Mirakl Insights #22. https://excitingcommerce.de/2025/10/30/plattformen-auf-wachstumskurs-neue-rekorde-benchmarks-praxiseinblicke-bcg-analyse-zu-agentic-commerce-in-den-mirakl-insights-22/. Zugegriffen am 30.10.2025.

Palt, P. (2025, Mai 06). TikTok Shop – was soll der Hype? https://dmexco.com/de/stories/tiktok-shop-was-soll-der-hype/#:~:text=%231%20Was%20ist%20der%20TikTok,gestartet%20%E2%80%93%20erste%20Marken%20testen%20bereits. Zugegriffen am 05.10.2025.

Shopware. (2025, Oktober 07). KI & Agentic Commerce: Shopware-Händler sind bestens aufgestellt für das, was kommt. https://www.shopware.com/de/news/ai-agentic-commerce-zukunft-des-offenen-handels/. Zugegriffen am 15.10.2025.

Statista. (2024, Januar 02). Prognose zum Umsatz im Online-Einzelhandel weltweit bis 2027. https://de.statista.com/statistik/daten/studie/244110/umfrage/globaler-umsatz-von-e-commerce/#:~:Text=Sch%C3%A4tzungsweise%205%2C3%20Billionen%20US,2027%20im%20einstelligen%20Bereich%20bleiben. Zugegriffen am 28.11.2024.

Stitch Fix. (2020). Annual Report 2020. Form 10-K. For the fiscal year ended August 3, 2020. Stitch-Fix, Inc.

Stitch Fix. (2022). Annual Report 2022. Form 10-K. For the fiscal year ended July 30, 2022. Stitch Fix, Inc.

Van de Sand, F. (2024, Dezember 02). KI-Shopping Assistant: Perplexity-Shopping läutet Ära neuer Markenerlebnisse ein. https://meedia.de/news/beitrag/18273-perplexity-shopping-laeutet-aera-neuer-markenerlebnisse-ein.html. Zugegriffen am 18.10.2025.

Wikipedia E-Business. (2025). E-Business. https://de.wikipedia.org/wiki/E-Business. Zugegriffen am 15.01.2025.

Wikipedia Website. (2025). Website. https://de.wikipedia.org/wiki/Website. Zugegriffen am 12.07.2025.

2 Grundlagen und Potenziale der KI im E-Commerce

Zusammenfassung

Künstliche Intelligenz (KI) ist Teilgebiet der Informatik und geht weit über die Digitalisierung hinaus, die zweifelsohne Voraussetzung für KI ist. Grundsätzlich wird zwischen schwacher und starker KI unterschieden. Starke KI ist befähigt, im Rahmen des Deep Learning intellektuelle Aufgaben zu bewältigen, existiert jedoch noch nicht vollumfänglich in der Praxis. Die häufigsten Formen der KI sind derzeit dem maschinellen Lernen zuzurechnen, das auf statistischen Lernalgorithmen beruht. Generative KI ist als Teil des Deep Learning darauf spezialisiert, neue Inhalte in Form von Texten, Bildern, Videos oder Audioinhalten auf der Grundlage von Benutzereingaben zu generieren. Prominentester Vertreter der generativen KI ist ChatGPT. Für dessen Einsatz in Unternehmen sind zuallererst die Basisvoraussetzungen zu schaffen, die ein datenbasiertes Arbeiten ermöglichen. Dies betrifft vor allem die Datenqualität und -verfügbarkeit, die technologische Infrastruktur sowie die Fachkompetenz der Belegschaft. Zudem sind organisatorische und kulturelle Voraussetzungen zu beachten. Grundsätzlich kann KI in allen betrieblichen Funktionen eingesetzt werden, wobei es jedoch große Unterschiede zwischen Front- und Back-Office-Funktionen gibt. Insgesamt erkennt die Mehrheit der Handelsunternehmen das Potenzial der Künstlichen Intelligenz und sieht sie als sinnvolles Investitionsfeld.

2.1 Abgrenzung und Evolutionsstufen der KI

Künstliche Intelligenz (KI) ist ein Teilgebiet der Informatik, das darauf abzielt, kognitive Fähigkeiten des Menschen zu imitieren. Sie kann auf programmierten Abläufen oder maschinellem Lernen basieren und beruht darauf, dass sie Informationen aus Eingabedaten

G. Heinemann, *Der neue KI-Commerce*,
https://doi.org/10.1007/978-3-658-51173-9_2

erkennt und sortiert. KI ist insofern nicht neu und im Grunde so alt wie der Computer. Künstliche Intelligenz gibt es bereits seit dem Konzept des „denkenden Computers", den Alan Turing, 1950 im berühmten Artikel *„Computing Machinery and Intelligence"* vorstellte (Fraunhofer IKS, 2025; Turing, 1950). Der Begriff der Künstlichen Intelligenz ist ganz konkret auf das Jahr 1956 zurückzuführen. In der von John McCarthy organisierten Dartmouth Conference wurde von ihm erstmals der Begriff „Artificial Intelligence" geprägt. Die eigentliche KI ist mit dem tiefen Lernen (Deep Learning) und ihren Anwendungen wie Sprach- und Bilderkennung verbunden, die zwischen 2010 und 2012 entwickelt wurden. KI ist zweifelsohne ein digitales Thema, doch ist Digitalisierung nicht automatisch KI. Dennoch werden permanent digitale Themen, zu denen auch Algorithmen zählen, als Gebiete der KI bezeichnet oder mit ihnen vermischt.

Aber auch rein digitale Themen werden nicht selten falsch verstanden und miteinander vermischt. Diese sollten grundsätzlich danach unterschieden werden, ob sie Internet-basiert sind oder nicht. Denn bereits in den 1960er-Jahren wurden Computer zur Beschleunigung bzw. Optimierung von Geschäftsprozessen eingesetzt. Dabei unterstützte die Digitalisierung in nahezu allen Funktionsbereichen schon recht früh die betrieblichen Leistungen, sei es mit Buchhaltungssystemen, Maschinensteuerung, Betriebsdatenmanagement, Automatisierung oder Vernetzung von Maschinen und Standorten. Die Geschichte von SAP, einem Unternehmen, das 1972 gegründet wurde und bis heute als marktführender Hersteller von Enterprise-Resource-Planning-(ERP-)Systemen das Kerngeschäft im Backend hat, ist eng mit dieser digitalen „Frühphase" verbunden. Eigentlich ist SAP ein Synonym für den Begriff Industrie 2.0, bei dem es bereits um die intelligente Automatisierung der Produktion geht. Sie steht für die erste Digitalisierungsphase, die in erster Linie funktionsorientiert dachte und durch das Internetzeitalter in eine zweite Phase überging. Diese begann mit dem Durchbruch des Internets und der damit verbundenen Datenexplosion. Sie veränderte maßgeblich die Vorzeichen der Digitalisierung, denn während es bis dahin überwiegend um die Unterstützung operationaler Prozesse ging, legte das Internet den Fokus maßgeblich auf neue Geschäftsmodelle und damit auf eine ganzheitliche Betrachtung des Unternehmens. Allerdings sind die in der ersten Phase der Digitalisierung entwickelten digitalen Lösungen überwiegend Voraussetzung für das erfolgreiche Agieren in der zweiten Phase und auch für den Online-Handel. Ohne performante Systeme und vor allem ein leistungsfähiges ERP-System macht die Implementierung eines Shopsystems und damit E-Commerce eigentlich keinen Sinn (Disrupt Consulting, 2016; Heinemann, 2025; Luber, 2023; Raitner, 2018). Die Phasen der Digitalisierung sind in Abb. 2.1 dargestellt und gegenüber den Phasen sowie Themen der KI abgegrenzt.

In der KI-Forschung wird grundsätzlich zwischen schwacher und starker KI unterschieden (Nöcker & Brovko, 2024).

Schwache KI ist auf die Durchführung bestimmter Aufgaben fokussiert („narrow KI"). Dies bezieht sich auf Empfehlungsalgorithmen (z. B. Netflix und Amazon), Sprachassistenten wie Siri und Alexa sowie Chatbots, die Sprachbefehle verstehen und einfache

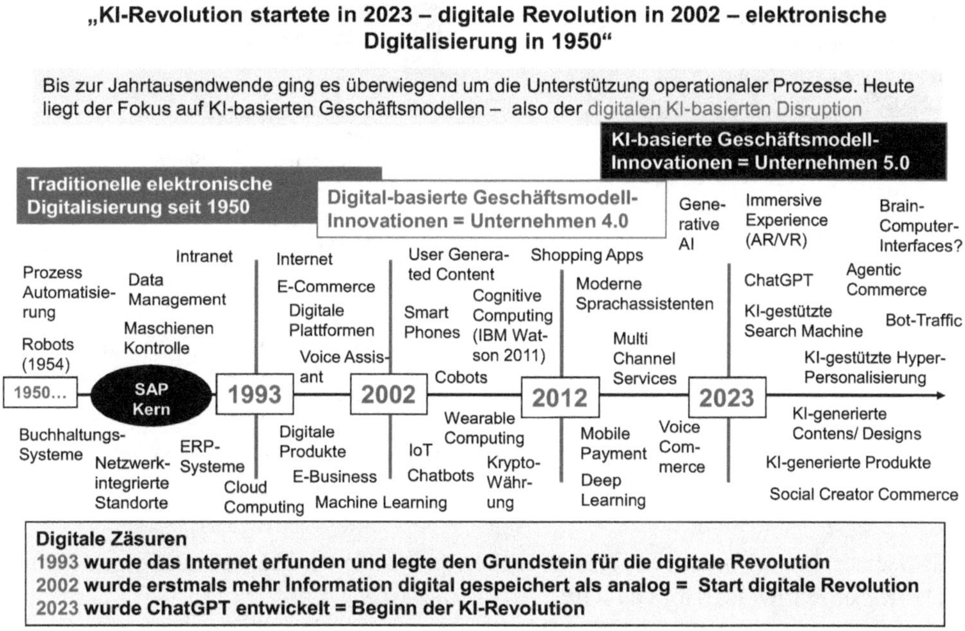

Abb. 2.1 Die Phasen der Digitalisierung und von KI. (In Anlehnung an Disrupt Consulting, 2016)

Aufgaben ausführen können. Schwache KI ist auf einzelne Aufgaben spezialisiert und entwickelt kein echtes Verständnis oder Bewusstsein (Nöcker & Brovko, 2024). Ein typisches Beispiel für einfache KI ist das Machine Learning.

Starke KI ist demgegenüber fähig, intellektuelle Aufgaben zu bewältigen, die normalerweise nur ein Mensch ausführen kann. Sie hat sowohl ein Bewusstsein als auch ein Selbstverständnis und kann logische Schlussfolgerungen ziehen. Diese Form von KI ist in der Praxis jedoch noch nicht vollumfänglich realisiert („Science-Fiction“).

2.1.1 Maschinelles Lernen, Natural Language Processing und Computer Vision

Maschinelles Lernen beruht auf statistischen Algorithmen, die auch Lernalgorithmen genannt werden. Diese lernen, komplizierte Probleme aus Beispieldaten selbst zu lösen und auf einem mathematischen Modell abzubilden. Die KI wird mit der Zeit so trainiert, dass sie von den verwendeten Daten auf neue Fälle verallgemeinern kann und den gefundenen Lösungsweg im Modell speichert. Für neue Daten kann das Modell Vorhersagen treffen und Empfehlungen oder sogar Entscheidungen erzeugen (vgl. Abb. 2.2). Dabei gibt es verschiedene Lernstile, je nachdem, woher der Algorithmus beim Training Informationen dazu erhält, was „korrekt“ ist. Dementsprechend wird überwachtes, unüberwachtes, teil-

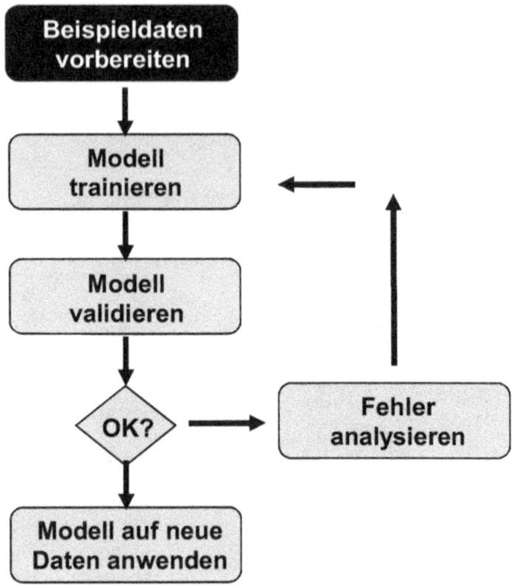

Abb. 2.2 Typisches Vorgehen beim maschinellen Lernen. (In Anlehnung an Wikipedia ML, 2025)

überwachtes, bestärkendes oder aktives Lernen unterschieden (Benoit, 2019; Heinemann, 2021; Luber & Litzel, 2016; ON4OFF, 2019).

- **Überwachtes Lernen** setzt voraus, dass im Vorfeld Beispielmodelle definiert und spezifiziert wurden. Somit müssen die Informationen den Modellgruppen der Algorithmen passend zugeordnet werden. Danach können die Modellgruppen aufgrund eigenständig erkannter Muster gebildet und automatisiert werden. Beim häufig verwendeten, überwachten Lernen werden Vorgaben in Form von korrekten Ausgabewerten oder Rückmeldungen zur Verfügung gestellt.
- **Unüberwachtes Lernen** arbeitet ohne Vorgaben. Hier durchsuchen Algorithmen die Beispieldaten beispielsweise nach Kriterien für die Zuordnung in unterschiedliche Kategorien oder nach Merkmalen, die korrelieren und aus Vereinfachungsgründen zusammengefasst werden können.
- **Teilüberwachtes Lernen** ist eine Mischung aus überwachtem und nicht überwachtem Lernen.
- **Bestärkendes Lernen** verwendet Lernsysteme oder Agenten, die die Umgebung beobachten und auf sie reagieren. Für die aus den Reaktionen erfolgenden Aktionen erhalten sie Belohnungen, die selbstverstärkend wirken, oder Bestrafungen, die das Gegenteil bewirken. Demnach wird dem Algorithmus mitgeteilt, wie er in verschiedenen Situationen reagieren sollte, was stark an das menschliche Lernen erinnert.
- **Aktives Lernen** bietet Algorithmen die Möglichkeit, je nach Datenlage die gewünschten Ergebnisse zu erfragen. Zuvor erfolgt eine Auswahl relevanter Fragen, um diese zu minimieren. Das aktive Lernen kennzeichnet zugleich die höchste Stufe der KI, nämlich das Deep Learning.

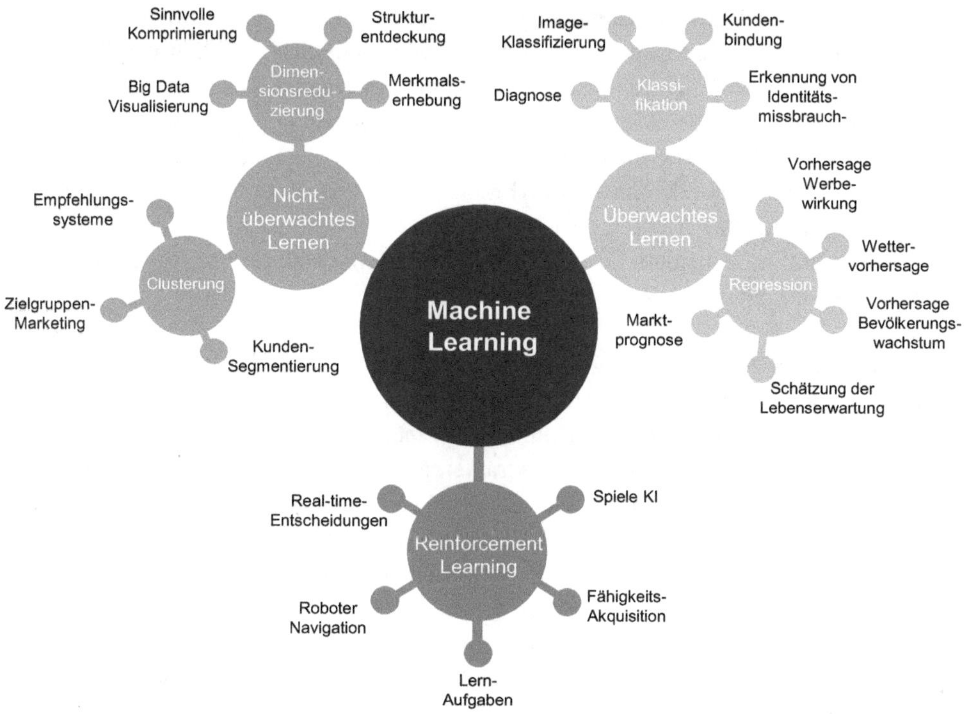

Abb. 2.3 Verbindung der Lernalgorithmen. (In Anlehnung an Shewan, 2019; Wordstream, 2019)

Die besten Ergebnisse liefert die Verbindung verschiedener algorithmischer Ansätze, wie in Abb. 2.3 dargestellt (Bito, 2020; Shewan, 2019). Damit können die Faktoren gefunden werden, die den Einsatz am meisten beeinflussen. Das ermöglicht es, entsprechende Vorkehrungen zur Sicherung oder redundanten Auslegung zu treffen. Aber auch Effizienz- und Effektivitätsverbesserungen sind typische Resultate selbstlernender Algorithmen. Allerdings stellt die Rechenzeit der Algorithmen die größte Herausforderung für viele Anwendungen dar (Bito, 2020; Shewan, 2019).

Die Datenbasis sollte digitalbasiert vorliegen und kann wiederholt für das maschinelle Lernen zur Verfügung gestellt werden. Machine Learning zeichnet sich dadurch aus, dass Ein- und Ausgabe-Paare gleichzeitig oder zeitlich versetzt zur Verfügung stehen können. Dabei kann entweder ein Batch-Lernen oder ein sequenzielles Lernen stattfinden (Fraunhofer IKS, 2025; Wikipedia ML, 2025). Durch maschinelle Lernverfahren können große Datenmengen schnell ausgewertet und verarbeitet werden. Machine Learning hat deswegen in Anwendungsgebieten wie u. a. dem autonomen Fahren, der Industrie 4.0 oder der Medizintechnik großes Potenzial. Es bringt zugleich aber auch neue Herausforderungen für die präzise, sichere und verlässliche Datenverarbeitung mit sich, da ein Algorithmus durch permanente Wiederholung selbstständig eine Aufgabe zu erfüllen lernt. Er orientiert sich dabei an einem vorgegebenen Gütekriterium und dem Informationsgehalt der Daten. Grundvoraussetzung für die komplexen Berechnungen von Machine Learning ist deswegen die Verfügbarkeit großer Datenmengen und hoher Rechenleistung. Im Gegensatz zu herkömmlichen Algorithmen wird kein Lösungsweg modelliert, sondern der Computer lernt diesen selbstständig. Dazu muss er die Struktur der Daten erkennen, nachdem er für die Aufgabe gebrieft wurde. Wie er was zu machen hat, erlernt er durch wiederholtes Ausprobieren und das Feedback aus erfolgreichen Aktionen. Anwendungsbeispiele sind die Bild-, Sprach- und Texterkennung, das Erkennen von Kreditkartenbetrug, Spamfilter, automatisierte Diagnoseverfahren oder Aktienmarktanalysen (Fraunhofer IKS, 2025; Wikipedia ML, 2025). Bestandteil des Machine Learning sind Natural Language Processing (NLP) sowie Computer Vision.

- **Natural Language Processing (NLP)** ist ein Teilgebiet der künstlichen Intelligenz, das Machine Learning (ML) nutzt, um die Struktur und die Bedeutung von Texten zu ermitteln. Mit NLP können Unternehmen z. B. Inhalte analysieren oder Informationen zu Personen, Orten und Ereignissen extrahieren, um die Stimmungen in sozialen Medien und in Kundengesprächen besser zu verstehen. Die wichtigsten Aufgaben in einem NLP-System sind Spracherkennung, Textklassifizierung, natürliches Sprachverständnis und natürliche Sprachgenerierung. Sie verleihen Computern bzw. Chatbots die Fähigkeit, menschliche Sprache zu verstehen und mit ihr zu kommunizieren. Für wirkliche müssen jedoch noch weitere Informationsquellen, wie Daten aus der CRM-Datenbank, ausgewertet werden, wie in Abb. 2.4 verdeutlicht. Derartige Chatbots kommen der Simulation eines echten Dialogs sehr nahe und führen zu einer deutlich verbesserten Kundenerfahrung, erfordern allerdings umfangreiche Systeminvestitionen (Nöcker & Brovko, 2024; Fraunhofer IKS, 2025; Heinemann, 2025; Wikipedia ML, 2025).
- **Computer Vision** („Computer-Sehen“) analysiert und verarbeitet die von Kameras aufgenommenen Bilder auf unterschiedlichste Art und Weise. Typische Anwendungen von Computer Vision sind die Objekterkennung und die Vermessung von geometrischen Objektstrukturen sowie von Bewegungen (Fremdbewegung, Eigenbewegung). Computer Vision greift auf Algorithmen aus der Bildverarbeitung zurück. Anwendungsgebiete der Computer Vision sind z. B. die autonome Navigation von Robotern (Fahrerassistenzsystemen) oder die Virtual oder Augmented Reality (Nöcker & Brovko, 2024; Wikipedia Computer Vision, 2025).

2.1.2 Deep Learning inklusive LLM und generativer KI

Deep-Learning-Algorithmen bauen auf den Fortschritten des maschinellen Lernens auf, verfolgen jedoch einen etwas anderen Ansatz. Sie verlassen sich nicht mehr auf Menschen, die zuerst die Aufgaben programmieren, sondern ahmen menschliches Lernen nach. Die auf Deep Learning basierenden Anwendungen stellen anhand künstlicher neuronaler Netze Verbindungen her und entdecken damit Muster (Benoit, 2019). Sie sind außerdem in der Lage, aus Fehlern zu lernen und sich immer mehr zu verbessern. Dies setzt die

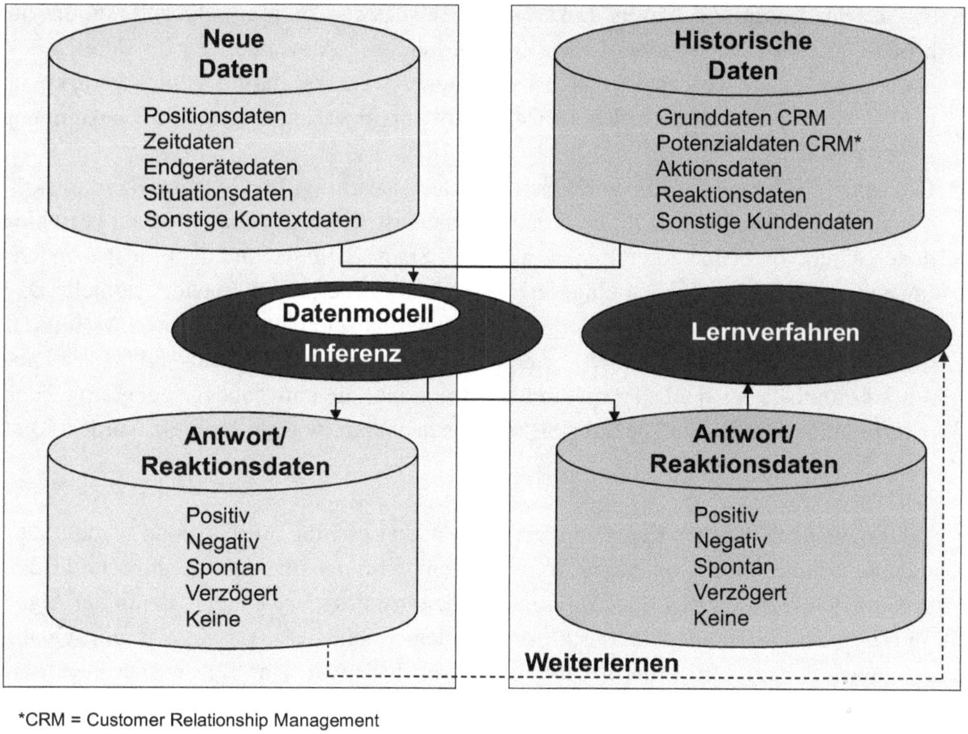

Abb. 2.4 Mögliches Datenmodell für einen intelligenten Chatbot. (In Anlehnung an Kossmann, 2020)

Fähigkeit voraus, Informationen zu analysieren und zu bewerten, Schlüsse zu ziehen und Lösungswege auszuwählen. Die Grundlage dafür bilden die künstlichen neuronalen Netze, die es bereits seit den 1950er-Jahren gibt, die aber ihren Durchbruch erst im Zuge der Digitalisierung erlebten. Derartige Lernalgorithmen sind inspiriert von Nervenzellenverbindungen im menschlichen Gehirn, das Informationen über Neuronen und Synapsen verarbeitet. Dementsprechend bestehen künstliche neuronale Netze aus mehreren Reihen von Datenknoten, die mit gewichteten Verbindungen untereinander vernetzt sind. Sie werden dadurch trainiert, dass ihnen immer wieder Daten vorgelegt werden, die jedes Mal exakter eingeordnet werden können. Das durch die ständigen Wiederholungen erzeugte Modell kann dann auch auf Daten angewandt werden, mit denen die KI im Training noch nicht konfrontiert war (Fraunhofer IKS, 2025; Heinemann, 2021; Nöcker & Brovko, 2024). Deep Learning ermöglicht vor allem vorausschauende Applikationen, wie z. B. Verbesserungen in der vorausschauenden Wartung, sicherere autonome Fahrzeuge sowie bessere Vorhersagen von Krankheiten oder Rückfällen.

Ein Large Language Model (LLM) ist dabei als Deep-Learning-Algorithmus Bestandteil von Deep Learning. Auch die generative KI ist dem Deep-Learning zuzuordnen:

- Ein **Large Language Model (LLM)** kann als Deep-Learning-Algorithmus enorm große Datensätze verwenden. LLMs werden häufig in Anwendungen im Bereich des Natural Language Processing (NLP) eingesetzt, wenn es darum geht, Abfragen in natürlicher Sprache einzugeben, um eine Antwort bzw. ein Ergebnis zu bekommen (Nöcker & Brovko, 2024).
- **Generative KI** ist ebenfalls eine Form von Deep Learning. Im Gegensatz zur „diskriminativen KI", die hauptsächlich darauf trainiert ist, Unterschiede zwischen verschiedenen Arten von Daten zu erkennen, wie z. B. Spam-E-Mails, und daher insbesondere für Klassifizierungsaufgaben eingesetzt wird, kann generative KI neue, originelle Daten erzeugen. Sie ist ein spezialisierter Zweig innerhalb der General Purpose AI (GPAI), die auf vielfältige Weise eingesetzt werden kann und oft als „Allzweck-KI" bezeichnet wird. Grundlage für beide Typen sind Basismodelle, die entweder für generative oder diskriminative Aufgaben spezialisiert sind, je nachdem, wie sie trainiert wurden (Bitkom, 2025).

Erfahrungsgemäß ist die Lernfähigkeit beim Deep Learning umso größer, je mehr Daten eine Maschine verarbeiten kann. Am weitesten verbreitet sind dabei Stimm- und Bilderkennung. Diese modernen Applikationen werden insbesondere genutzt, damit der Algorithmus automatisch ein Verständnis für die Problemstellung erlangt, wie z. B. eine Qualitätsprüfung. Sobald die Prüfeinrichtung gelernt hat, wie ein Teil auszusehen hat, gegebenenfalls unter Berücksichtigung leichter Abweichungen, kann sie schnell feststellen, ob einzelne Teile sichtbare Mängel aufweisen. Die Lösung lässt sich noch verbessern, indem dem Tool mehr Daten geliefert werden, sodass es sogar eigenständige Verbesserungen vornehmen kann.

Das Prinzip der Deep-Learning-Anwendung ist: Je mehr Daten zur Verfügung stehen, desto besser die Ergebnisse (Benoit, 2019; Heinemann, 2021; Luber & Litzel, 2016; ON4OFF, 2019; Riedel, 2019). Durch das Erkennen von Mustern in vorliegenden Datenbeständen sind IT-Systeme in der Lage, Gesetzmäßigkeiten zu erkennen und eigenständig Lösungen für Probleme zu entwickeln. Auf Basis vorhandener Datenbestände und Algorithmen wird quasi künstliches Wissen generiert. Die damit gewonnenen Erkenntnisse lassen sich für neue Problemlösungen oder für die Analyse von bisher unbekannten Daten verwenden, also verallgemeinern. Dies erfordert allerdings entsprechenden menschlichen Input, denn die „Maschinen" müssen vorab mit den relevanten Daten und Algorithmen „gefüttert" werden. Darüber hinaus ist es erforderlich, dass Regeln für die Datenanalyse und die Mustererkennung aufgestellt werden. Sind diese Voraussetzungen erfüllt, können Computer mit maschinellem Lernen u. a. relevante Daten finden, extrahieren und zusammenfassen. Sie sind in der Lage, Vorhersagen auf Basis der analysierten Daten zu treffen oder Wahrscheinlichkeiten für bestimmte Ereignisse zu berechnen. In der höchsten Stufe können sie sich eigenständig an Entwicklungen anpassen sowie Prozesse anhand der erkannten Muster selbst optimieren.

2.2 Besonderheiten der generativen KI

Generative KI ist darauf spezialisiert, neue Inhalte in Form von Texten, Bildern, Videos oder Audioinhalten auf der Grundlage von Benutzereingaben zu generieren. Diese Inhalte werden als Antwort (auch Output) auf einen Prompt (auch Input) – also die konkrete Anfrage eines Users – erstellt. Dazu muss die KI die Eingabedaten der Nutzer lesen, umwandeln und verarbeiten (Schurr, 2023). Das funktioniert nur, wenn die KI zunächst von Menschen dahingehend trainiert wird, mit den Daten umzugehen. Basis dafür ist das maschinelle Lernen (Machine Learning) anhand von Trainingsdatensätzen (dem Lernstoff) unter Anwendung entsprechender Algorithmen (Lernmethoden oder Arbeitsanweisungen). Darüber hinaus sollten für das System Regeln definiert oder Markierungen im Trainingsdatensatz gesetzt werden, um Erkennungsmuster zu erzeugen, die von Algorithmen im Datensatz erkannt werden. Auf dieser Basis kann die generative KI entsprechende Aktionen ausführen. Wird das Programm mit einer neuen Benutzereingabe konfrontiert, sucht es zunächst nach einem Muster und führt dann die entsprechend erlernte Aktion aus.

Generative KI ist dem Bereich des Deep Learning zuzuordnen und verwendet eine Mischform aus überwachtem, nicht überwachtem und bestärkendem Lernen. Ihre Besonderheit liegt in der Verwendung von Transformatoren, die aus einem Kodierer und einem Dekodierer bestehen, wodurch die Verarbeitung natürlicher Sprache revolutioniert wurde. Beide arbeiten zusammen, um Eingabesequenzen für verschiedene Aufgaben zu verarbeiten und zu dekodieren. Damit können Systeme der generativen KI-Datensätze oder Benutzereingaben aufnehmen, übersetzen und verarbeiten (Schurr, 2023).

2.2.1 Charakteristika von ChatGPT

Prominentester Vertreter der generativen KI ist zweifelsohne der Chatbot ChatGPT. Erst mit der Entwicklung von ChatGPT durch das kalifornische Forschungslabor OpenAI gegen Ende 2022 erlebte die generative KI ihren eigentlichen Durchbruch. GPT steht dabei für „Generative Pre-trained Transformer“. Die entsprechende Software zielt darauf ab, künstliche neuronale Netze entstehen zu lassen, die dem menschlichen Nervensystem ähneln (Beck, 2025).

Neben ChatGPT zählen Bing Chat, Gemini (vormals Google Bard) sowie bilderzeugende Tools wie DALL·E 2, Midjourney oder Stable Diffusion zu den bekannteren generativen KI-Werkzeugen. Aber erst durch ChatGPT wurde Künstliche Intelligenz in das Rampenlicht der Öffentlichkeit gerückt. Seitdem hat sich ChatGPT mit einer rasanten Geschwindigkeit verbreitet. Dabei wurde ein nie da gewesenes Wachstum verzeichnet, und nach nur 2 Monaten – im Januar 2023 – wurde bereits die Marke von 100 Mio. aktiven Nutzern erreicht. Dafür benötigte TikTok immerhin 9 Monate, Instagram 2 Jahre (Cision, 2025) (vgl. Abb. 2.5). Generative KI gilt daher als die am schnellsten wachsende technologische User-Anwendung in der Geschichte.

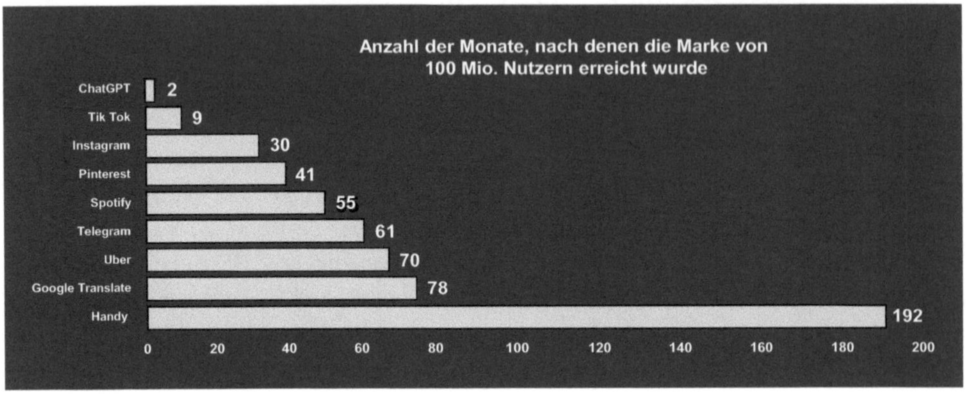

Abb. 2.5 Geschwindigkeit, mit der technologische Anwendungen 100 Mio. User erreichten. (In Anlehnung an Cision, 2025)

ChatGPT ist ein angepasstes Modell der Sprach-KI GPT-3, das mit überwachten und bestärkenden Lernmethoden trainiert wurde. Dazu nutzten die Forschenden von OpenAI einfach die Datensätze des Internets. Auf der Grundlage von Texten mit insgesamt etwa 500 Mrd. Wörtern lernte die KI, wie Sprache funktioniert. Dadurch kann ChatGPT die Unterschiede zwischen geschriebener und gesprochener Sprache erkennen und entsprechend auf Fragen antworten.

Dabei tauchten allerdings einige Probleme auf. Da das Internet u. a. auch rassistische und sexistische Sprache enthält, kann das Training mit Daten des Internets dazu führen, dass die KI unerwünschte Sprachmuster erlernt. Insofern kommt es immer auch auf den verantwortungsbewussten Umgang der Programmierenden sowie der User mit einer solchen Software an. Es sollte strikt darauf geachtet werden, welche Informationen eingegeben werden, und ebenso, wie die Antworten des Bots genutzt werden (Beck, 2025). Deswegen erhielt ChatGPT bereits beim ursprünglichen Training permanent menschliches Feedback, wodurch bestimmte negative, z. B. diskriminierende, Verhaltensmuster abtrainiert und erwünschte Verhaltensmuster antrainiert wurden. Dementsprechend arbeitet ChatGPT mit Schutzmechanismen, um Vorurteile und Hatespeech zu vermeiden. Die eingebauten Filter können allerdings dafür sorgen, dass die von generativer KI erstellten literarischen Texte und Drehbücher uninteressant und langweilig wirken, weil interessante Themen wie Sex und Crime von der KI herausgefiltert werden (Beck, 2025). Außerdem wurde und wird immer noch bemängelt, dass ChatGPT viele Fragen falsch beantwortet. So veröffentlichte beispielsweise eine Userin auf X (vormals Twitter) die Antwort des Bots auf die Frage, welches Säugetier die größten Eier lege. Laut ChatGPT soll es der Elefant sein, bei dem die Eier einen Durchmesser von etwa 20 Zentimetern haben und mehr als zwei Kilogramm wiegen sollen (Beck, 2025). Das neuere Sprachmodell ChatGPT 4, das seit Mai 2023 verfügbar ist, brachte einige Verbesserungen, doch ist die Korrektheit der Antworten immer noch eine Schwachstelle der KI-Chatbots.

Dennoch ist generative KI inzwischen weit verbreitet und im Alltag vertreten. So ist ChatGPT mittlerweile Teil der Suchmaschine Bing. Bereits 2020 zahlte Microsoft eine Milliarde Dollar an OpenAI für die exklusive Lizenzierung von ChatGPT (Beck, 2025). Wie das US-Nachrichtenportal „Semafor" berichtete, war sogar eine mögliche Beteiligung von Microsoft an OpenAI im Wert von zehn Milliarden Dollar im Gespräch. Microsoft denkt außerdem darüber nach, Funktionen von OpenAI in Programme wie Outlook oder Word zu integrieren, um neben Google konkurrenzfähig zu bleiben. Chatbots haben auch bereits Einzug in die Arbeitswelt sowie in Forschung und Lehre gehalten. Anwendungen der generativen KI sind sehr flexibel. Zudem machen Programme wie ChatGPT die Nutzung solcher Technologien immer einfacher und vielfältiger. Naheliegend ist beispielsweise die Entwicklung von Kundendienst-Chatbots oder das Verfassen von E-Mails (Beck, 2025).

2.2.2 Weitere Anbieter generativer KI

Die Suchmaschine „ChatGPT Search" wurde 2024 von OpenAI als Konkurrent zu Google gelauncht (Gehl, 2024). Und auch Perplexity will Google Konkurrenz machen. Diese relativ junge generative KI-Suchmaschine wurde erst 2022 gegründet und Ende 2024 bereits mit drei Milliarden Dollar bewertet. Es handelt sich um eine innovative Suchmaschine, die darauf abzielt, auf Fragen präzise und valide Antworten zu geben (Van Rinsum, 2024). Jetzt hat das KI-Startup Perplexity seine Plattform um ein neues Feature erweitert, und zwar Perplexity Shopping, das darauf abzielt, die Recherche und den Einkauf von Produkten in einem einzigen Prozess zu vereinen. Die Integration dieser Shopping-Lösung stellt ebenfalls einen deutlichen Wettbewerbsangriff auf Google und Bing dar (Pfeiffer, 2024). Im Wettstreit mit OpenAI und ChatGPT um die leistungsfähigste KI hat Google Ende 2025 wiederum die neueste Version seines Chatbots Gemini veröffentlicht.

Gemini (2023 veröffentlicht) ist Googles KI-Chatbot und damit die wichtigste Antwort von Alphabet auf ChatGPT. Die Stärken von Gemini liegen in der Fähigkeit, verschiedener Medienarten zu verarbeiten (Multimodalität) und dabei Texte zu verstehen bzw. zu erzeugen, Bilder zu analysieren, Audio- und Videodateien zu verarbeiten sowie Codes zu schreiben, zu testen und zu verbessern.

Am 18. November 2025 kündigte Google-Chef Sundar Pichai an, dass die dritte Generation von Gemini ab sofort ausgerollt wird und in einer Vorabversion in mehreren Produkten wie u. a. der Gemini App, Gemini CLI, bei Google-Suche (KI-Modus, Abo erforderlich), in AI Studio, Vertex AI, auf der neuen agentischen Entwicklungsplattform Google Antigravity sowie auf verschiedenen Drittplattformen wie Cursor, GitHub, JetBrains, Manus und Replit verfügbar ist (Fam, 2025). Der Modus Gemini 3 Deep Think, der besonders leistungsstark ist, wird aktuell noch sicherheitstechnisch getestet und soll anschließend für Google-AI-Ultra-Abonnenten erscheinen.

Gemini 3 dürfte für erhebliche Bewegung im Markt sorgen. Das Modell soll präzisere Antworten liefern, stärker auf den eigentlichen Sinn einer Frage eingehen und weniger Nachfragen oder zusätzliche Prompts benötigen (Fam, 2025). Ein großer Fortschritt sei außerdem die überarbeitete Multimodalität. Gemini 3 kann nicht nur Texte verarbeiten, sondern auch Bilder, Videos, Audiodateien und komplexe Dokumente wesentlich zuverlässiger analysieren. Beispielsweise kann Gemini 3 aus langen Vorträgen, wissenschaftlichen Artikeln oder Tutorials automatisch Zusammenfassungen, Übungsfragen, Visualisierungen oder kleine Lernprogramme erzeugen. Außerdem ist das Modell deutlich selbstständiger beim Codieren und soll sogar komplette Weboberflächen, Spiele-Elemente oder Programme erstellen und Zwischenschritte logisch planen können. Damit löst Gemini 3 unterschiedlichste Aufgaben, vom Lesen handgeschriebener Notizen bis hin zur Analyse von Fotos, Vorträgen oder längeren Videos. Das geht weit über einen reinen Text-Chatbot hinaus. Gemini 3 wurde von Beginn an darauf ausgelegt, all diese Inhalte gemeinsam zu erfassen, wodurch das Modell Informationen aus unterschiedlichen Quellen direkt miteinander verknüpfen kann, ohne Umwege und ohne zusätzliche Module.

Neu ist zudem, dass Gemini 3 kleine Aufgaben selbstständig ausführen kann, wie zum Beispiel das Sortieren des E-Mail-Postfachs, das Organisieren von Terminen oder andere wiederkehrende Abläufe. Google führt dafür schrittweise neue „Agentenfunktionen" ein, die solche Prozesse automatisieren sollen. Dabei soll Gemini 3 weniger anfällig auf Manipulationsversuche reagieren sowie vorsichtiger bei heiklen Themen sein. Es wurde von externen Prüfergruppen getestet, bevor es breit ausgerollt wurde. Dabei wurde der Deep-Think-Modus besonders streng geprüft (Fam, 2025).

Darüber hinaus ist das System tief ins Google-Ökosystem integriert, und zwar in Android, Chrome, Workspace, Google-Suche sowie Cloud-Diensten. Zahlreiche Drittanbieter-Plattformen setzen aktuell direkt auf Gemini-Modelle.

2.3 Technologische und allgemeine Voraussetzungen für KI

Welche Voraussetzungen für KI erforderlich sind, hat Microsofts CEO, Satya Nadella, bereits in seinem Eröffnungsreferat im Januar 2020 während der letzten NRF in New York, der weltweit größten Messe für Retailer, eindrucksvoll erläutert (Heinemann, 2021). Dort präsentierte er intelligente Problemlösungen für den Einzelhandel und prägte den Begriff des „Intelligent Retail". Dabei geht es um die fünf zentralen Themen, die den Handel der Zukunft prägen werden. Zunächst sind die Basisvoraussetzungen zu schaffen, die ein datenbasiertes Arbeiten ermöglichen (1). Dies wiederum ermöglicht den Einsatz von künstlicher Intelligenz (KI) und damit kundendatenbasiertes One-to-One-Marketing (2). Um damit arbeiten zu können, bedarf es einer intelligenten Mitarbeiter-Qualifizierung und -Rekrutierung (3). Qualifizierte Mitarbeiter werden auch für eine digitale Supply Chain (4) sowie für eine zukunftsfähige Geschäftsmodellierung inklusive Entwicklung neuer Benutzeroberflächen (5) oder das Multi-Channeling mit Smart Stores benötigt (Heinemann, 2021). Diese fünf Themen werden nachfolgend ausführlicher beleuchtet.

(1.) Basisvoraussetzung für einen sinnvollen KI-Einsatz sind vor allem systemtechnische und organisatorische Aspekte. Ohne performante Warenwirtschafts-, PIM- und CRM-Systeme können keine gültigen Produktverfügbarkeiten angezeigt, keine effiziente Bestandsführung ermöglicht oder prädiktive Empfehlungen gegeben werden. Diese sind den Kunden von heute aber fast genauso wichtig wie attraktive Preise, denn es geht bei einem Ladenbesuch auch um wertvolle Zeit, die nicht vergeblich investiert werden soll. Hinzu kommt, dass IT-Themen heutzutage organisatorisch sowie hierarchisch deutlich höher zu priorisieren sind als im Zeitalter vor dem Internet, als sich IT-Abteilungen häufig noch im Kellergeschoß befanden, wo auch die AS/400 stand oder vielfach noch steht. Da aber das Gesetz „Struktur folgt Strategie" nach wie vor Gültigkeit hat, muss natürlich zuerst eine Digitalstrategie formuliert werden, an der sich dann das Stellengefüge ausrichtet.

(2.) Sind performante Systeme im Einsatz und können Daten generiert werden, heißt das noch lange nicht, dass verwertbare Kundendaten erhoben werden können. Was im Online-Handel schon gang und gäbe ist, stellt sich im stationären Einzelhandel als das wohl größte Hindernis dar. Viele Händler, die bisher glaubten, über Payback diese offene Flanke abdecken zu können, stellen mittlerweile fest, dass sie über die gemeinsame Rabattkarte allenfalls an anonymisierte Kundendaten kommen. Identifizierbare Kundenadressen müssen selbst generiert werden, und nicht ohne Grund gehen auch Einzelhändler zunehmend in die Kundendaten-Offensive, wie z. B. Lidl und Kaufland mit dem Lidl-Plus-Programm. Denn nur mit eigenen und identifizierbaren Kundeninformationen lässt sich Künstliche Intelligenz sinnvoll an der Kundenfront einsetzen. Vor allem Machine Learning kann dazu beitragen, die Beratung vor Ort datenbasiert zu verbessern. Dies ist auch dringend geboten, denn sieben von zehn Kunden sagen aus, dass sie im Internet bessere Informationen und Beratung finden als in den Geschäften. Durch KI muss der Händler befähigt werden, dem Kunden individuelle Vorschläge zu machen, und zwar im Sinne eines One-to-One-Marketing und nicht auf Basis unrealistischer und multivariater Käufertypologien.

(3.) Der Einsatz Künstlicher Intelligenz erfordert intelligente und hoch qualifizierte Mitarbeiter. Der digitale Wandel in den Märkten und Geschäftsmodellen bringt vor allem in dem von Amazon & Co. bedrängten Einzelhandel radikale Veränderungen in allen Unternehmensbereichen mit sich. Von dem historischen Paradigmenwechsel, der als „große Transformation" bezeichnet werden kann, ist der Handel im Bereich einiger seiner heutigen Kernkompetenzen besonders stark betroffen. Zu den wichtigsten Schwachstellen zählt die in vielen Studien immer wieder nachgewiesene geringe Attraktivität als Arbeitgeber für qualifizierte Arbeitskräfte. Dies betrifft insbesondere akademisch Ausgebildete sowie Digitalexperten. Gleichzeitig hat der Handel aber sehr gute Chancen, sich als attraktiver Arbeitgeber zu positionieren, wenn er durch geschicktes Employer Branding seinen digitalen Bedarf sichtbar macht. Dieser besteht in hoch entwickelten, innovativen und digitalen Lösungen für die Beschaffung und die Logistik. Denn dort wird der größte Teil des Handelserfolges erzielt. Digitale High-Potentials für KI, die es gerne zu OpenAI, Microsoft, Google oder Amazon zieht, werden auch für eine Automatisierung der Supply Chain im Online-Handel benötigt.

(4.) Im nächsten Schritt sind alle Prozesse der Supply Chain zu optimieren und zu digitalisieren. Die Supply Chain umfasst alle Abläufe eines Handelsunternehmens von Anfang bis Ende (end-to-end), also vom Kundenauftrag bis zur Auslieferung. Die Mindestanforderung im Online-Handel sind dabei schnelle, fehlerfreie und schlagkräftige Prozesse, um eine bestmögliche, „kundenzentrierte" Abwicklung der Kundenaufträge sicherzustellen (Cycle Time Perfection). Daran werden aus Kundensicht heutzutage alle Anbieter gemessen. Eine superschnelle und fehlerfreie Supply Chain funktioniert nur in digitalisierter Form. Eine wesentliche Herausforderung besteht dabei in der maximalen Automatisierung (IT- und Systemmanagement). Zugleich sind optimale und effiziente Arbeitsabläufe/Prozesse im Online-Kanal sicherzustellen (Supply Chain Management). Dies erfordert ein strategisches Konzept für den IT-Einsatz, der sich unter dem Aspekt der Skalierbarkeit eng an den Wachstumszielen des Handelsunternehmens orientiert. Diesbezüglich kommt auch der Auswahl des richtigen Shopsystems eine Schlüsselrolle zu, denn die Kunden erwarten heute ähnlich gut funktionierende Bestellprozesse wie bei Zalando & Co.

(5.) Erst an letzter Stelle folgt die KI-basierte Erneuerung des User Interface. Zukunftsfähige und intelligente Geschäftsmodelle bis hin zur Entwicklung von intelligenten und durchdigitalisierten Smart Stores sind erst sinnvoll, wenn die digitalen Voraussetzungen erfüllt sind. Diese bedeuten allerdings für etablierte Anbieter vielfach einen Kulturschock. Über Generationen hinweg funktionierte der Einzelhandel ganz einfach so, dass die richtigen Waren zum richtigen Zeitpunkt eingekauft und mit dem richtigen Preis auf die richtige Art und Weise angeboten wurden. Seit dem Siegeszug des Online-Handels erwarten die Kunden zusätzlich, dass ihnen die bestellten Waren idealerweise ohne Versandgebühren nach Hause geliefert werden, und zwar möglichst schnell („Distanzprinzip"). Dabei hat Amazon mit seinem Prime-Programm sowie dem dynamischen Pricing neue Maßstäbe für Geschäftsmodelle im Online-Handel gesetzt. Noch aktuellere Modelle sind der TikTok Shop, der von einigen E-Commerce-Experten bereits als das neue Amazon betrachtet wird, sowie E-Commerce ohne Online-Shop, wobei KI-Agenten einkaufen.

2.3.1 Datenqualität und -verfügbarkeit

Digitale Daten sind die Basis jeder KI-Anwendung. Ohne sie kann keine KI effektiv lernen und Vorhersagen treffen. Wer keine Kundendaten erhebt oder seine Produktdaten nicht KI-fähig macht, verliert Reichweite und Sichtbarkeit. Entscheidend sind vor allem Qualität und Verfügbarkeit der Daten.

Der Aufbau von KI-Modellen erfordert vollständige, genaue und konsistente Daten. Ansonsten kommt es zu falschen Prognosen und suboptimalen Entscheidungen. Dies erfordert enorme Investitionen in das Datenmanagement und die Datenbereinigung (Nöcker & Brovko, 2024). Jede mögliche Kundenfrage muss aus PIM-Daten zu beantworten sein, da

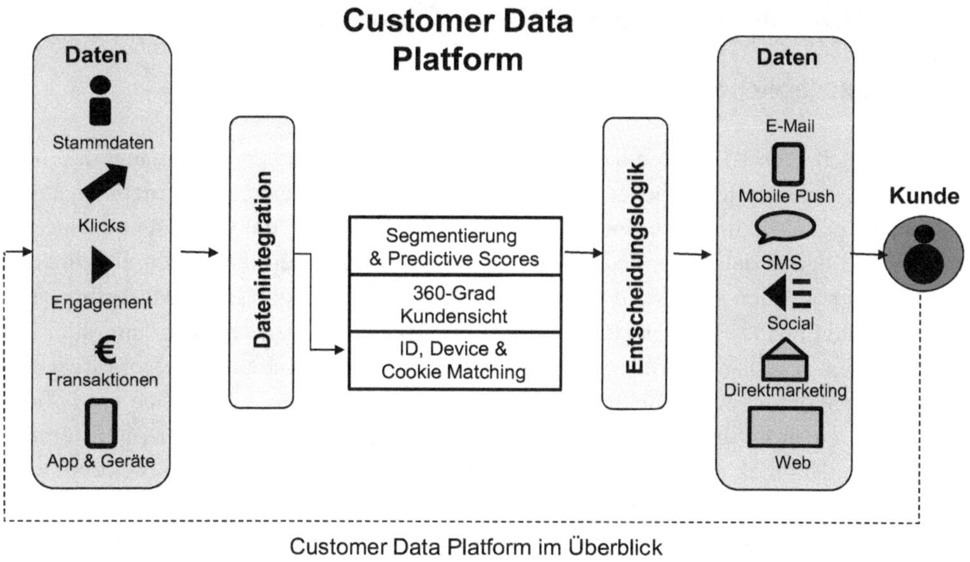

Abb. 2.6 Customer Data Platform. (Quelle: Heinemann, 2025 in Anlehnung an Wuttke, 2023)

sonst die KI das Produkt nicht vorschlägt (Nöcker & Brovko, 2024). Wie in Abb. 2.6 verdeutlicht, ermöglicht eine Customer-Data-Plattform, sämtliche unternehmenseigenen Daten effizient miteinander zu verbinden, sodass eine 360-Grad-Ansicht des Kunden entsteht. Dabei handelt es sich um standardisierte bzw. vorgefertigte Systeme, die mittlerweile bei vielen Anbietern bezogen werden können. Diese lösen keinesfalls bestehende Systeme und Plattformen eines Unternehmens ab, sondern ergänzen diese als Zwischensystem aller Unternehmenstools (Wayner, 2022; Wuttke, 2023).

2.3.2 Infrastruktur, Fachkompetenz und Sichtbarkeit

KI-Anwendungen erfordern spezifische, leistungsfähige Rechnerressourcen, Cloud-Computing sowie sichere Netzwerkstrukturen. Ausschließlich Cloud-Plattformen ermöglichen die Verarbeitung der anfallenden großen Datenmengen. Lediglich in Einzelfällen wie bei IoT-Anwendungen auf Geräten ist ein Edge-Computing angeraten. In jedem Fall erfordert die Implementierung KI-Fachkompetenz und spezifische Stellen für Datenwissenschaft, Algorithmik sowie Softwareentwicklung (Nöcker & Brovko, 2024).

Die Sichtbarkeit in generativen Suchsystemen wie ChatGPT oder Gemini erfordert strukturierte Daten (z. B. Preis, Beschreibung, Bewertungen), Produktfeeds (z. B. Google Merchant Center, Microsoft), eine robots.txt-Freigabe für den OpenAI-SearchBot sowie eine crawlbare Website mit optimiertem Setup. Denn GEO beginnt mit der Recherche, auf welche Prompts hin eine Marke auftaucht, wo auf Wettbewerber verwiesen wird und wie stark die Online-Reputation ist. Die Inhalte sollten KI-freundlich strukturiert werden, um Vertrauenssignale zu senden sowie Sichtbarkeit ausbauen zu können.

2.4 Anwendungsfelder von KI im E-Commerce

2.4.1 Betriebliche Anwendung von KI

Grundsätzlich kann KI in allen betrieblichen Funktionen eingesetzt werden und dort umfassenden Nutzen stiften (Nöcker & Brovko, 2024). In E-Commerce-Unternehmen sollte allerdings grundsätzlich zwischen Front- und Back-Office-Funktionen unterschieden werden. Zu den Front-Office-Funktionen zählen alle Aufgaben, bei denen ein direkter Kontakt zum Kunden hergestellt wird. Sie umfassen typischerweise die Marketing- und Verkaufsfunktionen. Bei den Back-Office-Funktionen handelt es sich um alle administrativen, organisatorischen sowie unterstützenden Tätigkeiten, die nicht direkt mit dem Kundenkontakt zusammenhängen (Heinemann, 2025). Im Front-Office ermöglicht KI sowohl einen automatisierten Kundenservice als auch eine Hyperpersonalisierung. Diese ist im Hinblick auf den Kundenwert sowie die Kundenbedürfnisse als extrem ausdifferenziert anzusehen. Hyperpersonalisiertes Marketing – zu dem auch KI-basierte CRM-Systeme zählen – ermöglicht eine individuelle Kundenansprache und das Ansteuern von Mikroreichweiten. Damit ist es der Schlüssel für eine vielfältige KI-Nutzung in allen Marketingfunktionen, was von Facebook, Google, Spotify und Netflix bereits eindrucksvoll praktiziert wird. Hier werden jedem User seine individuellen Serienerlebnisse, Social-Media-Streams, Musik-Mixes und YouTube-Kanäle vorgeschlagen. Dies hat eine Granularisierung der Medienwelt zur Folge, in der es zunehmend schwieriger wird, solide Reichweiten aufzubauen. Die Sichtweise wandelt sich zunehmend von der Makro- zur Mikroebene, sodass Mikroreichweiten immer wichtiger werden (Heinemann, 2025; Rönisch, 2018). Auch dabei hilft KI. Für hyperpersonalisiertes Marketing sind jedoch alle Kundendaten zu Präferenzen und Kundenverhalten erforderlich.

2.4.2 Private Nutzung von KI

Zur privaten Nutzung von KI gibt es mittlerweile eine Fülle von Studien. Diese liefern zum Teil widersprüchliche Ergebnisse, sind sich jedoch in einem Punkt einig, und zwar in der Aussage, dass die Mehrheit der erwachsenen Deutschen im persönlichen Bereich bereits KI nutzt. Über 40 % der Nutzer verwenden KI-Systeme für die Suche nach Informationen, zum Beispiel in Suchmaschinen. Dabei wurde ChatGPT von knapp der Hälfte innerhalb der letzten vier Wochen genutzt. Google stellt mit Gemini, Google Translate sowie den KI-generierten Zusammenfassungen, die auf der Ergebnisseite der Google-Suche eingebettet sind, gleich drei häufig genutzte KI-Tools zur Verfügung (Graf, 2025).

Die repräsentative KI-Studie des Hamburger Marktforschungsinstituts Splendid Research aus dem September 2025, für die 1001 Bundesbürgerinnen und Bundesbürger online befragt wurden, ergab einen privaten KI-Nutzungsgrad von 71 %, der damit deutlich über der Quote im beruflichen Kontext liegt (Graf, 2025). Demnach setzen nur 23 % der

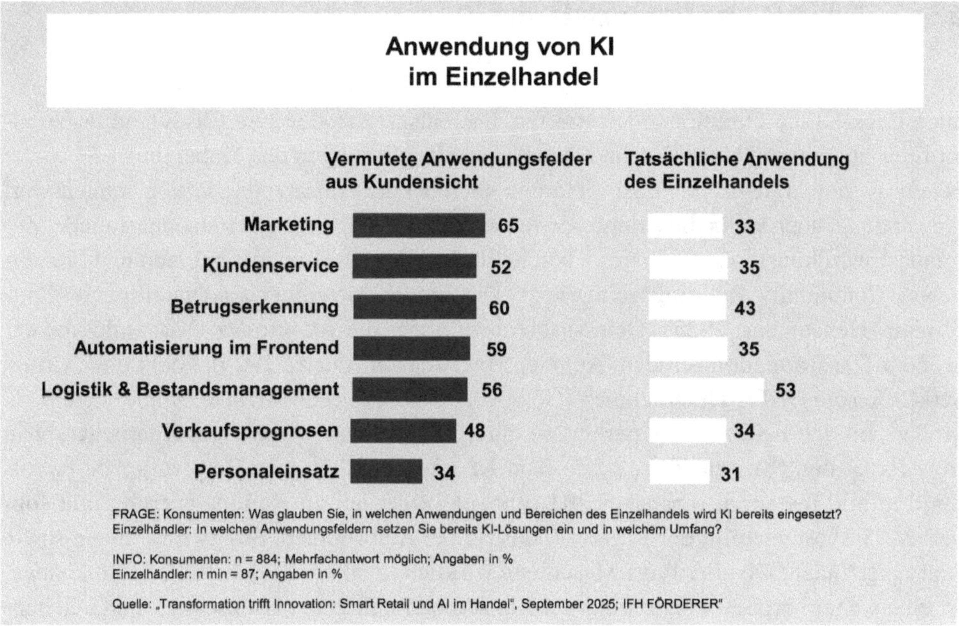

Abb. 2.7 Von Kunden vermutete und tatsächliche Anwendungsfelder von KI im Handel. (IFH Köln, 2025)

Befragten Systeme für Künstliche Intelligenz auch am Arbeitsplatz ein, ausschließlich beruflich ist nur jeder Zwanzigste mit KI befasst. Damit wird deutlich, dass die User inzwischen längst für KI bereit sind, Unternehmen dagegen noch hinterherhinken. Insofern darf nicht verwundern, dass eine große Diskrepanz zwischen dem von Konsumenten vermuteten und dem tatsächlichen KI-Einsatz im Handel besteht (Abb. 2.7) (IFH Köln, 2025). Die User vermuten diesen insbesondere in den Bereichen Marketing und Werbung (65 %), Beratung und Kundenservice (62 %) sowie bei der Betrugserkennung und Sicherheit (60 %). Sie wünschen sich KI vor allem dort, wo sich Prozesse oder das Kundenerlebnis verbessern lassen, ebenso bei Empfehlungen oder Bonusprogrammen. Bei Live-Chats oder personalbezogenen Prozessen bevorzugen sie dagegen den menschlichen Kontakt, was gegen den Einsatz von Chatbots in diesen Bereichen spricht. Diesen Erwartungen wird der Einzelhandel in der Praxis bisher nicht gerecht, denn KI wird bislang eher vereinzelt eingesetzt, allenfalls im Bestandsmanagement und in der Logistik (53 %). Während die meisten Händler in anderen Bereichen noch in der Testphase sind, allenfalls erste Schritte vorbereiten und überwiegend Stillschweigen darüber bewahren, wünschen sich mindestens zwei Drittel der Konsumentinnen und Konsumenten eine transparente Kommunikation über den KI-Einsatz im Handel. Sie interessiert vor allem, wie KI im direkten Kundenkontakt sowie in den Bereichen Prozessoptimierung, Personal oder Logistik genutzt wird (IFH Köln, 2025).

2.5 Zukunft und Potenziale von KI

KI wird derzeit schwerpunktmäßig für Automatisierung eingesetzt und ist mittlerweile in allen Back-Office-Funktionen anzutreffen. Die entsprechenden Use Cases sind bisher allerdings überwiegend separiert und stellen reine Insellösungen dar. Dabei findet KI weder bei der gesamtstrategischen Positionierung noch bei der Umsatzgenerierung nennenswert Anwendung, auch wenn die datenbasierte Personalisierung dies zweifelsohne zuließe. Zumindest wird künstliche Intelligenz bereits für Kundenbindungsmaßnahmen und „intelligentes Community Building“ eingesetzt. Die großen Gewinner sind intelligente Plattformen (Heinemann, 2025). Dementsprechend steht die Marktplatz-Ökonomie vor der größten Transformation seit dem Aufstieg von Amazon (Fuchs, 2025). Nicht ohne Grund verkünden die GAFA-Unternehmen (Google, Amazon, Facebook/Meta, Apple) bereits im großen Stil den Ersatz von Mitarbeitern durch KI und damit massiven Mitarbeiterabbau trotz Expansion (Kowalewsky, 2025). Von KI sind vor allem jene Berufsgruppen betroffen, die mit Texten zu tun haben. KI führt unweigerlich zu Rationalisierung und Jobverlust., insbesondere in der Kreativ-Industrie bei Autor*innen, Songwriter*innen sowie Journalist*innen. Ob allerdings Maschinen wirklich kreativer als Menschen sein können, ist eine weitere große Debatte rund um Künstliche Intelligenz. Ebenso wie die Gretchenfrage, ob ein KI-System ein menschenähnliches Bewusstsein entwickeln kann (Beck, 2025).

Laut einer im September 2025 veröffentlichten Studie mit mehr als 1500 Führungskräften von IT-Abteilungen nutzen bereits 96 % der US-Unternehmen KI und haben diese sogar schon in ihre Kernprozesse integriert (Cloudera, 2025). Im Vergleich dazu waren es im Vorjahr noch 88 %. Sie setzen dabei auf verschiedene KI-Formen, wobei die Mehrheit generative KI nutzt (60 %), gefolgt von Deep Learning (53 %) und vorausschauenden Algorithmen (50 %). Zudem sind Hybrid-Datenarchitekturen zum Standard geworden. Diese stellen aber auch Hürden dar, denn nur bei neun Prozent der befragten Firmen sind alle Daten für ihre KI-Projekte verfügbar. Das macht die Datenintegration zum größten technischen Problem bei der Umsetzung künstlicher Intelligenz (Cloudera, 2025). Weitere Ergebnisse der Studie (Cloudera, 2025; eTailment, 2025):

- **Unternehmen nutzen die Cloud**: Auf die Frage, wo die KI-Daten gespeichert werden, nennen 63 % eine private Cloud, 52 % eine Public Cloud und 42 % ein Data Warehouse.
- **Integration von KI ist mit Datensicherheitsproblemen verbunden**: Bei der Hälfte der Unternehmen gab es während des Modell-Trainings Probleme mit Datenlöchern, bei 48 % unerlaubten Datenzugang und bei 43 % unsichere KI-Tools von Drittpartnern.
- **Trotz der KI-Bedenken sind die Unternehmen zuversichtlich**: Nahezu ein Viertel (24 %) der Unternehmen vertraut der Datensicherheit in den KI-Anwendungen in höchstem Maße, 53 % vertrauen ihr sehr und 19 % nur etwas.

Im deutschen Handel nutzt bislang nur knapp die Hälfte (47,3 %) der Unternehmen KI. Andererseits entspricht dies einer Verdopplung gegenüber 2020. Während Unternehmen mit bis zu 50 Mio. Euro Nettoumsatz per September 2025 nur zu 25 % KI anwenden, sind es bei Unternehmen mit einem Nettoumsatz über 1 Mrd. € immerhin 73,2 %. Bei Online-Händlern dürften es nahezu 100 % sein (HDE, 2025). Zudem erkennt die Mehrheit der Handelsunternehmen das Potenzial der Künstlichen Intelligenz und sieht sie als sinnvolles Investitionsfeld. Auch weist der verstärkte Einsatz von KI in größeren Handelsunternehmen auf eine größere Verfügbarkeit von Ressourcen und Expertise hin (HDE, 2025). Dennoch erwarten viele Einzelhändler perspektivisch keine disruptiven Veränderungen durch Künstliche Intelligenz und bewerten den Einsatz von KI derzeit nicht als strategisch relevanten Baustein ihres Geschäftsmodells. Entsprechend zurückhaltend wird investiert und umgesetzt – obwohl Konsument*innen KI-Anwendungen im Handel längst erwarten, wie die Studienergebnisse verdeutlichen, so Prof. Dr. Werner Reinartz von der Universität zu Köln (IFH Köln, 2025). Dies deutet auf eine große Gefahr hin, da alle Plattformen das anders sehen und zugleich bereits jetzt als Gewinner im Handel gelten.

Trotz des (noch) relativ geringen Nutzungsgrades ist klar, dass KI-Tools zur Produktivitätssteigerung beitragen und dabei Mitarbeiter entlasten können, damit diese sich besser auf ihre Kernaufgaben konzentrieren können. Sie eröffnen damit nicht nur Effizienzpotenziale, sondern schaffen auch erhebliche Qualitätsverbesserungen in der Arbeit. Folgende KI-Tools können schnell, pragmatisch und ohne große Investitionen zur Produktivitätssteigerung genutzt werden (Viete, 2025):

- **Notion**: Dieses Projektmanagement-Tool nutzt KI, um Arbeitsabläufe zu optimieren, Aufgaben automatisch als solche zu erkennen und zu kennzeichnen und Berichte zu schreiben. Es kann Notizen zusammenfassen, wichtige Punkte hervorheben sowie u. a. Listen mit umsetzbaren Aufgaben erstellen und ist mit anderen Diensten wie Slack integriert.
- **Otter.ai**: Diese Software für Transkription und Notizen kann Audiodateien in Echtzeit transkribieren. Nach dem Gespräch verarbeitet es die Audioaufnahme vollständig innerhalb weniger Minuten und versieht das Dokument nach Sprecher organisiert mit Zeitstempeln. Es wird automatisch gekennzeichnet, wer spricht. Otter fasst außerdem Gespräche einschließlich Überschriften und kurzen Beschreibungen der Hauptthemen und der Fragen automatisch zusammen. Auch wird der Gesprächsanteil jedes Teilnehmers aufgeschlüsselt. Das Transkript kann nach bestimmten Begriffen oder Namen durchsucht werden.
- **ChatGPT**: Dieser Allrounder unter den KI-Tools ist so vielseitig, dass das System in jede Kategorie passt, egal ob für das Brainstorming im Content-Marketing oder Social-Media-Marketing, für die Analyse großer Datenmengen oder in Form eigener Custom GPTs – ChatGPT kann unzählige Arbeiten übernehmen und damit Prozesse effizienter machen.
- **Gamma**: Diese Design-Software ist ein KI-Tool für die Erstellung von Präsentationen, Dokumenten oder Social-Media-Postings. Mit Hilfe eines einfachen Prompts oder einer Dokumentenvorlage kann Gamma in Sekundenschnelle automatisch Designs entwickeln, Layouts strukturieren und Templates anlegen.

Zum Thema: Im Gespräch mit ChatGPT

Was sagt der Chatbot selbst? Neun Fragen an ChatGPT über ChatGPT (Version: GPT-5 mini, Zugriff am 18.2.2026). In Anlehnung an ein Interview von David Beck, SWR (Beck, 2025).

Wie unterscheidest du dich von anderen Chatbots?

ChatGPT: Ich unterscheide mich von anderen Chatbots durch eine tiefere Sprachverständnisfähigkeit, die Fähigkeit, komplexe Zusammenhänge zu erklären, und durch kontextbezogene, präzise Antworten. Außerdem kann ich Bilder interpretieren, stilistisch flexibel antworten und erkenne subtil formulierte Fragen oder Fallstricke, bei denen andere Chatbots oft scheitern.

Was kannst du tun?

ChatGPT: Ich kann Fragen beantworten, Texte zusammenfassen, Ideen entwickeln, komplexe Themen einfach erklären, Texte kreativ schreiben, Code analysieren und erstellen, Bilder interpretieren, Inhalte übersetzen, Probleme lösen und Schritt-für-Schritt-Anleitungen geben. Außerdem kann ich bei Entscheidungen helfen, Lerninhalte erklären und bei kreativen Projekten unterstützen.

Kannst du dich in verschiedenen Sprachen unterhalten?

ChatGPT: Ja, ich kann mich in vielen Sprachen unterhalten, darunter Deutsch, Englisch, Spanisch, Französisch, Chinesisch und viele weitere, und ich passe meinen Stil und Tonfall an die jeweilige Sprache an.

Was kannst du nicht?

ChatGPT: Ich kann keine Echtzeitinformationen liefern, die nur durch Live-Daten verfügbar sind, keine physischen Handlungen ausführen, keine persönlichen Daten ohne Eingabe erkennen, keine garantierte medizinische, rechtliche oder finanzielle Beratung geben und keine urheberrechtlich geschützten Inhalte reproduzieren. Außerdem habe ich keine eigenen Gefühle oder Bewusstsein.

Wie erkennst du, wenn jemand unhöflich oder beleidigend ist?

ChatGPT: Ich erkenne unhöfliche oder beleidigende Sprache durch bestimmte Wörter, Formulierungen und den Tonfall im Kontext des Gesprächs. Ich achte auf Beleidigungen, Drohungen oder abwertende Aussagen und reagiere darauf neutral, sachlich oder deeskalierend, ohne selbst emotional zu werden.

Was sind die größten Herausforderungen für Chatbots?

ChatGPT: Die größten Herausforderungen für Chatbots sind das Verstehen von komplexem Kontext, Ironie oder Mehrdeutigkeiten, die Erkennung von Emotionen, die Vermeidung von Fehlinformationen, der Umgang mit kulturellen Nuancen und persönlichen Vorlieben sowie der Schutz von Privatsphäre und Sicherheit.

Wie sicherst du Daten gegen Missbrauch?

ChatGPT: Ich speichere keine persönlichen Daten dauerhaft und nutze Informationen nur innerhalb der aktuellen Sitzung, um Antworten zu geben. Sensible Daten werden verschlüsselt verarbeitet, und ich gebe keine privaten Informationen weiter oder an Dritte, wodurch das Risiko von Missbrauch stark reduziert wird.

Welche Zukunftsaussichten siehst du für Chatbots in der Gesellschaft?

ChatGPT: Chatbots werden voraussichtlich stärker in Bildung, Medizin, Kundenservice und kreative Arbeit integriert, menschliche Kommunikation ergänzen, Routineaufgaben automatisieren und personalisierte Unterstützung bieten. Gleichzeitig wird der Fokus auf Ethik, Datenschutz und Vertrauenswürdigkeit wachsen, um Missbrauch und Fehlinformationen zu verhindern.

Und zum Abschluss: Was ist der Sinn des Lebens?

ChatGPT: Der Sinn des Lebens ist eine persönliche Frage, die jeder für sich beantwortet – für manche geht es um Glück, Beziehungen oder Wissen, für andere um Beitrag zur Gesellschaft oder spirituelle Entwicklung. Viele Philosophen und Kulturen betonen, dass der Sinn darin liegt, bewusst zu leben, zu lernen und Verbindungen zu anderen zu schaffen.

Literatur

Beck, D. (2025, August 28). Gespräche führen mit dem Chatbot ChatGPT: So lernt die KI von uns. *SWR*. https://www.swr.de/swrkultur/wissen/chatbots-wie-funktioniert-chatgpt-100.html. Zugegriffen am 01.09.2025.

Benoit, B. (2019, Mai 12). Über den Unterschied zwischen KI, maschinellem Lernen und Deep Learning für Prüfungen in der Industrieautomation. *Cognex*. https://www.cognex.com/de-de/blogs/deep-learning/ai-versus-deep-learning-versus-machine-learning-in-industrial-automation. Zugegriffen am 22.01.2021.

Bitkom. (2025). Generative KI im Unternehmen: Rechtliche Fragen zum Einsatz generativer Künstlicher Intelligenz im Unternehmen. *Bitkom e.V.* https://www.bitkom.org/Bitkom/Publikationen/Generative-KI-im-Unternehmen. Zugegriffen am 01.10.2025.

Bito. (2020, Dezember 3). Wie künstliche Intelligenz die Logistik revolutioniert. https://www.bito.com/de-de/fachwissen/artikel/wie-kuenstliche-intelligenz-die-logistik-revolutioniert/. Zugegriffen am 03.02.2021.

Büttner, A. (2020, Juli 24). 5 Content-Marketing-Trends, die uns 2020 erwarten. *Unternehmer.de*. https://unternehmer.de/marketing-vertrieb/239990-2020-content-marketing-trends. Zugegriffen am 02.08.2020.

Cision. (2025). Das Aufkommen generativer KI und ihre Bedeutung für die Kommunikationsbranche. https://www.cision.de/ressourcen/best-practice/tipps/aufkommen-generativer-ki-und-bedeutung-fuer-kommunikationsbranche/. Zugegriffen am 01.10.2025.

Cloudera. (2025, September 25). Cloudera Survey Finds 96% of Enterprises Have Integrated AI Into Core Business Processes, Signaling AI Has Moved from Competitive Advantage to Mandatory Practice. *Pressemitteilung*. https://www.cloudera.com/about/news-and-blogs/press-releases/2025-09-25-cloudera-survey-finds-96-of-enterprises-have-integrated-ai-into-core-business-processes-signaling-ai-has-moved-from-competitive-advantage-to-mandatory-practice.html#. Zugegriffen am 01.10.2025.

Disrupt Consulting. (2016). Digitalisierung – Ein weiteres Kapitel in der Geschichte der Produktivitätssteigerung. https://de.slideshare.net/disrupt-consulting/ein-eine-kurze-geschichte-ber-digitalisierung. Zugegriffen am 13.01.2019.

eTailment. (2025, September 29). Morning Briefing: 96 Prozent der Unternehmen nutzen KI. *eTailment*. https://etailment.de/news/morning_briefing/morning-briefing-mytheresa-zalando-highsnobiety-flink-lieferkettengesetz-amazon%2D%2Dzertifizierungen-tiktok-usa-motorola-russland-ki-blase-25261. Zugegriffen am 11.10.2025.

Fam, P. (2025, November 19). Gemini 3 ist da: Googles Angriff auf ChatGPT. *RedaktionsNetzwerk Deutschland*. https://www.rnd.de/digital/release-von-google-gemini-3-was-kann-die-neue-version-besser-TIGJVN2HINFCZBFURU5YBR27OE.html. Zugegriffen am 20.11.2025.

Fraunhofer IKS. (2025). Künstliche Intelligenz (KI) und maschinelles Lernen. https://www.iks.fraunhofer.de/de/themen/kuenstliche-intelligenz.html. Zugegriffen am 01.10.2025.

Fuchs, J. G. (2025, Oktober 13). KI und Social Commerce revolutionieren Marktplätze. https://www.wuv.de/Themen/Commerce/KI-und-Social-Commerce-revolutionieren-Marktplaetze. Zugegriffen am 18.10.2025.

Gehl, C. (2024, Februar 20). Wankt Google jetzt? OpenAI kommt mit eigener Suchmaschine. *iBusiness Executive Briefing*. https://www.ibusiness.de/aktuell/db/365756gehl.html. Zugegriffen am 25.03.2024.

Graf, J. (2025, Oktober 10). KI-Deutschlandstudie: Wie die Deutschen Künstliche Intelligenz wirklich nutzen. https://www.ibusiness.de/aktuell/db/689309jg.html. Zugegriffen am 11.10.2025.

HDE. (2025). Künstliche Intelligenz im Handel – Umfrage zum KI-Einsatz 2025. HDE KI-Studie. https://einzelhandel.de/ki-studie. Zugegriffen am 01.10.2025.

Heinemann, G. (2021). *Intelligent Retail. Die Zukunft des stationären Einzelhandels*. Springer-Gabler.

Heinemann, G. (2025). *Der neue Online-Handel: Geschäftsmodelle, Geschäftssysteme und Benchmarks im E-Commerce* (16. Aufl.). Springer-Gabler.

IFH Köln. (2025, September 9). Künstliche Intelligenz im Einzelhandel: Konsument:innen zeigen sich offen, Händler zögern. *Pressemitteilung*. https://www.ifhkoeln.de/kuenstliche-intelligenz-im-einzelhandel-konsumentinnen-zeigen-sich-offen-haendler-zoegern/. Zugegriffen am 11.10. 2025.

Kossmann, M. (2020, Oktober 1). KI im Marketing: Mehr Relevanz durch Künstliche Intelligenz. *Vision Eleven*. https://www.visioneleven.com/ki-im-marketing/. Zugegriffen am 22.01.2021.

Kowalewsky, R. (2025, Oktober 28). 14.000 Jobs werden gestrichen. Was bedeutet der Stellenabbau bei Amazon für die NRW-Standorte? *Rheinische Post*. https://rp-online.de/wirtschaft/unternehmen/amazon-streicht-jobs-was-bedeutet-der-stellenabbau-fuer-nrw-standorte_aid-137838195. Zugegriffen am 28.10.2025.

Luber, S. (2023, Mai 9). Definition: Künstliche Intelligenz in Form eines Chatbots. Was ist ChatGPT? *Cloudcomputing.de*. https://www.cloudcomputing-insider.de/was-ist-chatgpt-a-a8d211bab4221b492f00f9af66329f7b/. Zugegriffen am 01.10.2025.

Luber, S., & Litzel, N. (2016, September 1). Definition: Was ist Machine Learning? *Bigdata-insider.de*. https://www.bigdata-insider.de/was-ist-machine-learning-a-592092/#:~:text=Machine%20Learning%20ist%20ein%20Teilbereich,k%C3%BCnstliches%20Wissen%20aus%20Erfahrungen%20generiert. Zugegriffen am 22.01.2021.

Nöcker, C., & Brovko, A. (2024). *KI-Revolution in Unternehmen: Chancen – Fallbeispiele – Erfolgsfaktoren*. Brovko.

ON4OFF. (2019). Hochschule Niederrhein ist Entwicklungspartner in neuem Forschungsprojekt zur Zukunftssicherung des Einzelhandels. *Pressemitteilung*. www.on4off.de. Jülich und Krefeld.

Pfeiffer, K. (2024, November 19). Shop Experience bei Perplexity: So verändert KI die Produktsuche. *Onlinemarketing*. https://onlinemarketing.de/e-commerce/shop-experience-perplexity. Zugegriffen am 05.05.2025.

Raitner, M. (2018, Juli 17). Eine kurze Geschichte der Digitalisierung. https://raitner.de/2018/07/eine-kurze-geschichte-der-digitalisierung/. Zugegriffen am 13.01.2019.

Riedel, M. (2019). *ON4OFF: Referenzmodell – Use Cases. Interne Unterlage im Rahmen des Projektes ON4OFF*. Jülich.

Rönisch, S. (2018, Dezember 11). Interaktiv-Trends 2019/2020 (1): Reichweiten- Atomisierung, Deep Learning, GAFA. *Susan Rönisch*. https://www.ibusiness.de/members/aktuell/db/454455SUR.html?pay=1. Zugegriffen am 19.07.2019.

Schurr, P. (2023, Juli 31). Generative KI. Mindsquare. https://mindsquare.de/knowhow/generative-ki/. Zugegriffen am 25.03.2024.

Shewan, D. (2019, August 12). 10 Companies Using Machine Learning in Cool Ways. *Dan Shewan*. https://www.wordstream.com/blog/ws/2017/07/28/machine-learning-applications . Zugegriffen am 29.01.2021.

Turing, M. (1950). *Computing Machinery and Intelligence*. Chrome-extension://efaidnbmnnnibpcajpcglclefindmkaj/https://courses.cs.umbc.edu/471/papers/turing.pdf. Zugegriffen am 28.10. 2025.

Van Rinsum, H. (2024, September 30). Die wichtigsten Fakten zur KI-Suchmaschine. https://etailment.de/news/stories/perplexity-ai-die-wichtigsten-fakten-zur-ki-suchmaschine-24921. Zugegriffen am 07.11.2025.

Viete, A. (2025, Juni 29). KI-Tools für Unternehmen: Die 10 besten Lösungen im Vergleich. *Shopify*. https://www.shopify.com/de/blog/ki-tools-fur-unternehmen?term=&adid=732988891158&campaignid=17062411161&utm_medium=cpc&utm_source=google&gad_source=1&gad_cam-

paignid=17062411161&gbraid=0AAAAAC3Mv8-xQ4Lfb_Wc90kr-HAtxG-d-&gclid=EAIaIQobChMIkd_0u8vRkAMVd9hEBx21VSkhEAAYAiAAEgL0MvD_BwE. Zugegriffen am 28.10.2025.

Wayner, P. (2022, April 26). Customer Data Platforms. Die 8 besten CDP-Lösungen. *Computerwoche*. https://www.computerwoche.de/a/die-8-besten-cdp-loesungen,3553197. Zugegriffen am 05.01.2023.

Wikipedia Computer Vision. (2025). Computer vision. https://de.wikipedia.org/wiki/Computer_Vision. Zugegriffen am 28.10.2025.

Wikipedia ML. (2025). Maschinelles Lernen. https://de.wikipedia.org/wiki/Maschinelles_Lernen. Zugegriffen am 28.10.2025.

Worldstream. (2019, August 12). 10 companies using machine learning in cool ways. *Dan Shewan*. https://www.wordstream.com/blog/ws/2017/07/28/machine-learning-applications. Zugegriffen am 29.01.2021.

Wuttke, L. (2023, Mai 24). Customer-Data-Platform – Funktionen, Vorteile und Unterschiede. *Datasolut*. https://datasolut.com/customer-data-platform/. Zugegriffen am 03.06.2023.

KI-basierte Geschäftsideen im E-Commerce 3

Zusammenfassung

Die für KI-Commerce erforderlichen Aspekte entsprechen den wichtigsten Inhalten einer Businessplanung. Dazu zählen das Meta-Targeting von Märkten und Kunden, wie in den Kap. 1 und 2 beschrieben, die Geschäftsideen, deren Geschäftsmodelle sowie die zugrunde liegenden Geschäftssysteme. Gegenstand dieses Kapitels sind die Geschäftsideen, die sich in drei Hauptkategorien unterteilen lassen, und zwar Nischenspezialisten. Platform Builder sowie Game Changer. Nischenspezialisten sind beispielsweise Conversational-Commerce-Anbieter mit KI-gestützten Chatbots oder Vertreter des Experience-Led KI-Commerce. Typische Platform Builder sind Vertreter des Creator Commerce wie beispielsweise TikTok. Agentic-Commerce-Anbieter mit Bot-Traffic sowie Predictive IoT-Commerce können dagegen als Game Changer gelten. Im Zusammenhang mit KI und Hyperpersonalisierung gewinnen zudem On-Demand-Geschäftsideen an Bedeutung.

KI-Agenten im Frontend sind nur der Anfang. Vor allem die Vorgänge im Backend können von KI-Tools besser und schneller als bisher erledigt werden. Diese arbeiten bei der Orchestrierung der Aufgaben synchron und verlinkt zusammen. Sie werden damit zu integralen Teammitgliedern, wodurch der Bedarf an Mitarbeitern sinkt und schnelle sowie perfekte Entscheidungen möglich werden (Roberts, 2024, 2025). Zweifelsohne wird menschliche Intuition, Überwachung und Kontrolle auch weiterhin erforderlich sein, KI wird aber zukünftig für alle Tätigkeiten wertvolle Unterstützung geben können. Selbst in Berufen mit hohem körperlichem Arbeitsaufwand, bei denen es im Allgemeinen relativ wenig Störungen durch generative KI gibt, wie etwa bei Lagerarbeitern und Auftragsabwicklern

G. Heinemann, *Der neue KI-Commerce*,
https://doi.org/10.1007/978-3-658-51173-9_3

Abb. 3.1 Kategorien von KI-Geschäftsideen. (In Anlehnung an Roberts, 2025)

(26,4 % Expositionswert), könnte die Arbeit durch KI-optimiertes Bestandsmanagement und Lagernavigation tangiert werden.

Mittlerweile agieren Plattformentwickler wie Architekten und entwickeln Technologien, die es Unternehmen ermöglichen, die Leistungsfähigkeit der KI zu nutzen. Dabei bauen die First Mover mit Hochdruck Ökosysteme auf, die darauf ausgelegt sind, die Produktivität zu steigern. Diese KI-Visionäre sehen keine Grenzen – sie sehen nur Potenziale und setzen KI ein, um ganze Branchen umzukrempeln und traditionelle Beschränkungen aufzubrechen. Sie werden auch in abgelegenen Regionen eine erschwingliche Versorgung ermöglichen, das Finanzwesen mit KI-gesteuerten Algorithmen neu erfinden und die Leistungsfähigkeit generativer KI nutzen, um jedem eine personalisierte Bildung anzubieten. Dabei wird es die folgenden drei Kategorien von KI-nativen Unternehmen geben, von denen jede das Potenzial hat, etablierte Branchen zu disruptieren (Abb. 3.1) (Roberts, 2025):

1. **Nischenspezialisten** fokussieren sich auf die Lösung spezifischer Kundenprobleme mit höchstmöglicher Präzision. Ein KI-Tool könnte beispielsweise den Kundenservice unterstützen und bei der Diagnose seltener Problemfälle mit einer Genauigkeit helfen, die den Einsatz ganzer Kundenservice-Teams übertrifft. Typische Nischenspezialisten sind z. B. die Vertreter des Conversational Commerce oder des Experience-Led Commerce. Conversational Commerce steht für die Integration moderner Kommunikationstechniken wie Messaging-Apps, Sprachassistenten und Chatbots in den Verkaufs- und Kundenserviceprozess. Derartige Nischenlösungen ermöglichen es Online-Händlern, durch konversationsbasierte Interaktionen mit Usern in Echtzeit zu kommunizieren und Geschäfte abzuschließen (Wikipedia CC, 2025). Die damit einhergehende Steigerung des Bot-Traffic stellt jedoch Online-Shops in Frage, denn ein Bot benötigt keinen

Shop, sondern nur Produktinformationen. Diese Befürchtungen begründen den Experience-Led KI-Commerce, der vier Aspekte umfasst, und zwar Immersive Commerce, Hyperpersonalisierung, Community Building sowie Kundeninteraktion (Hamann, 2025). Als Nischenspezialisten sind aber auch KI-native Start-ups denkbar, die Komplettbedarfe abdecken, wie z. B. sämtliche Aufgaben in der Bildungsverwaltung oder im Lehrberuf, was das Einheitsmodell standardisierter Tests und starrer Unterrichtspläne komplett in Frage stellen würde. So könnten Bildungs-Plattformen mit einer interaktiven Bewertung beginnen, die Wissenslücken, Lernstil und Interessen eines Schülers oder einer Schülerin aufdeckt. Auf dieser Basis würde die KI einen hyperpersonalisierten Lernpfad mit unterschiedlichen Formaten (Videos, Text, interaktive Simulationen) vorschlagen und sich in Echtzeit an die Reaktionen der Lernenden anpassen. Dies beinhaltet visuelle Erklärungen und Portionierung der Lernkonzepte in kleinere Schritte. KI könnte auch das Engagement der Schüler analysieren und das Tempo sowie die Tonalität des Unterrichts anpassen. Derartige KI-Tools dürften auch in der Geschäftswelt Einzug halten und dort als persönlicher Mentor oder Coach für Mitarbeiter fungieren (Roberts, 2025).

2. **Platform Builder**: Derartige KI-native Startups könnten auch die Chancen nutzen, die sich durch die Fähigkeit zur Hyperpersonalisierung ergeben. Dies betrifft z. B. den Creator Commerce, der Basis des TikTok Shops ist, oder Weiterentwicklungen der Modelle Factory-to-Consumer (F2C) bzw. Customer-to-Manufacturer (C2M), die die Fast-Fashion-Branche auf eine nachhaltige Basis stellen könnten, indem generative KI mit nachhaltiger On-Demand-Produktion kombiniert wird. Dabei werden Kunden von KI-gestützten Designassistenten darin unterstützt, ihre Stilvorlieben und Körpermaße zu spezifizieren. Anschließend werden erste Designvarianten vorgeschlagen und auf der Grundlage des Kunden-Feedbacks in Echtzeit optimiert. Artificial und Virtual Reality ermöglichen es den Käufern, ein Kleidungsstück virtuell und unter verschiedenen Lichtbedingungen am eigenen Körper „anzuprobieren". Nach Fertigstellung des Designs könnte die Plattform die Kleidungsmuster optimieren, um Abfall zu minimieren, und eine direkte Verbindung zu einer On-Demand-Produktionsanlage herstellen. Durch solcherart individuell gefertigte Kleidungsstücke könnte umweltschädliche Überproduktion verhindert werden. Der Fokus könnte zudem auf nachhaltige Stoffe, Transparenz in der Lieferkette und Designelemente, bei denen Langlebigkeit im Vordergrund steht, gelegt werden. Mithilfe von KI ist es bereits möglich, die meisten Aufgaben zu übernehmen, die traditionell von Modedesignern ausgeführt werden (Roberts, 2025).
3. **Game Changer**: KI-native Unternehmen haben den Anspruch, ganze Branchen neu zu erfinden, wie z. B. Vertreter des Agentic Commerce oder des Predictive IoT-Commerce. Im Agentic Commerce kaufen KI-Agenten eigenständig im Auftrag von Personen oder Organisationen ein und erfinden damit den Online-Handel neu (Telekom, 2025). Demgegenüber hat der Predictive IoT-Commerce vor allem im B2B-Commerce das Potenzial, komplette Branchen zu verändern. So könnte ein KI-Fertigungswerkzeug z. B. so auf den Rhythmus einer Fertigungsstraße abgestimmt sein, dass es drohende Ausfälle vorhersagen, teure Ausfallzeiten verhindern und die Effizienz maximieren kann

(Roberts, 2024, 2025). Mit einer präskriptiven Supply Chain könnte die traditionelle Lieferkettenplanung auf den Kopf gestellt werden. Anstatt Probleme reaktiv anzugehen, können damit Verzögerungen und Risiken vorhergesehen und Möglichkeiten zu ihrer Vermeidung vorgeschlagen werden. Derartige Plattformen würden einen gigantischen Datenstrom aus Wettermustern, Hafenüberlastungen, Rohstoffpreisen, lokalen Ereignissen, politischen Instabilitäten oder sogar Stimmungen in den sozialen Medien verarbeiten. Sie könnten proaktiv z. B. überschüssige Lagerbestände oder neu eröffnete Transportrouten identifizieren. Verschiedenste Stakeholder würden passgenaue Berichte erhalten. Derartige Plattformen könnten erhebliche Veränderungen in den Führungsetagen von Transport-, Logistk- und Handelsunternehmen auslösen. Die wesentliche Stärke einer präskriptiven Supply-Chain liegt in kontinuierlichem Lernen und Anpassungsfähigkeit (Roberts, 2025).

Im Folgenden werden die erwähnten Geschäftsideen im Detail beschrieben und erläutert.

3.1 Conversational Commerce mit KI-Chatbots

Conversational Commerce ist nicht neu und vor allem mit der Entwicklung von Alexa bzw. „Amazon Echo" im Jahre 2014 verbunden. Zwar haben sich die damaligen Vorhersagen für Voice oder Conversational Commerce nicht erfüllt, was darin gipfelte, dass Amazon Alexa in 2022 offiziell infrage stellte (Kort et al., 2022). Doch auch wenn die Entwicklung von Voice Commerce nicht in dem erwarteten Tempo verlief, bleibt es ein Schlüsseltrend, der im Zuge von Messenger Shopping und Live-Chat-Commerce neu aufgestellt wird (Heinemann, 2025).

Seit WhatsApp mit Carts eine Art Einkaufswagen für den Chat vorgestellt hat, nimmt Conversational Commerce in Kombination mit Messengerdiensten etwas mehr Fahrt auf. Angeführt von WhatsApp Shopping könnte sich damit ein komplett neuer Vertriebskanal etablieren (Weidemann, 2019, 2020). Es zeigte sich, dass gerade in den Corona-Jahren die Händler und Marken im Vorteil waren, die ihre Kunden mit dieser Art des Clienteling über neue Kollektionen informieren oder auf aktuelle Angebote hinweisen konnten. WhatsApp, die mit über zwei Milliarden Usern größte Messaging App der Welt, führte für Unternehmen Ende 2021 die technischen Voraussetzungen für Warenkataloge ein, um die Kunden dabei zu unterstützen (Lewanczik, 2021). Dementsprechend wurde Messenger-Shopping seitdem auch zunehmend als Online-Kaufunterstützung eingesetzt. Etliche Online-Händler bieten mittlerweile dem Kunden ein Beratungsgespräch per Live-Chat an. So können Kunden beispielsweise beim Fahrrad-Online-Händler Rosebikes nach vorheriger Terminvereinbarung eine Videoberatung in Anspruch nehmen, und zwar per WhatsApp-Videotelefonie und Facetime (Rosebikes, 2021). Während der Covid-Pandemie 2021 hatte auch die Thalia-Gruppe für ihren Buchverkauf vorübergehend eine digitale Kundenberatung via Chat im Programm. Die Live-Beratung wurde von Mitarbeitern ausgewählter Filialen werktags und tagsüber angeboten. Dabei erfolgte die Kontaktaufnahme mit den Buchberatern einfach und intuitiv: Öffnete der Online-Kunde die Internetseite Thalia.de oder die jeweiligen Buchkategorien, sah er das Live-Chat-Symbol am unteren rechten Seitenrand. Klickte ein Besucher auf das Symbol, wurde er zunächst mit einer Chat-Nachricht begrüßt, bevor das individuelle Beratungsgespräch begann (Buchreport, 2021). Seit Februar 2021 bietet auch pro optik, Deutschlands drittgrößte Optikerkette, in ihrem Onlineshop eine Live-Beratung an und gibt den Online-Kunden die Möglichkeit, zu Hause stationäre Fachberatung in Echtzeit zu genießen (pro optik, 2021).

3.1.1 KI-gestützte Chatbots als Einkaufs-, Service- und Suchhelfer

Im Zusammenhang mit intelligenten und KI-gestützten Chatbots wie u. a. ChatGPT und Perplexity erlebt der Conversational Commerce (oder auch Chatbot Commerce) als Schnittstelle zwischen E-Commerce und Messaging eine Neuerfindung und gilt damit als neue Geschäftsidee (Martin, 2025). Immer mehr Online-Shops setzen auf automatisierte Beratung und smarte Tools, um den Suchaufwand für User zu reduzieren und ihnen durch smarte digitale Begleitung eine Orientierung zu bieten. Genau hier spielen KI-Chatbots, die effektiv unterstützen und Conversion-Potenziale heben, ihre Stärken als digitale Assistenten aus (Masbaum, 2025; Pfeiffer, 2024). KI-gestützte Chatbots machen es mittlerweile möglich, Kunden rund um die Uhr kompetent zu beraten. User können sich mit dem Chatbot in ein Gespräch begeben, anstatt sich durch zahlreiche Produkte klicken zu müssen. Ein smarter Chatbot kann dem Nutzer auf Basis der erfragten Präferenzen passende Produktvorschläge machen. Der Verkaufsprozess wird dadurch beschleunigt und kann 24/7 stattfinden. Zudem hat ein KI-Chatbot klare Vorteile gegenüber gefilterten Suchen. Für den User ist es bequemer und einfacher, ein Chatbot-Widget zu nutzen, als mögliche Suchfilter zu ermitteln. Darüber hinaus lernen smarte Chatbots aus jeder Konversation, wenn sie Feedback erhalten oder Fragen stellen, um Probleme besser zu verstehen (Masbaum, 2025). Insofern darf es nicht verwundern, dass KI-gestützte Chatbots zunehmend zentrale Aufgaben entlang der Customer Journey übernehmen (Pfannschmidt, 2025). Hinzu kommt, dass sich die Erwartungshaltung der Kunden durch immer bessere und kundenzentriertere Einkaufserlebnisse radikal verändert hat. Dazu kommen immer mehr Cross-Border-Aufträge, die Mehrsprachigkeit erfordern. Self-Service-Geschwindigkeit, Personalisierung und ein günstiges Preis-Leistungs-Verhältnis werden auf Kundenseite ebenfalls erwartet. Hoher Kostendruck und Fachkräftemangel machen es allerdings nahezu unmöglich, die steigenden Kundenanforderungen zu erfüllen. Deswegen brauchen Online-Händler skalierbare Tools, die Routineaufgaben übernehmen können, damit sich Mitarbeiter auf wertschöpfende Tätigkeiten fokussieren können (Pfannschmidt, 2025). Sie machen automatisierte Kundeninteraktionen möglich, beantworten häufig gestellte Fragen rund um die Uhr besser als jede FAQ-Liste und helfen passgenauer bei der Produktsuche als jede andere Suchfunktion. Auch können sie beim Bestellprozess einschließlich Paket-Tracking und -Weiterleitung helfen, wodurch der Kundenservice effizienter wird und das Verkaufsteam sich auf komplexere Anliegen fokussieren kann. KI-Chatbots führen Kunden durch die Customer Journey, geben Empfehlungen ab, können Leads generieren und steigern dadurch die Conversion Rate. Mit ihren schnellen Antworten und der unkomplizierten Unterstützung schaffen sie zudem ein reibungsloseres Einkaufserlebnis und erhöhen dadurch die Kundenzufriedenheit. Dies schlägt sich unmittelbar in Kennzahlen wie Net Promoter Score, durchschnittliche Antwortzeit oder Warenkorbgröße nieder, und zwar umso mehr, je besser ein Bot trainiert und ins gesamte Geschäftssystem eingebunden wird (Masbaum, 2025; Pfannschmidt, 2025).

Es gibt bereits verschiedene KI-gestützte Einkaufshelfer, wie die folgenden Beispiele zeigen:

- **Amazon Rufus** ist ein KI-gestützter Einkaufsassistent, der Kunden hilft, Fragen zu Produkten zu stellen, Empfehlungen zu erhalten und Einkäufe zu vergleichen. Er interagiert mit dem Produktkatalog und Kundenrezensionen.
- **H&M** setzt einen Chatbot ein, der Kunden durch Fragen zum Stil hilft („Digitaler Stil-Assistent") und dann passende Kleidung empfiehlt.
- **Sephora** nutzt einen Chatbot als „virtuellen Beauty-Assistenten", der Produkte vorschlägt und bei Terminbuchungen helfen kann.
- **Walmart** bietet Funktionen an, bei denen ein Chat-Interface es Kund*innen erlaubt, über konversationelle Eingabe Produkte zu finden
- **Shopify-Shops** nutzt einen AI-Agenten, der sich dort zur Produkt- und Kauferleichterung integrieren lässt.
- **Online-Shops** mit einem Chatbot-Tool von Tidio AI geben Produktempfehlungen und beantworten Kundenfragen.

KI-gestützte Chatbots eignen sich auch für den Einsatz im Kundenservice, da sie Antworten in Sekundenschnelle geben, jederzeit erreichbar sind und Mitarbeiter entlasten können (Masbaum, 2025; Pfannschmidt, 2025). Dazu bedarf es eines modernen Conversational-AI-Layers, der als „Digital Twin" des Verkaufs fungiert. Dieser greift auf ERP-, PIM- und CRM-Daten zu und liefert in Echtzeit alle Informationen, die auch ein Sales-Mitarbeiter nutzen würde, angefangen beim aktuellen Preis, der Verfügbarkeit bis hin zur Retourenhistorie. Mithilfe eines Large Language Models versteht der Bot alle Fragen in mehreren Sprachen. Er kann User im Dialog durch komplexe Sachverhalte führen und beispielsweise alternative Produkte bei Lieferengpässen oder Expressversandoptionen bei dringlichen Bedarfen anbieten. Die Servicemitarbeiter müssen sich somit nicht mehr um Routineauskünfte kümmern und können sich überwiegend auf beratungs- und abschlussstarke Gespräche konzentrieren. Zugleich ist der smarte Chatbot in der Lage, wertvolle Intent-Daten zu sammeln, die für eine permanente Angebotsverbesserung wichtig sind. Der Wissenshorizont der KI kann durch laufende Prompt-Optimierung, Anbindung vektorisierter Wissenspools sowie zusätzliche APIs – analog zur Schulung menschlicher Mitarbeiter – verbessert werden. Dadurch steigt die Servicequalität. Antworten können im Sekundenbereich gegeben werden. Gleichzeitig kann der Umsatz durch Cross- und Upselling erhöht werden, weil der Bot Bestellhistorien analysiert und passende Add-ons vorschlägt.

All dies ist aber nur mit einer sauberen Datengrundlage möglich, bei der eine Stammdaten-Harmonisierung und klar definierte API-Schnittstellen zu ERP, PIM und CRM Pflicht sind. Damit wird sichergestellt, dass ein Bot auf konsistente Informationen zugreift. Darüber hinaus sollten Vertrieb und Kundenservice früh eingebunden werden, um ihr Prozess-Know-how in Intent-Bibliotheken und Antworttemplates überführen zu können. Die organisatorische Anbindung des KI-Chatbots reduziert den Integrationsaufwand und liefert zugleich ein ideales Frontend für gemeinsame Interaktionen (Pfannschmidt, 2025).

Folgende Beispiele für KI-Chatbots im Kundenservice gibt es bereits:

- **Zalando** setzt KI-Chatbots als automatisierte Rücksendehilfen ein, wobei sie Fragen zu Rücksendungen, zum Lieferstatus oder zu Größenempfehlungen beantworten können. Kunden müssen dadurch nicht mehr auf den Support warten.
- Die **Deutsche Telekom** nutzt den KI-Chatbot „Tinka“, der Anfragen zu Tarifen, Rechnungen und Störungen beantwortet. Sobald Tinka nicht weiterkommt, übergibt sie das Gespräch automatisch an einen menschlichen Agenten.
- **Vodafone** setzt den Chatbot TOBi ein, der Fragen rund um Verträge, SIM-Karten sowie Datenvolumen usw. beantwortet und damit viele Standardanfragen komplett autonom bewerkstelligt.
- **Sparkassen** und **Volksbanken** nutzen Chatbots für den Kontoservice, wobei die Kunden per Chat Kontostände abrufen, Überweisungen vorbereiten oder Filialtermine buchen können.
- **Lufthansa** bietet Kunden mit dem Suchbot „Mildred“ die Möglichkeit, günstige Flüge zu finden oder umzubuchen, was bei einfachen Serviceanfragen erheblich Zeit spart.
- **Booking.com** beantwortet über seinen Kundenservice-Chatbot Fragen zu Buchungen, Zahlungen oder Stornierungen. Der Chatbot kann zudem mit Hoteliers und Gästen gleichzeitig kommunizieren.

KI-gestützte Chatbots sind auch als Suchhelfer einsetzbar. Pionier einer KI-gestützten innovativen Suchmaschine ist Perplexity, das dialogbasiert auf Fragen präzise und valide Antworten geben soll (Van Rinsum, 2024). Im Oktober 2025 launchte dann auch Open AI mit Atlas einen eigenen Browser, der ChatGPT direkt integriert hat, allerdings vorerst nur für macOS verfügbar ist. Versionen für Windows, iOS und Android sollen folgen. Dabei kann der KI-Chatbot unmittelbar neben einer geöffneten Website kontaktiert werden, um weitergehende Fragen zu den dortigen Inhalten zu beantworten. Dabei hat ChatGPT nicht nur Zugriff auf die geöffneten Internetseiten und deren Verlauf, sondern kann auch andere

Details zum User-Verhalten berücksichtigen. Zwar konnte bisher auch schon ChatGPT im Browser genutzt werden, aber mit Atlas muss der User nun nicht mehr zwischen Tabs hin- und herwechseln und Inhalte kopieren bzw. in ChatGPT-Fenster einfügen. Der KI-gestützte Chatbot hat vielmehr direkten Zugriff auf die geöffneten Inhalte sowie den Kontext. ChatGPT in Atlas lässt sich auch im Agentenmodus steuern und kann auf Anfrage Aufgaben wie z. B. einen Kauf oder eine Buchung erledigen – allerdings nur, wenn man den KI-Chatbot kostenpflichtig abonniert. Im Browser kann eingestellt werden, was der Chatbot speichern darf. Auch lässt sich der Browserverlauf löschen. Darüber hinaus gibt es einen Inkognito-Modus. Die aufgerufenen Inhalte werden standardmäßig nicht zum Trainieren der Modelle genutzt. Mit Atlas tritt OpenAI erneut in direkte Konkurrenz zu Google (Holland, 2025). Folgende KI-gestützte Suchmaschinen sind bereits im Einsatz:

- **ChatGPT Search** kombiniert als Suchfunktion von OpenAI zur Generierung von Antworten traditionelle Suchmechanismen mit einem großen Sprachmodell (LLM). Wesentlicher Vorteil ist, dass damit dialogische, kontextbezogene Antworten möglich sind. Seit Oktober 2025 ist mit Atlas ein von OpenAI entwickelter Browser verfügbar, der ChatGPT direkt ins Surfen integriert.
- **Perplexity AI** ist eine spezialisierte KI-Suchmaschine, die Antworten und Quellenangaben in einem ausgewogenen Verhältnis liefert. Der dafür entwickelte KI-Browser, der als persönlicher Assistent fungiert und die Internetnutzung durch die Integration von KI-Funktionen revolutionieren soll, heißt „Comet" und ersetzt Tabs durch eine intelligente, KI-gestützte Benutzeroberfläche. Diese versteht Anfragen und verfasst E-Mails, koordiniert Termine oder plant Routen und interagiert dabei mit Websites.
- **Google KI-Modus (AI Mode)** und **Gemini 3** ermöglichen innerhalb der Google-Suche eine gesprächs- oder chat-ähnliche Sucherfahrung mit KI-gestützten Antworten. Diese Entwicklungen nennt Google auch „AI in Search" und weist darauf hin, dass Suchanfragen künftig mit Text, Sprache oder sogar Bildern effizienter beantwortet werden können. Dabei ist Gemini nicht nur das verwendete Sprachmodell, sondern die zentrale Infrastruktur für Googles zukünftige KI-Produkte. Zahlreiche Anwendungen, wie u. a. die KI-Suche, Gmail, Docs, Google-Smartphones sowie Googles Cloud-Dienste basieren zunehmend auf diesem Modell.
- **You.com** ist eine KI-Suchmaschine, die als Alternative zu den großen Playern den Fokus auf Datenschutz und Privatsphäre legt.
- **Grok AI** von xAI ist eine neuere Search Engine mit einer Chat-Suche, die Web-Ergebnisse in einem KI-Dialog präsentiert. Sie kombiniert Chat-Erlebnis und Web-Recherche, ist allerdings bisher nur in den USA, Kanada und Mexiko verfügbar (Stand vom Oktober 2025).
- **Microsoft Bing AI** ergänzt die klassische Suchmaschine Bing von Microsoft durch KI-Technologien wie z. B. die Anbindung großer Sprachmodelle, wodurch ein bekanntes Umfeld um KI erweitert wird.

3.1.2 Direkte Käufe über KI-gestützte Chatbots und Kundenvertrauen

Wiederum als Pionier ergänzte das KI-Startup Perplexity mit seinem „Perplexity-Shopping“ seinen KI-gestützten Chatbot mit einer direkten Einkaufsmöglichkeit (Van Rinsum, 2024). Darauf folgte OpenAI mit „Buy it in ChatGPT“. Nachdem die KI-Schmiede Ende April 2025 bereits Shoppingfunktionen mit Preisvergleich in ChatGPT integriert hatte, kündigte sie per Ende September 2025 auch den Direktkauf für Etsy und Shopify an. Mittlerweile ist der Direkteinkauf auch bei Walmart möglich. Dafür startete OpenAI eine Kooperation mit Paypal, sodass es Nutzern in Zukunft möglich ist, Käufe unmittelbar über den KI-gestützten Chatbot abzuwickeln, ohne die entsprechende Website verlassen zu müssen. Damit liegen zwischen einer Unterhaltung mit ChatGPT und dem Kauf eines Produkts nur noch wenige Mausklicks. Ob und wann die Funktion auch für Kunden in Deutschland zur Verfügung steht, ist nicht bekannt (eTailment, 2025b; Krisch, 2025; Stern, 2025). Für OpenAI soll dieser Instant Checkout den lang ersehnten Weg zur Monetarisierung bewirken, da nur ein kleiner Bruchteil der Millionen von ChatGPT-Nutzern für die Plus-Abonnementstufe zahlt. Die bisher relativ geringe Käuferkonversion über ChatGPT könnte sich mit dem neuen Instant Checkout verbessern. Transaktionsgebühren könnten OpenAI in die Lage versetzen, aus E-Commerce-Aktivitäten nennenswerte Umsätze zu generieren, um die gigantischen Investitionen in Rechenzentren stemmen zu können. Allerdings haben auch andere Plattformen wie beispielsweise Instagram bereits Checkout-Tools getestet, mit denen Nutzer Produkte direkt in ihren Apps kaufen konnten, mussten bisher aber stets wieder zurückrudern. Insofern muss OpenAI die Nutzer erst einmal davon überzeugen, ChatGPT für den Einkauf zu vertrauen, anstatt zu den Websites der Online-Händler weiterzuklicken. Andernfalls dürfte sich der Instant Checkout auf die Dauer nicht bewähren (Smith, 2025).

Bisher gibt es folgende Beispiele für den direkten Kauf im Chat:

- **ChatGPT Instant Checkout**, womit Kaufabschlüsse direkt im Chat möglich sind, wird derzeit von OpenAI in den USA zusammen mit Etsy und Shopify getestet. Walmart und Target konnten als weitere Kooperationspartner gewonnen werden (Stand 22.11.2025).
- **Amazon Alexa** ermöglicht mit Alexa-fähigen Geräten (z. B. Amazon Echo oder Echo Dot) per Sprachbefehl die Bestellung von Artikeln bei Amazon. Dabei nutzt Alexa das bei Amazon eingerichtete Kundenkonto mit den entsprechenden Zahlungs- und Lieferinformationen.
- **Walmart** erlaubt Kunden den Checkout via Chatbot, indem sie über ein Chat-Interface mit konversationeller Eingabe Produkte finden und auch direkt kaufen können.
- **1-800-Flowers** lässt Kunden Blumen direkt im Chat auswählen, personalisieren und bestellen, und zwar komplett ohne Website.
- **Domino’s Pizza** ermöglicht mit dem Chatbot „Dom“ Pizza-Bestellungen per Chat oder Sprachbefehl – inklusive Nachbestellen früherer Bestellungen.

Abb. 3.2 Einsatz von KI im Einzelhandel. (In Anlehnung an IFH Köln, 2025)

Das Vertrauen der Kunden in KI-gestützte Chatbots wächst. Das zeigt die ECC-Club-Studie „Social, Assisted, Agentic" des IFH Köln (IFH Köln, 2025). Kunden nutzen zunehmend intelligente Tools in der Hoffnung auf bessere Ergebnisse bei Produktsuche und -kauf. Knapp ein Drittel der Kunden nutzt KI-gestützte Chatbots für die Produktrecherche und zum Generieren von Produktinformationen. Außerdem nutzen gut ein Drittel der User (35 %) KI häufiger als Suchmaschine. Dies deutet auf eine Neuformierung des E-Commerce mit disruptivem Charakter hin. Neuartige KI-Shopping-Agenten unterstützen User bereits in Hinblick auf Produktempfehlungen, Preisvergleiche oder Produktbewertungsanalysen und lassen sich gut in Online-Shops integrieren.

Die meisten Online-Shopper können sich bereits eine Unterstützung durch KI-Shopping-Assistenten vorstellen, und zwar in den unterschiedlichsten Bereichen (Abb. 3.2). KI-Nutzer schätzen bei der Verwendung von KI-Einkaufshelfern vor allem die Zeitersparnis und die besseren Empfehlungen (66 %), die Übernahme lästiger Produktsuche (61 %) sowie bessere Preise und Angebote (47 %). Gründe für die Nichtnutzung von KI-Tools liegen vor allem im fehlenden Vertrauen (36 %) sowie in Datenschutzbedenken (21 %).

Bereits heute entstehen immer mehr Geschäftsideen, die nicht nur die Produktsuche an sich ziehen, sondern diese zudem direkt in den Kauf konvertieren wollen, indem KI-Agenten im Namen der User sogar selbst Kaufentscheidungen treffen. Allerdings können sich nur 9 % der Online-Shopper vorstellen, einem KI-Agenten die vollständige Kaufabwicklung inklusive Bezahlung zu überlassen (IFH Köln, 2025).

3.2 Creator Commerce mit KI-Avataren

Creator Commerce bezeichnet Geschäftsideen, bei denen Content-Ersteller – also Influencer, Streamer, Blogger oder andere Personen mit einer Online-Community – Produkte oder Dienstleistungen direkt an ihre Zielgruppe verkaufen, anstatt nur Werbung für bestimmte Marken zu machen. Sie verbinden damit also Unterhaltung, Einflussnahme und Transaktionen. Creator Commerce stellt die Schnittstelle zwischen Content, Community und Handel dar. Die Content-Ersteller bauen über Social-Media-Player wie YouTube, TikTok, Instagram und Twitch ein engagiertes Publikum auf. Diese Plattformen bieten ihnen Instrumente zur Monetarisierung an – wie z. B. Affiliate-Links, Social-Commerce-Shops oder direkte Verkaufsmöglichkeiten und Markensponsorings. Anbieter nutzen den Einfluss der Kreativen, um Zielgruppen mit authentischen und vertrauenswürdigen Empfehlungen anzusprechen. Dabei interagieren die User aktiv mit ihnen, tätigen Käufe und setzen damit Produkttrends. Dank KI-basierter Hyperpersonalisierung ermöglicht dieses Modell den Kreativen, sowohl Inhalte als auch den Handel zu kontrollieren. Dies geschieht auf Basis digitaler Plattformen, sozialer Medien oder personalisierter Online-Shops. Da Einzelpersonen mehr Vertrauen geschenkt wird als Marken, nehmen Kreative darauf Einfluss, wie Produkte online entdeckt, vermarktet und verkauft werden (UST, 2025).

Creator Commerce gäbe es nicht ohne KI. So analysieren KI-gestützte Tools das Zielgruppenverhalten (z. B. Soziodemografie, Interessen, Engagement), Trends in Echtzeit sowie Leistungsdaten (z. B. Klicks, Verweildauer, Conversion Rates). Die Leistung von Posts kann z. B. durch den Einsatz von KI-basierten Empfehlungs- und Personalisierungssystemen gesteigert werden, sofern Shops wie Shopify, Instagram Shopping oder TikTok Shop passende Produkte anzeigen. Derartige Produktvorschläge personalisiert die KI je nach Nutzerverhalten, Standort oder Interessen und gibt damit „Smart Recommendations" bei Affiliate-Links und Produktplatzierungen. Für die Leistungsmessung bewerten Algorithmen u. a. Reichweite, Engagement und Customer Lifetime Value (CLV). Die KI kann auch Umsatzprognosen erstellen, den ROI von Kooperationen mit Content-Erstellern und deren Auftraggebern messen sowie Kampagnenerfolge voraussagen. Dadurch erhalten die Ersteller Auskunft darüber, welche Inhalte am profitabelsten sind.

Aber auch der Content wird zunehmend KI-basiert erstellt, wobei Tools wie z. B. *Descript* oder *Pika* zur Szenenerkennung, Untertitelung und Videobearbeitung zum Einsatz kommen. Sie werden zudem bei der Texterstellung, der Bild- und Videoproduktion, dem Voice Cloning (z. B. KI-Stimmen für Werbeclips oder Tutorials) oder als automatisierte Schnittsysteme eingesetzt. KI-Systeme geben außerdem automatische Kampagnenvorschläge und Preisempfehlungen ab. Zudem können KI-Systeme wie *HypeAuditor* oder *Tubular Labs* helfen, Content-Strategien datenbasiert zu planen und leichter Sponsoren zu finden. KI wird im Creator Commerce auch genutzt, um Content zu generieren oder zu optimieren (UST, 2025).

Abb. 3.3 Neue Funktionen bei TikTok. (In Anlehnung an Lucky Shareman, 2025)

3.2.1 Geschäftsmodelle und Arten des Creator Commerce

Creator Commerce verändert grundlegend die Art des digitalen Einkaufsverhaltens. Anstatt auf traditionelle Produktsuche zu setzen, entdecken die User nun Angebote über kreative Inhalte und vertrauenswürdige Content-Ersteller. Das Geschäftsmodell des Creator Commerce basiert auf Content und Community. Es ermöglicht Microtargeting, authentischen Markenaufbau sowie schnelle Produktvalidierung. Für Anbieter wird damit ein Wechsel von traditionellem Broadcast-Marketing hin zu Co-Creation und Zusammenarbeit erforderlich (UST, 2025). Der Content-Creator behält die volle Kontrolle über den gesamten Marketing-Funnel und bekommt Zugang zu engagierten und loyalen Communities, die von analogen Kanälen nicht mehr erreicht werden. Er kann für Marken mikrozielgerichtet bestimmte Gruppen ansprechen und die Markenwerbung plattformnativ sowie nahtlos in die Inhalte integrieren, was ein „Seamless Shopping" ermöglicht und die Zeitspanne zwischen Entdeckung und Kauf erheblich reduziert. Abgesehen von der erhöhten Aufmerksamkeit erschließt Creator Commerce auch neue Datenquellen in Bezug auf das Verhalten von Zielgruppen, die Produkt-Performance sowie die Potenzialkonversion.

Für Creator Commerce sollten Plattformen ausgewählt werden, die zur Community und zum Produkttyp passen. Mittlerweile bieten Plattformen wie TikTok bereits verschiedene Formen des Creator Commerce als Option an (Abb. 3.3), beispielsweise in Form von Kurzvideos, Live-Streaming oder visuellen Inhalten. Dies betrifft alle Formen des Creator Commerce, wobei es die folgenden vier Möglichkeiten gibt (UST, 2025):

- **Affiliate-Marketing**: Content-Ersteller erhalten Provisionen für die Bewerbung von Produkten über Tracking-Links, die in Social-Media-Posts, Rezensionen oder Tutorials integriert sind.
- **Direktvertrieb an Endverbraucher (DTC)**: Kreative vermarkten und verkaufen ihre Marken oder Waren über maßgeschneiderte E-Commerce-Plattformen direkt an Kunden. Sie behalten dabei die volle Kontrolle über das Marketing.
- **Live-Commerce**: Content-Ersteller veranstalten Echtzeit-Shopping-Events als Kombination aus Unterhaltung und Verkauf. User können interagieren, direkt Fragen stellen und umgehend einkaufen.
- **Plattformintegrierte Shops**: Soziale Plattformen wie z. B. TikTok, Instagram und YouTube bieten integrierte Shopping-Tools an, mit denen Kreative Produkte präsentieren und verkaufen können.

Bei allen Formen gilt: Content-Ersteller bewerben nicht nur Produkte, sondern prägen Trends. Sie bringen neue Produkte auf den Markt und regen durch Live-Commerce, Affiliate-Links und plattformeigene Shops zu spontanen Käufen an. Da sich die Aufmerksamkeit der Verbraucher zunehmend auf Einzelpersonen verlagert, wird Creator Commerce zu einem Eckpfeiler des Online-Handels. Er integriert Content, Community und Handel auf eine Art und Weise, die bisheriges Marketing nicht leisten kann, und ermöglicht so personalisiertere, ansprechendere sowie effizientere Kundenerlebnisse. Nicht selten übertrifft ein einzelner Post oder Livestream hinsichtlich Reichweite und Conversion ganze Kampagnen traditioneller Prägung. Damit ist das Kaufverhalten zunehmend von Influencer-basierten Empfehlungen geleitet. Dies geht mit einem Übergang von statischen Kampagnen zu dynamischen, datengesteuerten Echtzeit-Interaktionen einher (UST, 2025).

3.2.2 Autonome KI-Agenten und KI-Avatare

Zunehmend wird mit autonomen KI-Agenten gearbeitet, wodurch Creator Commerce halb- oder voll automatisiert erfolgen kann. Die Agenten planen und posten oder crossposten autonom Content, übernehmen als Chatbots die Interaktion mit Fans oder führen sogar das Shop-Management und die Marketing-Aktivitäten durch. Folgende Kategorien und Beispiele lassen sich unterscheiden (Wikipedia KI-Avatare, 2025; Wikipedia VTuber, 2025):

- **Virtuelle Influencer bzw. Avatare**, die vollständig KI-generiert oder teilweise von Menschen gesteuert sind. Beispiele sind *Lil Miquela*, die wohl bekannteste CGI-basierte virtuelle Influencerin auf Instagram, *Imma*, ein japanischer KI-Avatar mit echter Social-Media-Präsenz und Werbedeals, der virtuelle Mode-Avatar *Noonoouri* sowie *Aitana López*, ein spanischer KI-Avatar auf Instagram.

Abb. 3.4 Erfolgsfaktoren des Creator Commerce bei TikTok. (In Anlehnung an Lucky Shareman, 2025)

- **KI-Avatare mit echter Interaktion**, die Sprachmodelle oder generative KI nutzen und selbstständig mit Followern interagieren. In Kombination mit ChatGPT oder APIs von Character.AI können solche Avatare eine Persönlichkeit bekommen und eigenständig posten, sprechen oder streamen. Derartige KI-Avatare werden auch als VTuber bezeichnet. Dabei handelt es sich um Online-Entertainer, die einen virtuellen Avatar anstelle ihres realen Gesichts für Inhalte wie Livestreams oder Videos verwenden. Beispiele sind die AI-Streamerin *Neuro-Sama* – eine KI-VTuberin live auf Twitch – und Replika-Avatare oder AI-Charaktere, die mit Fans chatten oder eigene Inhalte generieren. Zudem gibt es Tools, mit denen Online-Händler eigene KI-Avatare erstellen können, wie z. B. Synthesia, Pika Labs, HeyGen oder DeepBrain AI.

Der Erfolg im Creator Commerce ist kein Zufall. Neben den in Abb. 3.4 skizzierten Erfolgsfaktoren können vor allem Affiliate-Links den Erfolg enorm steigern. Dabei geht es nicht nur darum, dass Kreative ihrem Publikum von der beworbenen Marke erzählen, sondern vor allem, dass sie messbare Umsätze erzielen. Affiliate-Marketing kann hohe ROIs generieren, indem Content-Ersteller über nachverfolgbare Links eine Provision für jeden Verkauf erhalten, der aufgrund ihrer Bewerbung eines Produkts getätigt wird. Dadurch sind solche Kampagnen auch attraktiv für Kreative, die durch Provisionen von der Zusammenarbeit profitieren (UST, 2025).

3.3 Agentic Commerce mit Bot-Traffic

Agentic Commerce bezeichnet das Einkaufen von KI-Agenten im Namen von Kunden. KI-Agenten sind autonome, lernfähige Computerprogramme, die KI-gestützt Informationen sammeln, bewerten und eigenständig im Auftrag von Personen oder Organisationen Aktionen ausführen (Telekom, 2025). Agentenbasierter Handel hat unweigerlich zur Folge, dass nicht mehr echte User die Website besuchen, sondern Bots. Wie der Paywall-Dienstleister Tollbit berichtet, sank bereits im zweiten Quartal 2025 die Zahl menschlicher Website-Besucher um rund ein Zehntel, während der Bot-Traffic sich vervierfachte (eTailment, 2025a; Hönig, 2025). Erfolgte Anfang 2025 erst jeder 200. Website-Besuch von einem Bot, kam per Mitte 2025 bereits ein Bot auf 50 Menschen. Dabei ist zu berücksichtigen, dass „Headless Browser" noch als reguläre Nutzer erscheinen und so die Zugriffszahlen verfälschen. Wie Googles KI-Überblicke zeigen, ist die Googlebot-Aktivität zwar um ein Drittel gestiegen, die tatsächlichen Klicks sind jedoch von 450 auf 300 pro 100 Crawls gefallen. Menschliche Website-Besucher könnten bei dieser Entwicklung irgendwann zur Mangelware werden (eTailment, 2025a; Hönig, 2025). In jedem Fall stellt Agentic Commerce einen grundlegenden Wandel im Markt dar, wobei die KI Verbraucherbedürfnisse antizipiert, Einkaufsoptionen durchsucht, Verträge aushandelt und Transaktionen abwickelt. Dies soll zwar im Einklang mit den menschlichen Absichten erfolgen, jedoch unabhängig durch mehrstufige Aktionsketten, die durch intelligente Modelle ermöglicht werden. Zweifelsohne erfolgt dadurch ein Umdenken beim Einkaufen selbst, wobei die Grenzen zwischen Plattformen, Dienstleistungen und Erlebnissen durch einen integrierten, absichtsgesteuerten Ablauf verschwinden. Infolgedessen übernimmt der KI-Agent die komplette Customer Journey und überlässt dem Kunden lediglich die initiale Entscheidung, dass ein Produkt benötigt wird. Alle anderen Kaufschritte werden von der KI übernommen (Abb. 3.5) (Schumacher & Roberts, 2025; Zettler, 2025).

KI-Agenten verändern bereits das Konsumverhalten, wie eine aktuelle Studie von McKinsey zeigt. Demnach haben bereits 44 % der Nutzer KI-gestützte Suchfunktionen ausprobiert. Sie sind für sie zur „primären und bevorzugten" Quelle für Internetsuchen geworden, verglichen mit 31 %, die die traditionelle Suche bevorzugen (Schumacher & Roberts, 2025). KI-Helfer befriedigen das Bedürfnis der Kund*innen nach Bequemlichkeit und Zeitersparnis. Vor allem Alltagsprodukte und Waren, die immer wieder konsumiert werden, wollen die Nutzer*innen nicht mehr selbst einkaufen. KI-Agenten machen den Einkauf schneller und effizienter, da Produkte in Millisekunden recherchiert und verglichen und wiederkehrende Einkäufe automatisiert werden können. Jedes Einkaufserlebnis wird hyperpersonalisiert auf den Kunden angepasst, wobei frühere Einkäufe, Browserverläufe sowie sämtliche Nutzerdaten in den Kaufprozess einbezogen werden. Dadurch werden „Spezifikations"-Fehler vermieden und günstige Preise garantiert (Zettler, 2025). Neben einer verbesserten Kundenzufriedenheit und Kundenbindung, die auch durch die 24/7-Erreichbarkeit gefördert wird, steigt zudem die Konversionsrate, da es zu weniger abgebrochenen Warenkörben kommt. Darüber hinaus steigt das Potenzial für Cross- und

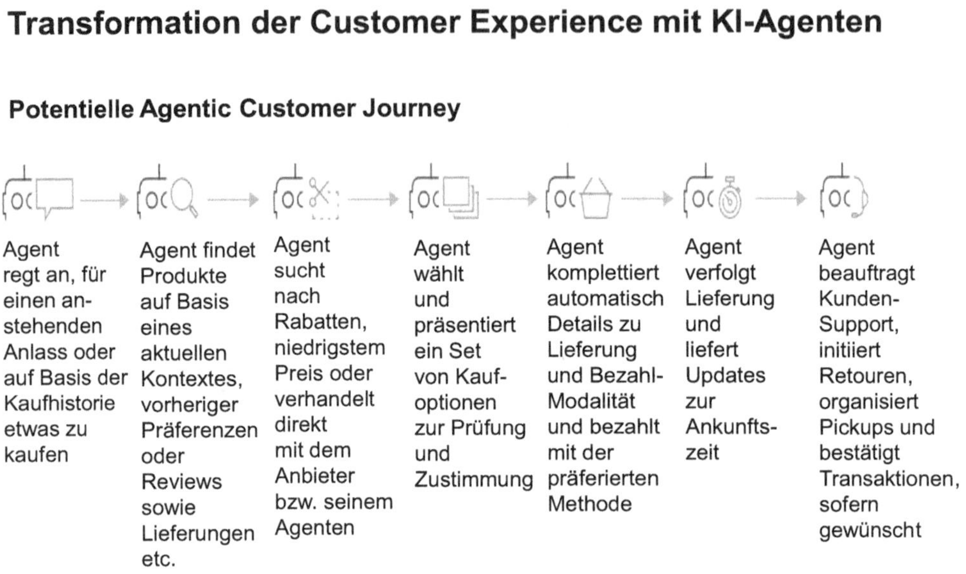

Abb. 3.5 Agentic Customer Journey. (In Anlehnung an Schumacher & Roberts, 2025)

Upselling, da der KI-Agent bei jedem Kauf dazu passende Produkte oder Zusatzartikel berücksichtigt. Weitere Vorteile sind ein effizienteres Marketing durch mehr Kundendaten und die gezieltere Ansprache von Kunde sowie die Einsparung operativer Kosten bei Personal in den Bereichen Support, Einkauf und Management. Schließlich steigt die Skalierbarkeit des Shops, da der KI-Agent Zigtausende von Usern gleichzeitig bedienen kann.

Die Entwicklung der KI-Agenten steht allerdings noch am Anfang. Derzeit setzen viele Online-Händler deswegen auf die Integration externer KI-Agenten in ihre eigenen Systeme wie z. B. Shopify Agentic Commerce (Shopify Catalog MCP), Microsoft Personal Shopping Agent, Amazon Nova Act oder Claude Travel Agent (Zettler, 2025). Zugleich nimmt der agentenbasierte Handel in Form von drei zentralen Interaktionsmodellen immer mehr Gestalt an (Abb. 3.6). Diese Modelle sind (Schumacher & Roberts, 2025):

- **Agent-to-Site**: Agenten interagieren direkt mit den Anbieterplattformen. Beispielsweise durchsucht der Agent für ein Reisebüro mehrere Hotelwebsites, hebt diejenigen hervor, die den Kundenpräferenzen entsprechen, und bestätigt deren Interesse, bevor er das Zimmer bucht.
- **Agent-zu-Agent**: Agenten wickeln Transaktionen autonom mit anderen Agenten ab. Beispielsweise kommuniziert ein persönlicher Einkaufsagent mit dem hauseigenen KI-Handelsagenten eines Einzelhändlers, um beispielsweise einen Paketrabatt für Artikel aus verschiedenen Abteilungen auszuhandeln.
- **Vermittlung zwischen Agent und Plattform**: Vermittlungssysteme ermöglichen die Interaktion zwischen mehreren Agenten und Plattformen. Beispielsweise kontaktiert

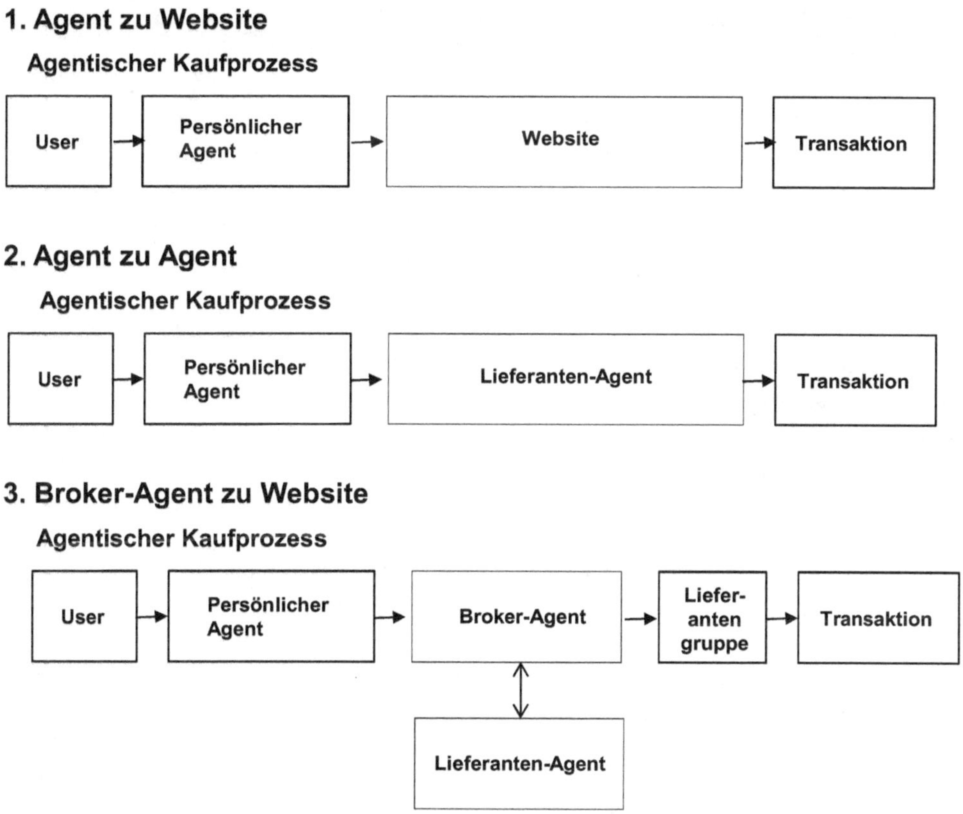

Abb. 3.6 Interaktionsmodelle des Agentic Commerce. (In Anlehnung an Schumacher & Roberts, 2025)

ein Restaurantreservierungsagent den Vermittler einer Plattform wie OpenTable, der einen Tisch vermittelt und basierend auf dem Kundenprofil Treuerabatte gewährt.

3.3.1 Infrastruktur für Agentic Commerce

Im Zuge des Übergangs in diese neue Ära des digitalen Handels wird der agentenbasierte Handel von Entwicklern gestaltet, die Systeme entwerfen und verfeinern. Diese integrieren nahtlos APIs aus verschiedenen Quellen, um Echtzeitinformationen und dynamische Kundenerlebnisse zu ermöglichen. Das Tempo des technologischen Fortschritts ist atemberaubend. Dabei hat sich die Dauer von Aufgaben, die große Sprachmodelle (LLMs) zuverlässig mit einer Erfolgsquote von mindestens 50 % erledigen können, seit 2019 alle sieben Monate verdoppelt. Im Jahr 2019 konnten führende Modelle beispielsweise nur Aufgaben bewältigen, die wenige Sekunden menschlichen Aufwands erforderten. Anthropics *Claude 3,7 Sonnet* hingegen verfügt im Jahr 2025 über einen „Zeithorizont" von 59 min und kann Aufgaben erledigen, für die ein erfahrener Mensch fast eine Stunde bräuchte. *Claude 4,5* hat diesen Wert kürzlich auf über 30 menschliche Arbeitsstunden erweitert. Dies markiert einen Wendepunkt, an dem KI schon bald mehrtägige oder sogar mehrwöchige Aufgaben bewältigen kann und damit neue Möglichkeiten in der Aufgabenspezialisierung und der Zusammenarbeit mehrerer Agenten eröffnet (Schumacher & Roberts, 2025).

Das rasante Innovationstempo im Bereich der agentenbasierten KI wird durch sechs Schlüsselwerkzeuge und -entwicklungen vorangetrieben. Aus technischer Sicht umfasst dies die Beherrschung und den Einsatz neuer Integrationstechnologien wie des Model Context Protocol (MCP), des Agent-to-Agent (A2A) Protocol, des Agent Payments Protocol (AP2) und des Agentic Commerce Protocol (ACP) von Anthropic, die eine neue Ära intelligenter, autonomer Agenten ermöglichen. Es bedeutet auch eine grundlegende Neugestaltung der Ansätze für Identitätsmanagement und Kundenbindung. Intelligente Unternehmen beginnen bereits damit, neue, agentenfähige Websites zu entwickeln, die optimale Erlebnisse sowohl für Agenten als auch für Kunden bieten (Schumacher & Roberts, 2025).

- **Model Context Protocol (MCP)**. MCP ist ein Interoperabilitätsstandard, der es KI-Agenten und -Systemen ermöglicht, Kontext, Daten und Intentionen über vorherige Aktivitäten auszutauschen, und zwar modell- und toolübergreifend. MCP ermöglicht eine persistente, strukturierte Kommunikation, sodass Agenten Erinnerungen, Schlussfolgerungen und Ziele umgebungsübergreifend beibehalten können. Das ist ein Vorteil gegenüber statischen Eingabeaufforderungen oder isolierten API-Aufrufen. Das Model Context Protocol befähigt Agenten durch die Standardisierung der Anbindung von LLM-basierten Anwendungen an Tools und Funktionsaufrufe, plattformübergreifend sinnvolle Aktionen auszuführen. Dies ermöglicht kohärentes, autonomes und kontextsensitives Verhalten. Es legt den Grundstein für wahrhaft agentenbasierte Ökosysteme (Abb. 3.7) (Schumacher & Roberts, 2025).
- **Agent-to-Agent-Protokoll (A2A)** ist ein Kommunikationsprotokoll und Interaktionsmodell, das autonome KI-Agenten in die Lage versetzt, Aufgaben direkt miteinander auszuhandeln, zu koordinieren und abzuschließen. A2A ist interoperabel ausgelegt und ermöglicht es Agenten, Fähigkeiten, Status und Kontext sicher über standardisierte Protokolle (wie z. B. JSON-RPC und http) auszutauschen, unabhängig von Hersteller, Architektur oder Umgebung. Zusätzlich werden langlaufende Aufgaben, die dynamische Erkennung von Fähigkeiten sowie die multimodale Zusammenarbeit, einschließlich Text-, Audio- und visueller Ausgaben unterstützt. Die durch A2A erfolgte Reduzierung des Integrationsaufwands und die Erleichterung der agentenübergreifenden Koordination schafft die Grundlage für skalierbare Multiagenten-Ökosysteme. Dadurch wird die Einführung autonomer Arbeitsabläufe in Unternehmen beschleunigt, wodurch wiederum intelligente Agenten in Echtzeit effizient und plattformübergreifend agieren können (Schumacher & Roberts, 2025).
- **Agent Payments Protocol (AP2)**: AP2 von Google ist ein offenes und zahlungsunabhängiges Protokoll, das autonome und teilautonome KI-Agenten befähigt, im

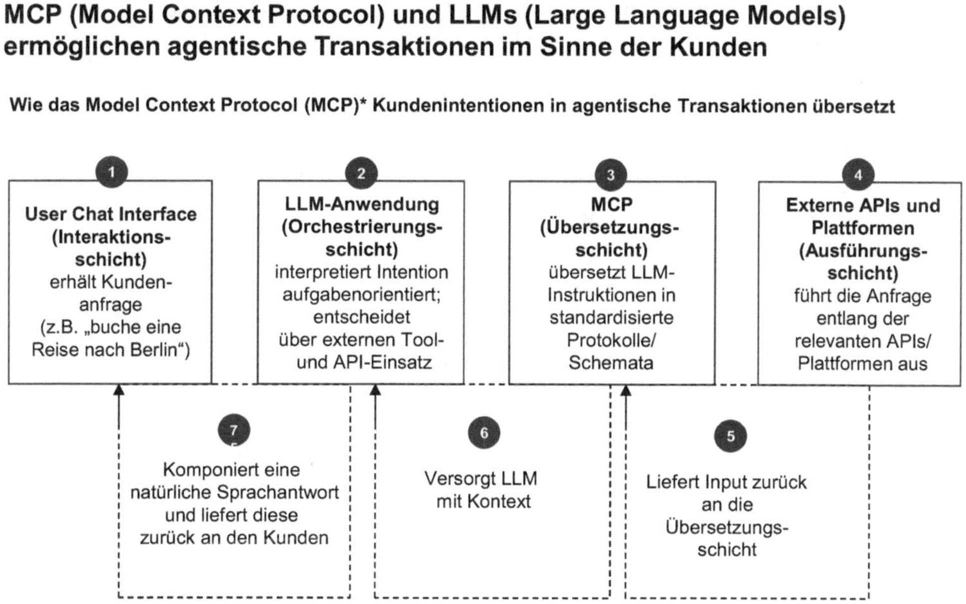

Abb. 3.7 Rolle des Model Context Protocol (MCP). (In Anlehnung an Schumacher & Roberts, 2025)

Namen von Nutzern nachweisbare Käufe zu tätigen. Durch Mandate, die kryptografisch signiert Kaufabsicht, Warenkorb und Zahlung zwischen Nutzern, Händlern und Zahlungsnetzwerken verknüpfen, schafft AP2 einen lückenlosen Prüfpfad, der Transparenz und Nachvollziehbarkeit gewährleistet. AP2 hat das Potenzial, den Zahlungsverkehr grundlegend zu verändern, denn es erschließt durch die automatisierte Ausführung von „bestehenden Kaufabsichten" neue Einnahmequellen. Zugleich senkt es Kosten durch die Minimierung von Betrug und Rückbuchungen und gestaltet den Wettbewerb neu, da die Algorithmen für das Agenten-Routing Kosten, Geschwindigkeit und Lernen durch Belohnungen optimieren (Schumacher & Roberts, 2025).

- **Computerbenutzungsagent**: Dieses System ermöglicht die Steuerung von Benutzerschnittstellen wie Maus und Tastatur, um Aufgaben wie Einkäufe oder das Ausfüllen von Online-Formularen zu erledigen. Dafür erstellen Entwickler Werkzeuge und Frameworks, durch die KI mit Websites und Benutzerschnittstellen interagieren und Aufgaben ohne direkten menschlichen Eingriff automatisieren kann. Sofern APIs nicht verfügbar oder unpraktisch sind, insbesondere in Nischenfällen, in denen die Entwicklung einer API nicht kosteneffektiv ist, erweisen sich diese Systeme als besonders nützlich (Schumacher & Roberts, 2025).
- **Kontextbezogene KI-gestützte Personalisierung**. Entwickler erstellen kontextsensitive KI-Systeme, die sich dynamisch an die Nutzerabsicht anpassen und speicherbasierte Architekturen implementieren, welche Nutzerpräferenzen erfassen und ableiten. So wird eine Echtzeit-Personalisierung gewährleistet, die auf sich verändernde

Kontexte reagiert (Schumacher & Roberts, 2025). Diese Fähigkeit markiert einen Wandel von statischen, suchbasierten Vorhersagen hin zu einer dynamischen, kontextsensitiven KI.

- **Dynamische Planung mit Echtzeitanpassung** beschreibt die Fähigkeit von automatisierten Systemen, durchgängig dynamische Kundenerlebnisse zu bieten, und zwar mit Echtzeit-Aktualisierungen und -Anpassungen, beispielsweise bei der Ausführung komplexer Reisepläne mit Flügen, Hotels, Restaurants und Tickets für Veranstaltungen inklusive automatisierter Kostenintegration und -verfolgung. Entsprechende Systeme integrieren die APIs verschiedener Partner, um Echtzeit-Updates, Vorschläge für alternative Produkte/Dienstleistungen sowie automatisierte Anpassungen von Plänen, Kosten und Berichten zu erhalten und zugleich die maschinelle Lesbarkeit der Ergebnisse sicherzustellen (Schumacher & Roberts, 2025).

3.3.2 Geschäftsmodelle und Strategien für Agentic Commerce

Die Infrastruktur für Agentic Commerce ist noch im Entstehen begriffen. Dazu gehören neue Gatekeeper, die über Betriebssysteme, Browser oder Devices wie Brillen oder Pins funktionieren. Zahlungssysteme für KI-Zugriffe und Agentenbestellungen werden derzeit von großen Playern wie Visa, Mastercard, Stripe oder Cloudflare entwickelt (Wenzel, 2025).

Allerdings sind neue Geschäftsmodelle erforderlich, um in einer agentenbasierten Wirtschaft erfolgreich zu sein. Deswegen müssen neue Monetarisierungsstrategien sowie neue Marketing- und Kundenbindungsansätze entwickelt werden. Für viele Vermittler im heutigen Einkaufsprozess wird eine zentrale Frage sein, ob sie eigene Agenten einsetzen und wann und wie sie Agentenverkehr akzeptieren. Für manche Unternehmen könnten dies existenzielle Entscheidungen sein (Schumacher & Roberts, 2025).

Zwei Tech-Themen sind hier mitentscheidend (Josef, 2025):

- **Network Tokenization**: Sofern ein Kauf getätigt wird, sollten virtuelle Kartennummern sicher mit realen Konten verknüpft und als „Agentic Transaction“ erkannt werden. Bei Bedarf kann jeder Nutzer einfach abschalten und so eine strenge Kontrolle übernehmen. Während einer Transaktionsanfrage können Zahlungsdaten bereits durch ein Network-Token ersetzt werden. Zukünftig muss auch ein Identifier hinzugefügt werden, um klarzustellen, dass ein Agent die Transaktionsanfrage ausführt (Josef, 2025).
- **Authentifizierung**: KI-Agenten tätigen Einkäufe im Namen des Kunden. Deswegen müssen innovative und belastbare Wege zur Authentifizierung entwickelt werden. Dementsprechend können Zahlungsdienstleister Passkeys, Biometrie oder Device 2FA nutzen, um im Einklang mit FIDO-Standards zu überprüfen, ob der Kontoinhaber dem Kauf wirklich zustimmt (Josef, 2025).

Sowohl die Network Tokenization als auch die Authentifizierung sind bereits in Entwicklung, und zwar von den großen Zahlungsdienstleistern (Josef, 2025):

- **Mastercard**: Die neue Infrastruktur Agent Pay hilft, KI-gesteuerte Zahlungen auf Basis der Tokenization-Technologie einfach und sicher zu gestalten. Entsprechend den vom Verbraucher festgelegten Regeln und Präferenzen können mit der Einführung von Agentic Tokens verifizierte KI-Agenten Käufe sicher abschließen. So sind einmalige Zahlungen, wiederkehrende Ausgaben oder Abonnements sicher und vertrauensvoll durchführbar (Josef, 2025).
- **Visa**: In diesem Fall ist KI-Commerce eine Kombination integrierter APIs mit einem kommerziellen Partnerprogramm. Es hilft Entwicklern, über KI mit Verbrauchern in Kontakt zu treten. In Form von „AI-ready cards" wird die Tokenization-Technologie mit festgelegten Ausgabenlimits und Kontrollen entwickelt. Sie beruht u. a. auf einer FIDO-Authentifizierung und Passkeys, um die Legitimität von Transaktionen zu sicherzustellen und ist damit „solide sicher" (Josef, 2025).
- **Virtual Cards**: Diese haben eine zentrale Bedeutung, da sie von Verbrauchern oder KI-Agenten sofort ausgestellt, verwaltet und konfiguriert werden können. Sie ermöglichen präzise Kontrollen über Ausgabenlimits, Nutzungsbeschränkungen und händlerspezifische Berechtigungen zu und erhöhen damit das Vertrauen der Verbraucher (Josef, 2025).

Abgesehen von den Zahlungsdienstleistern arbeiten auch globale Techkonzerne mit Hochdruck an integrierten KI-Handels-Stacks. Apple verbindet beispielsweise Siri und Wallet mit Bezahllösung und Produktsuche, Amazon koppelt Alexa mit seinem Fulfillment und OpenAI dockt sich über Plug-ins direkt an Shopsysteme an. Nur die Unternehmen, die in diesen Systemen kompatibel sind, bleiben sichtbar (Wenzel, 2025). Viel steht auf dem Spiel, denn bis 2030 könnten allein im US-amerikanischen B2C-Einzelhandel orchestrierte Einnahmen aus agentenbasiertem Handel in Höhe von bis zu 1 Billion US-Dollar erzielt werden, wobei die globalen Einnahmen laut einer Studie von McKinsey sogar 3 bis 5 Billionen US-Dollar erreichen könnten (Schumacher & Roberts, 2025).

Dieser Trend wird eine ähnlich weitreichende Wirkung haben wie frühere Revolutionen im Web- und Mobile-Commerce, kann sich aber noch schneller entwickeln, da Agenten die gleichen digitalen Wege zum Kauf nutzen können wie Menschen und somit auf den bereits geschaffenen Gleisen „mitfahren". Dies birgt sowohl Chancen als auch Risiken für das heutige Handelsökosystem. Alle Arten von Unternehmen – Marken, Einzelhändler, Marktplätze, Logistik- und Handelsdienstleister sowie Zahlungsanbieter – müssen sich an das neue Paradigma anpassen und die Herausforderungen in Bezug auf Vertrauen, Risiko und Innovation erfolgreich meistern. Agentenbasierter Handel erfordert ein grundlegendes Umdenken in der Wertschöpfung, Werterfassung und Wertbereitstellung. Unternehmen, die sich schnell anpassen, werden nicht nur den sich wandelnden Kundenerwartungen gerecht, sondern werden auch ihre Branchen neu definieren. Wer zögert, riskiert, an Boden zu verlieren, da KI-Agenten zu den neuen Gatekeepern des Handels werden (Schumacher & Roberts, 2025; Wenzel, 2025).

Für Agentic Commerce ist es essenziell, den Agenten mit Fakten zu füllen. Wenn KI-Agenten den gesamten Funnel von der ersten Wahrnehmung bis zum Kauf in einem einzigen Prompt bzw. einer Abfrage abbilden, haben klassische SEO-Maßnahmen und/oder Influencer-Kampagnen keine Relevanz mehr, ebenso wie Backlinks und #Gifted-Posts (Influencer-Beiträge über kostenlose Produkt-Samples). Demgegenüber sind für den KI-Agenten agententaugliche Produktfeeds und strukturierte Fakten, also Produktspezifikationen, zugesicherte Lieferzeiten oder verifizierte Kundenbewertungen wichtig. Darüber hinaus sollten nachhaltige Wettbewerbsvorteile und Proofpoints hervorgehoben werden, wie z. B. Sustainability Points, Garantiedaten, eigene First-Party-Daten sowie Telemetrie-Daten. Und es bedarf eines tokenisierten Checkouts, wie u. a. Visas KI-fähige APIs, mit einem reibungslosen Kaufprozess.

In diesem Kontext kann jeder Shopbetreiber schon einmal die folgenden fünf Schritte pragmatisch angehen (Hamann, 2025):

1. Veröffentlichung der neuen „Product Search & Discovery"-Funktion von OpenAI, damit ChatGPT oder die anderen KI-Bots die Produktdaten direkt, aktuell und vollständig auslesen können.
2. Integration des Visa Intelligent Commerce-Programms, sodass Agenten Transaktionen direkt abwickeln können.
3. Tracking von Mikro-Interaktionen (wie u. a. AR-Verweildauer, Schritte im Konfigurator etc.), die dann über APIs zugänglich gemacht werden sollten. So erkennen KI-Agenten, welche Produkte besonders gewünscht sind.
4. Fokussierung des Contents auf Intention statt auf Keywords. So werden Antworten geliefert, die KI verarbeiten kann, statt Headlines, die ein Crawler zählt.
5. Stresstest mit der Gewinn-und-Verlustrechnung, um eine Planungsrechnung für den Umbruch zu haben und handeln zu können, wenn der organische Traffic einbrechen sollte.

Exkurs: Perplexity versus Amazon

Das Bedrohungspotenzial von Agentic Commerce für Online-Händler wird durch einen aktuellen Konflikt zwischen Amazon und Perplexity deutlich, der sich um das KI-Browser- bzw. Shopping-Agenten-Tool Comet von Perplexity dreht. Dieses Tool kann für Nutzer Onlineshopping automatisieren und beispielsweise Produkte finden sowie für den Nutzer Käufe tätigen. Amazon wirft Perplexity vor, dass Comet auf seiner Plattform aktiv ist und dabei gegen die Nutzungsbedingungen verstößt. Perplexity argumentiert dagegen, dass Comet im Auftrag des Nutzers mit dessen Zugangsdaten agiere und somit dieselben Rechte wie der Nutzer selbst habe. Deswegen sei keine besondere Kennzeichnung als „Agent" erforderlich. Im November 2025 eskalierte der Konflikt dadurch, dass Amazon Perplexity eine Unterlassungsaufforderung (Cease-and-Desist-Schreiben) zukommen ließ und damit Perplexity dazu aufforderte, das Comet-Tool davon abzuhalten, auf Amazon einzukaufen. Der Fall droht sich dabei zu einer Klage auszuweiten, da Amazon das Verhalten von Perplexity als „unauthorized intrusion" bezeichnet, was unter US-Gesetzen wie dem Computer Fraud and Abuse Act verboten sei. Der Konflikt wird als wegweisend für Zugriffs- und Kontrollfragen zwischen Shopping-Plattformen und autonomen KI-Agenten angesehen (Reh, 2025).

3.4 Experience-led KI-Commerce

3.4.1 Grenzen des Agentic Commerce

Selbst wenn Agentic Commerce bis 2030 einen Online-Kaufanteil von „nur" 25 % erreichen sollte, könnte es zu einem Massenaussterben von Online-Shops kommen (Hamann, 2025). Denn die meisten nutzen identische SaaS-Templates und sind damit für KI-Agenten austauschbare Kopien. In der neuen Zero-Click-Welt gewinnen damit die günstigsten und/oder schnellsten Anbieter, während die übrigen in der Unsichtbarkeit verschwinden, falls sie nicht mindestens einen oder besser alle der potenziellen Killer-Differenzierungsfaktoren aufweisen (Heinemann, 2025). Dabei kommt den Killer-Features eine Schlüsselrolle zu, damit der KI-Agent sie als etwas Einzigartiges erkennen kann. Denn wenn ein Shop dem Agenten nicht etwas bietet, was dieser objektiv als einzigartig identifiziert, ist er ganz schnell aus dem Relevant Set des Agenten verschwunden, und zwar, bevor ein Mensch überhaupt die Website sieht. Solche Killer-Features sind beispielsweise immersive 3D-Anproben, Konfiguratoren oder Co-Creation-Tools, zugesicherte Service-Standards oder exklusive Daten (Hamann, 2025). Während Menschen Geschichten und Emotionen kaufen, springen Bots eher auf nackte Tatsachen und Notwendigkeiten an. Da die Mehrzahl der Online-Käufe während der nächsten Jahre noch von Menschen getätigt werden dürfte, sollte ein Online-Shop also vorerst noch mit Erlebnissen und Storytelling überzeugen, statt ein bloßes Warenlager zu sein.

Tatsache ist aber, dass Agentic Commerce vor allem für Standardprodukte und Nachfüllkäufe bereits relevant ist, also alles, was langweilig und bekannt ist, wie z. B. Druckertoner, USB-C-Kabel, Kaffeekapseln oder Papier fürs Büro. Für Agenten sind nur Preis, Versand und Garantie wichtig. Einziger Differenzierungshebel für KI-Agenten sind saubere Daten und verlässliche Service-Standards. Demgegenüber bleibt alles menschlich und für Menschen ausführbar, was Emotionen weckt, wie z. B. Fashion, Markenimage, Hobbys, Wein, Schöner Wohnen, Feinkost und Delikatessen. Hier geht es eher darum, unvergesslich zu sein, was entsprechende Killer-Produkte, Killer-Services sowie Killer-Features verlangt, die ein besonderes Kauferlebnis schaffen (Hamann, 2025).

3.4.2 Säulen des Experience-led KI-Commerce

Diese Überlegungen begründen den Experience-led KI-Commerce, der vier Säulen umfasst, und zwar Immersive Commerce, Hyperpersonalisierung, Community Building sowie Kundeninteraktion (Hamann, 2025).

Immersive Experience

Immersive Experience setzt auf das Metaverse, um Kunden auf Basis von 3D-Images und Augmented Reality (AR) ein immersives Einkaufserlebnis zu ermöglichen. Der Begriff Metaverse (bzw. auf Deutsch Metaversum) wird allerdings für die unterschiedlichsten

Dinge genutzt und zum Teil mit vorhandenen Techniken vermischt, die, wie beispielsweise Avatare, nicht neu sind. Im Grunde entspricht das Metaversum einem *„monitorlosen und dezentral organisierten 3D-Interaktionsraum, der Communities widerspiegelt und über XR zugänglich ist und Eigenschaften von Gesellschaften (bspw. Transaktionen, Präsenz von Menschen in Form von Avataren oder Währungen) beinhaltet“* (Schobelt, 2022).

Dabei machen drei Merkmale ein Metaversum aus. Erstens wird das Metaversum über immersive XR-Technologien wie Augmented Reality (AR) und Virtual Reality (VR) erlebt (Graf & Grollmann, 2022), weswegen normale 3D-Umgebungen keine Metaverse-Umgebungen sein müssen. Zweitens muss das Metaversum Ähnlichkeiten mit physischen Gesellschaften aufweisen, wie z. B. soziale Kontakte und die Anwesenheit von Individuen oder Avataren, und in einer Art von Rechtsstruktur stattfinden (z. B. mit Eigentumsverhältnissen, Gemeinschaftsregeln, Transaktionen, Bezahlung). Und drittens muss das Metaversum dezentralisiert sein. Um die digitale und die reale Welt zu verschmelzen, wie von Metaverse beabsichtigt, muss der Kunde nicht zwangsläufig mit einer Okulus-Brille oder einem klobigen VR-Headset in eine digitale Parallelwelt abtauchen. Denn in jedem modernen Smartphone sind mittlerweile hochkarätige AR-Funktionalitäten eingebaut. Zweifelsohne sind 3D-Images und AR wesentliche Enabler für das Metaversum, das Kunden ein immersives Einkaufserlebnis und den Zugang zu virtuellen Stores ermöglicht. Augmented Reality beruht auf einer Technologie, die über Smartphone-Apps das reale Umfeld mit virtuellen Elementen in Echtzeit verbindet. Sie kann auch als „computergestützte Erweiterung der Realitätswahrnehmung“ bezeichnet werden. Die Nutzung von AR im Mobile Commerce setzt eine im Smartphone integrierte Kamera voraus, die das Umfeld erfassen kann, das dann auf dem Smartphone-Display mit virtuellen Elementen überlagert wird. Diese können dabei geocodiert sein, sodass sie an bestimmten Standorten abrufbar sind. Möglich ist diesbezüglich auch eine automatische Erkennung von Gegenständen über die Smartphone-Kamera.

Kunden können also mithilfe von AR von zu Hause aus Produkte in einem „virtuellen physischen Laden“ auswählen (TEBR, 2020). Im Bekleidungshandel wird Augmented Reality zunehmend in virtuellen Ankleidezimmern von Online-Shops eingesetzt (Foscht & Schloffer, 2020; Heinemann, 2021). Der Körper wird dabei durch eine Webcam in Echtzeit erfasst, sodass die Kleidungsstücke auf diesen überlagert bzw. virtuell aufgelegt werden können. Die integrierten Kameras erlauben diese Anwendung in der Regel auch auf Smartphones. Seit 2017 nutzt IKEA mit der Place App die AR-Technologie, damit Kunden passende Möbelstücke für die eigenen vier Wände finden. Wenn auch die „Touch&Feel“-Möglichkeit im Online-Shop fehlt, so ermöglicht AR den Kunden doch, ohne Ladenbesuch verschiedene Stile und Farben auszuprobieren. Mit Hilfe von 3D-Konfiguratoren können Kunden sich Produkte sogar mit einem 360-Grad-Rundumblick oftmals detaillierter ansehen als in der Realität. Dies ermöglicht eine herausragende Kundenerfahrung, die sich auch in den Ergebniszahlen niederschlägt (TEBR, 2020).

Hyperpersonalisierung
Dabei handelt es sich um eine Form der erweiterten Personalisierung, bei der große Datenmengen, Künstliche Intelligenz (KI) und Echtzeitinformationen genutzt werden, um Inhalte, Angebote oder Dienstleistungen möglichst individuell auf einzelne User zuzuschneiden (Wikipedia Hyperpersonalisierung, 2025). Die KI erkennt, analysiert und adressiert proaktiv die individuellen Bedürfnisse der Kunden – ohne dass sie selbst umfassende Recherchen anstellen oder auf den Anbieter zugehen müssen. Das vermittelt ein nahtloses, personalisiertes Erlebnis, das nicht nur Zufriedenheit, sondern auch Vertrauen und eine langfristige Kundenbindung schafft (Plovs, 2024). Hyperpersonalisierung überwindet die Einschränkungen segmentbasierter Strategien und hebt die Kundenansprache auf ein vollkommen neues Niveau. Während die traditionelle Personalisierung oft auf statischen Methoden, Daten und vorab definierten Zielgruppen basiert, berücksichtigt Hyperpersonalisierung Kundenbedürfnisse, Verhaltensweisen und Kontexte. Sie nutzt KI-Technologien und reagiert in Echtzeit, um die Kommunikation so individuell wie möglich zu gestalten.

Zur Personalisierung von Produktempfehlungen, Prognostizierung von Kundenpräferenzen sowie Sortimentskuratierung wird Machine Learning eingesetzt. Es ist erwiesen, dass KI-optimierte Werbebotschaften effektiver und effizienter sind, als es „normale“ Werbeinhalte jemals sein können (Heinemann, 2025; Plovs, 2024). Im Gegensatz zur traditionellen Differenzierung und Segmentierung nutzt Hyperpersonalisierung KI-gestützte Algorithmen, um auf Basis von Echtzeitdaten maßgeschneiderte Erlebnisse zu schaffen, die sich an die spezifischen Anforderungen jedes Einzelnen anpassen. Dies geht weit über demografische Daten hinaus und bezieht Faktoren wie den aktuellen Standort, verwendete Geräte, Klickverhalten, Tageszeit oder sogar die Stimmungen und Emotionen der Kund*innen ein. Damit werden Kontextdaten direkt in die Kommunikation integriert, womit sich Botschaften zum perfekten Zeitpunkt und auf den bevorzugten Kanälen übermitteln lassen (Plovs, 2024). Zusätzlich können dabei noch andere Informationsquellen wie Daten aus der CRM-Datenbank ausgewertet werden. Das ermöglicht ein Höchstmaß an Granularisierung und Differenzierung, wie es bisher nicht möglich war (Abb. 3.8). Dabei werden alle Kundendaten zu Präferenzen sowie Kundenverhalten für ein regelrechtes Profiling, also eine detaillierte Kundenbeschreibung, genutzt. Mit einer permanenten Interaktion ist eine Erweiterung und Vertiefung des Individualisierungsgrades im Zeitverlauf, also ein dynamisches Profiling, möglich (Heinemann, 2025; Luber & Litzel, 2016). Dadurch vermittelt Hyperpersonalisierung den Kunden das Gefühl, verstanden, wertgeschätzt und als Mensch wahrgenommen zu werden. Das zahlt auf die langfristige Kundenzufriedenheit und damit Loyalität ein. Es schafft eine emotionale Bindung, wenn Kunden das Gefühl haben, dass ihre Bedürfnisse nicht nur erkannt werden, sondern aktiv darauf eingegangen wird.

Hyperpersonalisierung ist ein datengetriebener Prozess. Er beruht auf der intelligenten Integration von Technologie und Automatisierung und hängt davon ab, wie effektiv Unternehmen Daten nutzen, analysieren und in personalisierte Kundenerlebnisse umwandeln (vgl. Abb. 3.9).

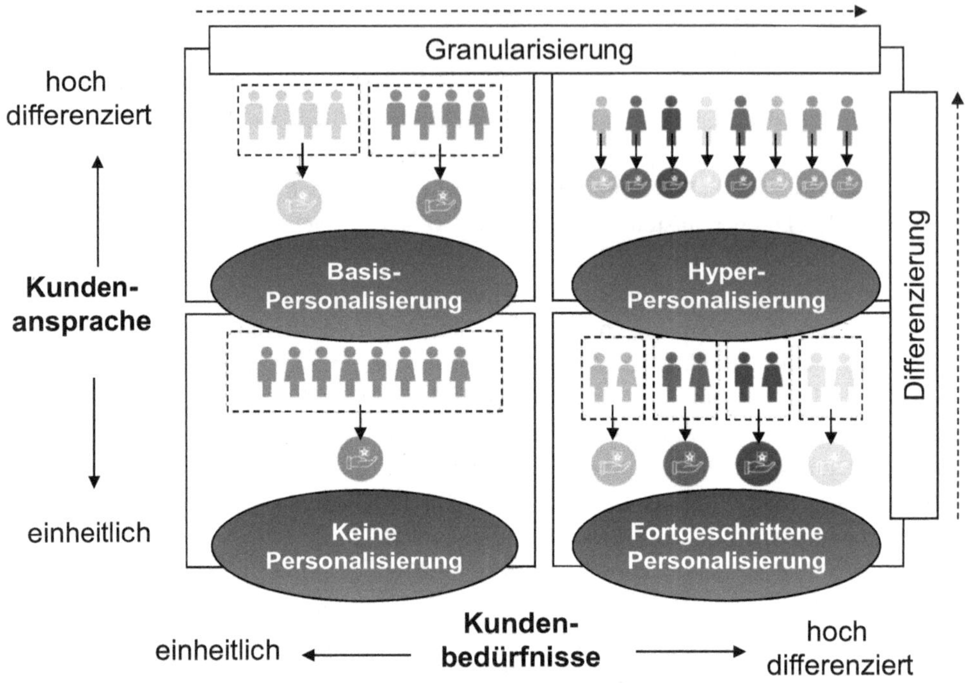

Abb. 3.8 Einordnung der Hyperpersonalisierung. (In Anlehnung an Plovs, 2024)

Community Building

In engem Zusammenhang mit der Kundenbindung steht das Community Building. Es zielt darauf ab, starke und dauerhafte Beziehungen zwischen Kunden und Unternehmen aufzubauen. Ziel ist es, eine aktive und engagierte Online-Community zu schaffen, deren Mitglieder gemeinsame Interessen teilen, miteinander interagieren, Erfahrungen austauschen und sich mit der Community identifizieren (Breuker, 2021). Sie können dabei völlig unterschiedliche demografische Hintergründe und Beweggründe für den Beitritt haben, solange sie sich mit den übergeordneten Zielen und Werten der Community identifizieren (Breuker, 2021). Apple und auch Facebook wären nicht so erfolgreich, wenn sie nicht erkannt hätten, dass ihre Kunden sich mit den Produkten identifizieren wollen, die sie konsumieren. Deswegen haben sie ihre Kunden vor allem mithilfe von Communities zu ihren Fans gemacht. Darüber hinaus würde es Online-Unternehmen wie Airbnb, Uber oder Duolingo ohne ihre Communities vermutlich gar nicht geben. Sie haben quasi ihr Geschäftsmodell darauf ausgerichtet. Das zeigt, dass Community-Building auf so gut wie jedes Businessmodell übertragbar ist. Es gibt kaum Themen, die nicht durch eine Community unterstützt werden können (Breuker, 2021).

Im Rahmen der Kundenbindung kommen zunehmend Loyalitätsprogramme zum Tragen, weil die jüngsten Entwicklungen im Bereich der digitalen und mobilen Kommunikation den Online-Händlern jetzt die Möglichkeit geben, jederzeit Kontakt mit Kunden auf-

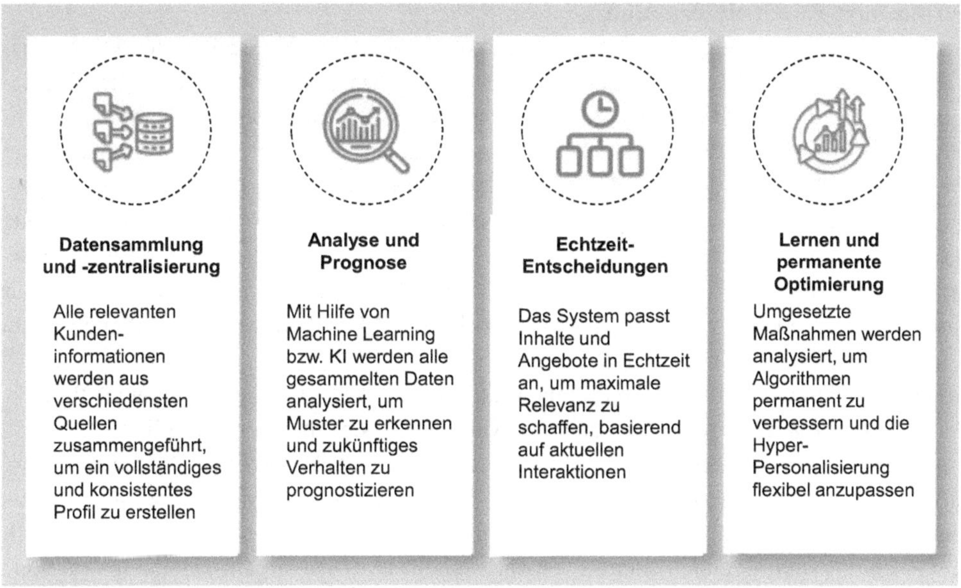

Abb. 3.9 Funktionsweise der Hyperpersonalisierung. (In Anlehnung an Plovs, 2024)

zunehmen und mit ihnen zu interagieren. Damit ermöglichen Loyalitätsprogramme auch eine personalisierte Kommunikation, die zuvor in dieser Form nur in Communities möglich war, vor allem wenn ein direkter bzw. persönlicher Kontakt zum Händler oder Hersteller nicht gegeben ist. Wie in Communities üblich, können nun auch Loyalitätsprogramme einen emotionalen Zusatznutzen für den Kunden bewirken. Voraussetzung ist allerdings eine weitgehend akzeptierte und zufriedenstellende Basisleistung seitens des Unternehmens, auf welche ein Angebot aus dem Loyalitätsprogramm aufbaut (Braun et al., 2017). Im Rahmen des Loyalty-Engineering lassen sich neue Ansatzpunkte auf KI-Basis umsetzen, wie u. a. NFT-Pässe, Upgrade-Credits oder virtuelle Collectibles. NFT-Pässe sind einzigartige (non-fungible) Tokens, die sich als digitale Eintrittskarten und zum Mitgliedsnachweis für den Zugang zu Online-Communities, Veranstaltungen oder digitalen Inhalten nutzen lassen. Sie stellen einen „digitaler Pass“ für die Authentifizierung bzw. den Besitz von Assets dar und sind auf Blockchain-Plattformen (wie z. B. OpenSea oder Rarible) zu erwerben. Upgrade-Credits oder Aktionsguthaben berechtigen durch ein „Upgrade-Programm“ zu einem Kauf. Virtuelle Collectibles sind digitale, auf der Blockchain-Technologie basierende Sammlerstücke, die eindeutig identifizierbar und nachweisbar einzigartig sind. Es kann sich um Gegenstände aus Videospielen, Comics, digitale Kunst oder NFTs handeln, die durch ihren digitalen Besitz authentisch und verifizierbar sind. Im Rahmen von Community-Building lässt sich auch der Ansatz der Drop-Kultur ausspielen, wobei Produkte in sehr kleinen Stückzahlen und nur über einen begrenzten Zeitraum angeboten werden, um einen Hype oder eine künstliche Verknappung zu erreichen (Heinemann, 2025).

KI-basierte Kundeninteraktion

KI bietet ganz neue Möglichkeiten der interaktiven Wertschöpfung. Hierunter wurden bisher die beiden Begriffe Mass Customization und Open Innovation verstanden (Heinemann, 2025; Reichwald & Piller, 2009), wobei Mass Customization die Erstellung von individualisierten Gütern und Leistungen mit der Effizienz vergleichbarer Massenangebote bezeichnet. Sie erfährt nunmehr in Verbindung mit den Möglichkeiten der Hyperpersonalisierung und der daraus erwachsenden „interaktiven Wertschöpfung" neue Möglichkeiten. Eine F2C oder C2M-basierte On-Demand-Produktion, wie Shein sie praktiziert, lässt sich zweifelsohne auch auf individualisierte Produkte anwenden. Denkbar sind insofern entweder individualisierte On-Demand-Fertigungen oder parametrisierte Produkt-Konfiguratoren (Hamann, 2025).

Gewöhnlich werden alle Unternehmensaktivitäten bis zur Fertigstellung eines Produktes als „Upstream-Prozesse" bezeichnet, während es sich bei den anschließenden Vermarktungsfunktionen um „Downstream-Prozesse" handelt (Heinemann, 2025; Hollensen, 2017, 2020). In Anlehnung daran bietet es sich an, sowohl die Mass Customization als auch die Open Innovation als „Upstream-Kundeninteraktion" zu bezeichnen und alle nach der Fertigung stattfindenden interaktiven Tätigkeiten als „Downstream-Kundeninteraktion" zu kennzeichnen (Abb. 3.10). Letztere sind allerdings danach zu unterscheiden, ob sie auf der eigenen Website („onsite") oder auf Partnerplattformen stattfinden („offsite"). Auch bei der Downstream-Interaktion lassen sich – abgesehen von einer hyperpersonalisierten Vermarktung – auch dyamische Preise/Bundles in Echtzeit auf Mikro-Segmente zuschneiden (Hamann, 2025).

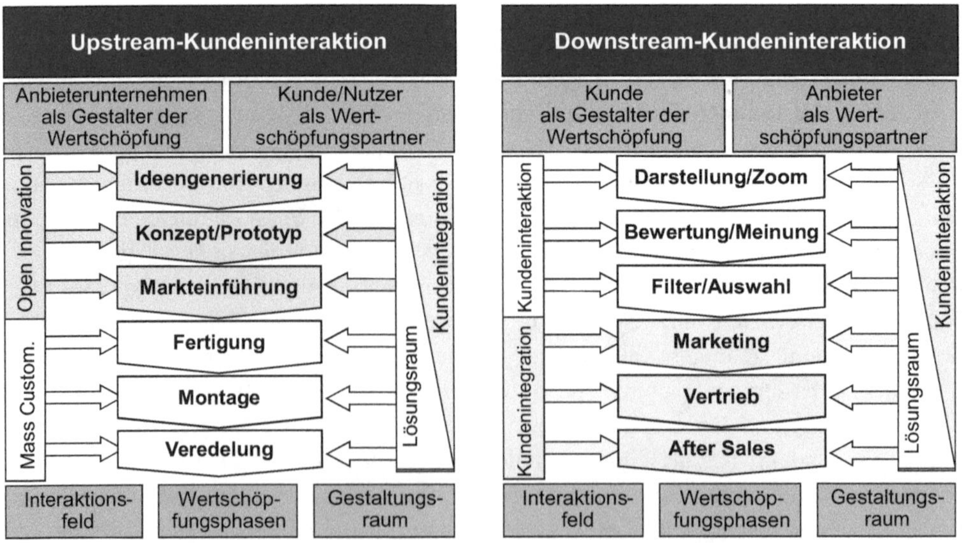

Abb. 3.10 Upstream- und Downstream-Kundeninteraktion. (Heinemann, 2025)

3.5 KI-Commerce mit Curated Subscriptions

Bei einem Subscription- bzw. Abo-Modell zahlen Kunden einen fixen und permanenten Betrag, um Produkte oder Dienstleistungen in einem festgelegten Zeitintervall jeweils auf Abruf dann nutzen zu können, wenn sie diese benötigen (Zuora, 2025). Für Kunden bietet das Abonnement-Geschäftsmodell vor allem Komfort, da sie die Zahlungen vergessen können und wissen, dass sie immer Zugang zu den aktuellsten Dienstleistungen haben. Darüber hinaus sind Abonnementmodelle oft mit Rabatten oder anderen Vorteilen verbunden, durch die sie langfristig erschwinglicher werden können. Folgende Arten von Abonnement-Geschäftsmodellen sind zu unterscheiden (Zuora, 2025):

- **Erneuerungsabonnements**: Kunden dieses Modells leisten regelmäßige Zahlungen, um ohne Unterbrechung kontinuierlichen Zugang zum Produkt zu haben, solange sie über genügend Guthaben auf ihren Karten verfügen. Die Abonnementverlängerung wird entweder auf der Plattform automatisiert oder manuell durchgeführt.
- **Zugangsabonnements**: Dieses Abo wird typischerweise für Gesundheitsdienste, Software-Abonnements und Shopping-Clubs verwendet. Es ermöglicht es den Nutzern, ihr Produkt zu festgelegten Aktionstagen (z. B. Veepee), monatlich (z. B. Readly) oder jährlich (z. B. ADAC) zu einem ermäßigten Preis zu erwerben. Dabei erhalten Abonnenten nicht nur Zugang zu neuen Produkten, sondern auch zu speziellen Angeboten und bestimmten Privilegien, wie z. B. Zugang zu neuen Funktionen, exklusiven Veranstaltungen oder auch die Möglichkeit, limitierte Produkte oder Dienstleistungen zu erwerben, die anderen Kunden nicht zugänglich sind.
- **Kuratierte Abonnements**: Dieser Abonnementtyp wird häufig bei Lebensmitteln, Schönheits- und Modediensten verwendet (z. B. Douglas Card). Dabei werden z. B. die in einer Box verpackten Artikel sorgfältig ausgewählt, um den individuellen Geschmack des Kunden zu treffen.

Im Zusammenhang mit KI gewinnen vor allem kuratierte Abonnements an Bedeutung. Mit kuratierten Abonnements sind Flexibilität und Hyperpersonalisierung verbunden, die individualisierte Leistungen oder Nutzungsmöglichkeiten vorsehen. Beispiele für kuratierte Abonnement-Geschäftsideen sind nachfolgend aufgeführt (Viete, 2024):

- **Kuratierte Streaming-Dienste**: Streaming-Dienste bieten den Kunden zu jeder Zeit einen unbegrenzten Zugang zu Entertainment-Angeboten auf ihren smarten Geräten. Rund 83 % der US-Verbraucher nutzten im Jahr 2023 einen abonnementbasierten Video-on-Demand-Dienst, Dabei ist Netflix der am häufigsten genutzte Anbieter, der kuratierte Empfehlungen an seine Nutzer gibt, ebenso wie der Musik-Streamingdienst Spotify.
- **Kuratierte Hauswartungsdienste**: Diese bieten effiziente und bequeme Möglichkeiten zur Pflege des Hauses oder Haushalts. Handwerksbetriebe oder Putzfirmen wer-

den beauftragt, saisonale oder routinemäßige Wartungsdienste gegen eine monatliche oder jährliche Gebühr durchzuführen.

- **Kuratierte Verbrauchsgüter**: Abonnementgeschäfte für Verbrauchsgüter konzentrieren sich auf Produkte des täglichen Bedarfs wie Rasierapparate (u. a. Harrys), Vitamintabletten, Toilettenartikel oder Lebensmittel. Diese werden individuell zusammengestellt.
- **Kuratierte Abonnementboxen**: Diese bedienen typischerweise spezifische Bedarfe für Düfte und Kosmetikprodukte, Gemüse und Obst, Tierbedarf oder u. a. Haushaltswaren. Sie werden für jeden User individuell verschickt. Dabei werden die in jeder Box verpackten Artikel sorgfältig ausgewählt, um den Geschmack des Kunden zu treffen. „Abo-Boxen sind darauf ausgelegt, Kunden den Stress zu ersparen, nach neuen Produkten zu suchen" (Viete, 2024).
- **Kuratierte Software-Abonnements**: Derartige Abonnements sind typisch für Betriebssysteme oder Cyberwalls als SaaS (Software as a Service). Gegen monatliche Gebühren erhalten Abonnenten Zugang zu den neuesten Updates, Kundensupport und Fehlerbehebungen. Diesbezüglich ist es sinnvoll, kuratierte Softwarepakete zu empfehlen.
- **Kuratierte Zeitungs- und Zeitschriftenabonnements** bieten den Abonnenten Zugang zu bekannten und aktuellen Presseorganen. Mittlerweile gibt es bei Readly die Möglichkeit, für eine Flatrate fast alle Titel digital lesen zu können. Dabei erhalten User individuelle Leseempfehlungen.
- **Kuratierte Lebensmittel- oder Meal-Kit-Dienste** bieten Usern eine Vielzahl an individuellen Rezepten (z. B. Thermomix) und Food, um ihre Lieblingsgerichte zuzubereiten. Das kann auch die regelmäßige Lieferung von gekochten Mahlzeiten oder frischen Backwaren umfassen.
- **Kuratierte Gesundheits- und Wellness-Abonnements**: Das Gesundheits- und Wellness-Abonnementgeschäft bietet sich für Fitnessstudios und Sportvereine an. Dabei werden nicht selten arrondierende Dienstleistungen integriert wie z. B. Trainerstunden oder Bereuung.
- **Personal-Shopping- und Styling-Services**: Bei dieser Geschäftsidee erstellen Unternehmen mithilfe von Apps maßgeschneiderte Shopping-Erlebnisse oder spezifische Produkte gemäß den individuellen Vorlieben und Wünschen ihrer Kunden. Ob es nun um einen persönlichen Einkäufer für einen bestimmten Anlass oder einen Stylisten handelt, der bei der Zusammenstellung einer Garderobe hilft – diese Apps ermöglichen Nutzern einen einfachen Zugang zu Modeexperten nach ihren Wünschen (Heinemann, 2025).

Gegenüber dem traditionellen Verkaufsmodell, zu dem auch der On-Demand-Commerce gehört, bietet das Abonnement-Geschäftsmodell klare Vorteile für Unternehmen. Es bietet die Möglichkeit, stabile Einnahmequellen aufzubauen, Kundenloyalität zu

	Einmal-Verkaufsmodell	Subscription-Modell
Kunden-akquisition	Niedrigere anfängliche CAC, aber höhere Abwanderung	Höhere anfängliche CAC, geringere Abwanderung, langfristige Rentabilität
Nachfrage-prognose	Schwieriger, abhängig von Marktschwankungen	Einfacher dank vorhersehbarer Abonnements
Umsatz-vorhersagbarkeit	Volatil, abhängig von Neukunden	Wiederkehrender, vorhersehbarer Cashflow
Standardisier- und Skalierbarkeit	Erfordert erhebliche Anfangsinvestitionen zur Skalierung	Hoch skalierbar mit minimalen zusätzlichen Kosten
Kundenbindung und Loyalität	Niedriger, transaktional, niedriger CLV	Stärkere, langfristige Beziehungen, höherer CLV

Abb. 3.11 Vorteile von Subscription-Modellen. (In Anlehnung an Zuora, 2025)

entwickeln und Abläufe effizient zu skalieren (vgl. Abb. 3.11) (Zuora, 2025). Während das traditionelle „Einmal-Verkaufsmodell" vor allem im KI-basierten On-Demand-Commerce sehr effektiv sein kann, fehlen ihm die wiederkehrenden Einnahmen und die Kundenbindung, die Subscriptions bieten. Für Unternehmen, die auf ein Abonnementmodell setzen, kann der langfristige Gewinn in Bezug auf Kundenbindung, finanzielle Stabilität und Wachstum erheblich sein (Zuora, 2025).

3.5.1 Arten von Abonnement-Preismodellen

Das Preismodell ist ein entscheidender Punkt beim Start eines neuen Abo-Angebots oder beim Erhalt langfristiger Rentabilität. Folgende Abonnement-Preismodelle lassen sich unterscheiden (Zuora, 2025):

- **Festpreis**: Der Festpreis ist das einfachste und am leichtesten verständliche Preismodell und sieht einen Einheitspreis vor (z. B. Readly). Abonnenten zahlen einen festen Betrag und erhalten in regelmäßigen Abständen einen unbegrenzten Zugang zu einem Produkt oder einer Dienstleistung (z. B. Zeitschriften oder Musikdownloads). Die Leistungen bieten einen festen Satz von Funktionen zu einem festen Preis. Dieses Modell ist ideal für Unternehmen mit einem einzigen Produkt oder begrenztem Angebot (z. B. RP-Online).
- **Staffelpreis**: Das gestaffelte Preismodell ist flexibel auf unterschiedliche Zielgruppen oder Bedarfe ausgerichtet. Abonnenten können gestuft aus mehreren Abonnementebenen wählen, die unterschiedliche Umfänge an Funktionen und Möglichkeiten zu differenzierten Preisen bieten. Zusätzliche Funktionen kosten zusätzliche Gebühren. Derartige Preismodelle werden nicht selten in Basis-, Standard- und Premium-Kategorien unterteilt. Bezogen auf die Benutzer orientiert sich dieses Zahlungsmodell an der Anzahl aktiver Produktnutzer und fällt umso höher aus, je höher die Anzahl der Nutzer (z. B. Familientarife). Ist der Staffelpreis nutzungsbasiert, zahlen die User nach Umfang der Nutzung und müssen nicht alles im Voraus kaufen oder bezahlen, auch wenn sie das Abonnement nicht nutzen.

3.5.2 Onboarding-Prozess und Plädoyer für kuratierte Subscriptions

Im Suscription Business zählt der erste Eindruck. Damit setzt der Onboarding-Prozess den Grundstein für die gesamte Abonnentenbeziehung. Ein komplexes und umständliches Onboarding erzeugt Unzufriedenheit und Reaktanz. Stoßen Abonnenten aufgrund der Komplexität des Onboarding-Prozesses auf Schwierigkeiten, neigen sie deswegen eher dazu, abzuspringen. Funktioniert der Prozess dagegen gut, schafft dies einen positiven ersten Eindruck und fördert somit die Kundenzufriedenheit. Ein effizientes Onboarding beschleunigt die Time-to-Value und erleichtert die Customer Journey vom Anmelden bis zur Nutzung der Kernfunktionen, Damit können Abonnenten sofort Nutzen aus ihren Abonnements ziehen. Zudem verringert ein reibungsloses Onboarding das Abwanderungsrisiko und schafft eine positive Wahrnehmung, die das Risiko einer frühen Kündigung verringern kann. Außerdem erhöht es die Nutzerbindung, da es die Nutzer darin bestärkt, verschiedene weitere Produkt- oder Servicefunktionen zu erkunden, wodurch sich die Engagementrate verbessert (Zuora, 2025).

Erhalten Abonnenten maßgeschneiderte Empfehlungen mit einem anpassbaren Service, verbessert dies die Kundenzufriedenheit und führt dazu, dass sich die Abonnenten verstanden fühlen. Bereits 61 % der Kunden erwarten, dass Plattformen Erlebnisse auf Basis ihrer Vorlieben zuschneiden (Zuora, 2025). Dafür müssen Subscriptions von der richtigen Technologie unterstützt werden. Insofern sind Abonnementverwaltungssysteme, CRM, Abrechnungssysteme, Fakturierung sowie Zahlungsgateways wesentliche Säulen des Geschäfts. Dabei kann das Abonnementmodell immense Vorteile bieten, wie u. a. planbare Einnahmen, starke Kundenbeziehungen sowie Skalierbarkeit.

3.6 Predictive IoT-Commerce

Das Internet of Things (IoT) bezeichnet Technologien, die es ermöglichen, physische und virtuelle Objekte miteinander zu vernetzen und sie auf Basis von Informations- und Kommunikationstechniken zusammenarbeiten zu lassen. Das IoT erlaubt die Interaktion zwischen Menschen und vernetzten elektronischen Systemen sowie zwischen den Systemen untereinander. Beim IoT werden Objekte mit Sensoren ausgestattet, die nahtlos in die Umgebung integriert sind, sodass der Mensch diese Objekte nicht mehr direkt wahrnimmt, obwohl sie allgegenwärtig sind. RFID (Radiofrequenzidentifikation) als Mittel zur automatischen Identifikation wird oft als Grundlage für das Internet der Dinge angesehen (vgl. Abb. 3.12). Es ist aber nur ein Vorreiter für IoT, da Möglichkeiten für eine direkte Kommunikation über Internetprotokolle bisher fehlen. Ziel des IoT ist es, relevante und reale Informationen zu erfassen, miteinander zu verknüpfen und im Netzwerk verfügbar zu machen. Auslöser ist eine Zustandsinformation (z. B. „Kühlschrank ist leer", „Druckertoner ist alle", „Getränke sind verbraucht" usw.), die für die Weiterverarbeitung im Netzwerk zur Verfügung gestellt und im Hinblick auf die Verbesserung der Nutzbarkeit des Objekts (z. B. Früherkennung von Wartungs- oder Austauschbedarf) sowie der Situation des umgebenden Bereichs (automatische Bestellung) ausgewertet wird. Damit hat das Internet der Dinge (IoT) bereits in zahlreichen Branchen Eingang gefunden, vom Tourismus über das Gesundheitswesen bis hin zur Logistik (Efimofa, 2024). Dabei waren die Auswirkungen überwiegend positiv und führten u. a. zu geringeren Kosten, verbesserten Kundenerlebnissen sowie zusätzlichen und zuverlässigen Daten.

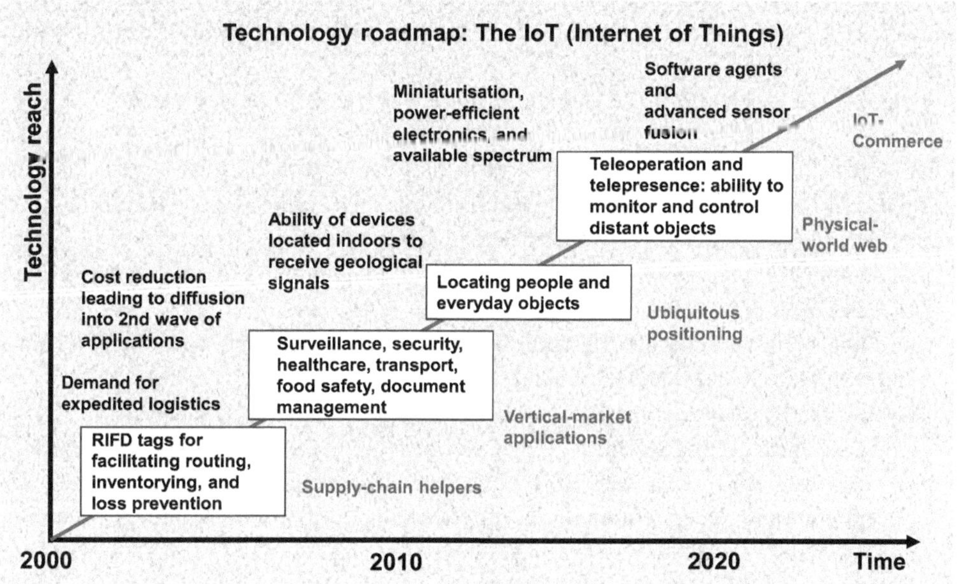

Abb. 3.12 Technology Roadmap: The Internet of Things. (Wikipedia IoT, 2025)

Konkret auf den Einkauf bezogen, ermöglicht das IoT zum Beispiel die automatische Bestellung von Produkten über Smart-Home-Geräte sowie eine direkte Zahlungsabwicklung via Smartwatches. Es ist außerdem nutzbar für eine effizientere Lagerverwaltung oder optimierte Logistik durch Echtzeit-Tracking und die Bereitstellung von Kundensupport durch IoT-Geräte (Wikipedia IoT, 2025).

3.6.1 Spezifikation des IoT-Commerce

IoT-Commerce bezeichnet dementsprechend die Integration des Internets der Dinge in E-Commerce-Prozesse, um den Handel durch vernetzte Geräte und Datenaustausch zukunftsfähiger zu machen (Wikipedia IoT, 2025). Sensoren erfassen Daten (z. B. Füllstand, Temperatur, Nutzungshäufigkeit), die laufend analysiert werden (lokal oder über die Cloud) und bei einem vordefinierten Zustand eine Kaufaktion auslösen (z. B. automatische Bestellung, Push-Nachricht, Reminder), die über einen vernetzten Anbieter abgewickelt wird (z. B. über Amazon, Smart-Home-Plattformen, spezielle Händler).

Für Kunden ermöglicht IoT entweder eine einfachere Produktbestellung – z. B. per Sprachbefehl an einen Smart Speaker – oder eine automatisierte Nachbestellung. Im letzteren Fall erkennen Sensoren in Produkten oder im Haushalt den Nachfüllbedarf und lösen automatisch eine Nachorder aus, wenn der Vorrat zur Neige geht. Wird persönlich eingekauft, können Geräte wie Smartwatches direkt für Zahlungen im Geschäft oder online genutzt werden. Amazon war mit dem Dash Button zweifelsohne ein Pionier im IoT-Commerce. Es handelte sich um einen physischen Knopf, der auf Knopfdruck ein zuvor spezifiziertes Produkt automatisch nachbestellte. Wegen rechtlicher Bedenken und mangelnder Akzeptanz im Markt wurde er von Amazon zwar ausgemustert, doch die Idee lebt weiter.

Folgende Beispiele für IoT-Commerce sind in der Praxis bereits vorzufinden (Efimofa, 2024):

- Smarte Waschmaschinen und Spülmaschinen erkennen, wenn Wasch- oder Spülmittel zur Neige gehen, und bestellen automatisch nach.
- Ein smarter Kühlschrank erkennt, wenn Produkte fehlen oder Verpackungen leer sind, und bestellt automatisch nach.
- Ein Drucker mit Nachbestellfunktion oder neue Tintenpatronen, wenn der Füllstand eine bestimmte Marke unterschreitet.
- Eine smarte Kaffeemaschine meldet über eine App, dass keine Bohnen mehr da sind und kann direkt nachbestellen.
- Bei einem vernetzten Auto werden Reifenverschleiß oder niedriger Ölstand von Sensoren erkannt und lösen automatisch die Buchung von Serviceterminen oder Bestellungen aus.
- Wearables und Smart Health Devices (z. B. Apple Watch) erkennen einen Bedarf (z. B. Nahrungsergänzungsmittel, Medikamente) und bestellen nach.

Durch die IoT-Geräte erhalten die Unternehmen detaillierte Einblicke in das Nutzungsverhalten der Kunden, sodass sie unmittelbar personalisierte Angebote erstellen oder technischen Support leisten können. Intelligente Geräte ermöglichen damit ein personalisiertes Kundenerlebnis und ein optimiertes E-Commerce-Design. IoT kann die Aktivitäten der Nutzer verfolgen und darauf aufbauend Empfehlungen geben. IoT kann Probleme identifizieren und beseitigen, wie u. a. fehlende Lieferungen, hohe Abbruchraten im Warenkorb, hohe Retourenquoten, geringes Kundenengagement. Durch das Sammeln und Analysieren von Kundendaten gewinnen Unternehmen wertvolle Einblicke in das Konsumverhalten, können Online-Shopping-Trends vorhersagen, ihre Ausgaben optimieren und vieles mehr. IoT-fähige Geräte dienen dabei als zuverlässige Sensoren und erfassen die Daten rund um die Uhr (Efimofa, 2024).

Tatsache ist, dass IoT im Online-Handel immer häufiger eingesetzt wird, und zwar vor allem bei den Back-Office-Prozessen. So wird z. B. bei verderblicher Ware die Nachverfolgung der Lagerbedingungen erleichtert. Das führt zu einer deutlichen Qualitätsverbesserung von Frischware wie beispielsweise Blumen. Und bei pharmazeutischen Produkten kann IoT die Kontinuität der Lieferkette gewährleisten sowie die Herkunft und den Zustand der Ware zurückverfolgen (Efimofa, 2024; Wikipedia IoT, 2025).

Auf Unternehmensseite machen IoT-Sensoren eine genaue Verfolgung von Sendungen in Echtzeit möglich, was die Transparenz der Lieferkette erhöht und die Routenplanung optimiert. Darüber hinaus kann IoT zur Automatisierung interner Geschäftsprozesse und zur Optimierung der Produktion genutzt werden, was zu Kostenreduzierungen und höherer Produktivität führt. Mit IoT lassen sich viele Routinevorgänge automatisieren, darunter Warenannahme, -versand und -nachbestellung, Zahlungsabwicklung, Auftragsbearbeitung usw. (Efimofa, 2024). Der Einsatz von IoT-Sensoren und Radiofrequenzidentifikations(RFID)-Chips versetzt Online-Händler in die Lage, ihren Lagerbestand in Echtzeit zu verfolgen. IoT hilft zudem, Staus zu vermeiden, denn GPS-Tracker erkennen Verkehrsstaus und schlagen optimierte Routen vor. Zudem können Warenwirtschaftssysteme Einkaufstrends vorhersagen und so Überbestände verhindern. Sobald ein Artikel versandt wird, genügt ein Scan, um den Bestand in der Datenbank zu aktualisieren. Gleiches gilt für eingehende Bestellungen. Anhand der IoT-basierten Überwachung des Warenzu- und -abflusses, der Fahrmuster, des Kundenstandorts und anderer Statistiken können Unternehmen feststellen, ob die Abteilungen ihre KPIs erfüllen, und bemerken, wenn es zu Verzögerungen kommt (Efimofa, 2024; Wikipedia IoT, 2025).

Ein gutes Beispiel für ein Geschäftsmodell des IoT-Commerce ist der auf Blockchain und IoT basierende Kleiderverleihservice von H&M, bei dem Kunden schnell und einfach Artikel aus einer bestimmten Kollektion mieten und später gegen andere Artikel aus derselben Kollektion eintauschen können. Weitere Beispiele sind:

- **Apple Watch** beauftragt oder bestellt bei bestimmten Körperwerten eine App aus dem App-Store.
- **Bosch Smart Home** mit smarten Haushaltsgeräten, die miteinander und mit Apps kommunizieren und Wartungs- oder Nachfüllbedarf melden.

- **Coca-Cola** mit IoT-fähigen Verkaufsautomaten, die Füllstände und technische Probleme in Echtzeit melden.
- **Tesla**, dessen Fahrzeuge kontinuierlich Nutzungsdaten senden und automatische Software-Updates erhalten. Ersatzteile werden vorausschauend bestellt.
- **Zalando & Adidas** mit Smart Mirrors und RFID in Stores: Kunden sehen Produktinfos direkt im Spiegel, Artikel werden automatisch erkannt.

Mittlerweile gibt es zahlreiche Beispiele für IoT-Commerce. Amazon beschäftigt zahlreiche Entwickler für IoT-Anwendungen und ist sowohl ein wichtiger Akteur auf dem IoT-Markt als auch ein intensiver Nutzer vernetzter Geräte. In den Fulfillment-Centern werden internetfähige IoT-Roboter genutzt, um Regale zu bestücken oder bestellte Produkte zu entnehmen. Bei den Web Services hat Amazon eine zentrale Rolle für die IoT-Abwicklung, da viele Unternehmen den Dienst zur Verwaltung ihrer IoT-Aktivitäten nutzen. Neben Amazon ist auch Microsoft ein intensiver IoT-Nutzer, um den Versand und die Zustellung seiner Surface-, Xbox- und verwandten Produkte zu überwachen bzw. zu steuern. IoT-Geräte prüfen die Ware und helfen, Schäden und Lieferverzögerungen zu vermeiden. Sie erfassen die Echtzeit-Umgebungsbedingungen jeder Sendung, also z. B. Stöße, Licht und Temperatur. Die Parameter lassen sich vor dem Versand der Ware vordefinieren. Werden Schwellenwerte überschritten, benachrichtigt das System darüber. Schließlich zählt auch H&M zu den Best Practices für IoT-Anwendungen im E-Commerce. Auch hier werden Roboter in den Lagern eingesetzt, um Versand und Auftragsabwicklung zu beschleunigen (Efimofa, 2024).

3.6.2 Besonderheiten des Predictive IoT-Commerce

Predictive IoT-Commerce beruht auf dem Prinzip prädiktiver Instandhaltung (Predictive Maintenance), einer Strategie, die auf der kontinuierlichen Erfassung und Analyse von Zustandsdaten mittels Sensorik (Condition Monitoring) sowie der Nutzung moderner Technologien wie dem IoT, Cloud Computing sowie Verfahren des maschinellen Lernens beruht. Damit können potenzielle Störungen frühzeitig erkannt und Maßnahmen für die Instandhaltung vorausschauend geplant werden. Es hilft bei der Bestimmung des Zustands von in Betrieb befindlichen technischen Objekten und Anlagen sowie bei der Abschätzung, wann eine Wartung durchgeführt werden sollte. Hier setzt Predictive IoT-Commerce an, sofern eine Wartung oder Inspektion automatisch gebucht wird – z. B. für ein Auto, ein Gebäude, einen Schornstein oder eine Waschmaschine. Dieser Ansatz ermöglicht Kosteneinsparungen gegenüber routinemäßigen oder zeitbasierten vorbeugenden Instandhaltungsstrategien, da Aufgaben nur dann ausgeführt werden, wenn dies gerechtfertigt ist. Es handelt sich insofern um eine zustandsorientierte und automatisierte Beauftragung. Ähnliches ist auch für Steuererklärungen oder Behördenanfragen im Bereich C2A (Consumer-to-Administration) denkbar. Durch eine zusätzliche Prognoseberechnung von zukünftigen Ereignissen kann auch die Frage „Was wird wann passieren?" dadurch beantwortet werden (Wikipedia Prädiktive Instandhaltung, 2025).

Literatur

Braun, L., Reinecke, S., & Tomczak, T. (2017). Kundenbindung durch Loyalitätsprogramme. In M. Bruhn & M. Homburg (Hrsg.), *Handbuch Kundenbindungsmanagement* (S. 335–363). Springer Fachmedien.

Breuker, N. (2021). Community Building – in 5 Schritten zur digitalen Community. https://www.omt.de/marketing/community-building/. Zugegriffen am 07.11.2022.

Buchreport. (2021, Februar 02). Thalia Mayersche setzt im Lockdown auf „Chatberatung". *Buchreport*. https://www.buchreport.de/news/thalia-mayersche-setzt-im-lockdown-auf-chatberatung/. Zugegriffen am 03.02.2021.

Efimofa, D. (2024, Juli 17). How to Boost Revenue Growth with eCommerce IoT. https://startups.epam.com/blog/internet-of-things-in-e-commerce-iot. Zugegriffen am 07.11.2025.

eTailment. (2025a, Oktober 06). Bot-Traffic vervierfacht sich. *Pressemitteilung*. https://etailment.de/news/morning_briefing/morning-briefing-beratungsklau-deepl-horando-b2b-internethandel-shein-indien-asos-amazon-welthandel-griechenland-beauty-bot-traffic-25265. Zugegriffen am 07.11.2025.

eTailment. (2025b, Oktober 29). Paypal wird als Bezahlmethode in ChatGPT integriert. *Pressemitteilung*. https://etailment.de/news/morning_briefing/morning-briefing-kuendigungsbutton-amazon-ceconomy-sparquote-konsumklima-whatnot-paypal%2D%2Dchatgpt-twint-revolut-bnpl-influencer-strategien-25288. Zugegriffen am 07.11.2025.

Foscht, T., & Schloffer, J. (2020, Oktober 27). AR im Onlinehandel: Einkaufserlebnisse wie im Laden. https://etailment.de/news/stories/Handelstrends-2030-AR-im-Onlinehandel-Einkaufserlebnisse-wie-im-Laden-23210. Zugegriffen am 07.11.2020.

Graf, J., & Grollmann, D. (2022, Oktober 07). Metaversum: Der Weg ins 23. Jahrhundert. https://www.ibusiness.de/members/aktuell/db/534103jg.html. Zugegriffen am 08.10.2023.

Hamann, S. (2025, August 25). Wenn KI den Checkout übernimmt: Agentic Commerce verändert den Onlinehandel. https://www.shopware.com/de/news/agentic-commerce-veraendert-den-onlinehandel/. Zugegriffen am 07.11.2025.

Heinemann, G. (2021). *Intelligent Retail. Die Zukunft des stationären Einzelhandels*. Springer-Gabler.

Heinemann, G. (2025). *Der neue Online-Handel: Geschäftsmodelle, Geschäftssysteme und Benchmarks im E-Commerce* (16. Aufl.). Springer-Gabler.

Holland, M. (2025, Oktober 22). Ein Browser für ChatGPT: OpenAI gibt Chrome-Konkurrenten Atlas für macOS frei. https://www.heise.de/news/Ein-Browser-fuer-ChatGPT-OpenAI-gibt-Chrome-Konkurrenten-Atlas-fuer-macOS-frei-10793833.html. Zugegriffen am 07.11.2025.

Hollensen, S. (2017). *Global marketing* (7. Aufl.). Prentice Hall.

Hollensen, S. (2020). *Global marketing* (8. Aufl.). Prentice Hall.

Hönig, K. (2025, Oktober 02). Immer weniger echte Nutzer: Studie zeigt massiven Anstieg von Bot-Traffic im Web. https://t3n.de/news/studie-anstieg-bot-traffic-seo-1710540/. Zugegriffen am 07.11.2025.

IFH Köln. (2025). *ECC-Club Studie 2025: Social, Assisted, Agentic – Key Insights*. IFH Köln. https://www.ifhkoeln.de/produkt/ecc-club-studie-2025-social-assisted-agentic-key-insights/. Zugegriffen am 07.11.2025.

Josef, R. (2025, Juli 01). Agentic Commerce: Wo Kaufabsicht auf Geschäftschancen trifft. https://www.checkout.com/de-de/blog/agentic-commerce. Zugegriffen am 07.11.2025.

Kort, K., Schimroszik, N., & Jahn, T. (2022, November 17). Entlassungen bei Amazon: Alexa bringt fünf Milliarden Dollar Verlust. https://www.handelsblatt.com/technik/it-internet/entlassungen--bei-amazon-alexa-bringt-fuenf-milliarden-dollar-verlust/28811484.html. Zugegriffen am 07.12.2025.

Krisch, J. (2025, September 29). ChatGPT kündigt Instant Checkout für Etsy und Shopify an. https://excitingcommerce.de/2025/09/29/chatgpt-kuendigt-instant-checkout-fuer-etsy-und-shopify-an/. Zugegriffen am 07.11.2025.

Lewanczik, N. (2021, Oktober 20). Shopping bei WhatsApp – Kollektionen für Kataloge sind da. https://onlinemarketing.de/e-commerce/whatsapp-kollektionen-kataloge-sind-da. Zugegriffen am 05.01.2023.

Luber, S., & Litzel, N. (2016, September 01). Definition: Was ist Machine Learning? https://www.bigdata-insider.de/was-ist-machine-learning-a-592092/#:~:text=Machine%20Learning%20ist%20ein%20Teilbereich,k%C3%BCnstliches%20Wissen%20aus%20Erfahrungen%20generiert. Zugegriffen am 22.01.2021.

Lucky Shareman. (2025). TikTok Shop Deutschland. Die wichtigsten Infos für erfolgreichen Social Commerce. https://www.luckyshareman.com/blog/tiktok-shop-deutschland-die-wichtigsten-infos-fuer-erfolgreichen-social-commerce. Zugegriffen am 07.11.2025.

Martin, J. (2025, April 22). Was ist Conversational Commerce? https://www.zendesk.de/blog/conversational-commerce/. Zugegriffen am 07.11.2025.

Masbaum, L. (2025, September 18). *Chatbots im E-Commerce.* https://www.moin.ai/chatbot-lexikon/chatbots-im-e-commerce. Zugegriffen am 07.11.2025.

Pfannschmidt, S. (2025, September 16). *Vertrieb rund um die Uhr: Wie KI-Chatbots den B2B-Vertrieb revolutionieren.* IFH Köln. https://www.ifhkoeln.de/vertrieb-rund-um-die-uhr-wie-ki--chatbots-den-b2b-vertrieb-revolutionieren/. Zugegriffen am 07.11.2025.

Pfeiffer, K. (2024, November 19). Shop Experience bei Perplexity: So verändert KI die Produktsuche. Onlinemarketing .https://onlinemarketing.de/e-commerce/shopexperience-perplexity. Zugegriffen am 05.05.2025.

Plovs, S. (2024, Dezember 16). Hyperpersonalisierung: Der nächste Schritt im modernen Marketing. https://omr.com/de/reviews/contenthub/hyperpersonalisierung. Zugegriffen am 07.11.2025.

pro optik. (2021, Januar 27). Revolution im Augenoptik-Markt: pro optik eröffnet ersten Onlineshop mit qualifizierter Liveberatung. *Pressemitteilung.* https://www.presseportal.de/pm/143310/4821116. Zugegriffen am 01.02.2021.

Reh, S. (2025, November 05). Geheime KI-Käufe auf Amazon? Jetzt eskaliert der Streit. *Wallstreet-Online.* https://www.wallstreet-online.de/nachricht/20120246-machtkampf-ki-zeitalter-geheime-ki-kaeufe-amazon-eskaliert-streit#:~:text=Amazon%20hat%20die%20KI%2DFirma,dem%20Start%2Dup%20Computerbetrug%20vor. Zugegriffen am 07.11.2025.

Reichwald, R., & Piller, F. (2009). *Interaktive Wertschöpfung – Open Innovation, Individualisierung und neue Formen der Arbeitsteilung* (2. Aufl.). Gabler.

Roberts, D. (2024, August 02). KI-native Firmen auf dem Vormarsch: Fünf Wege wie bestehende Unternehmen wettbewerbsfähig bleiben. https://live.handelsblatt.com/ki-native-firmen-auf-dem-vormarsch-fuenf-wege-wie-bestehende-unternehmen-wettbewerbsfaehig-bleiben/. Zugegriffen am 07.11.2025.

Roberts, D. (2025). How to think – And act – Like an AI-native business. https://www.cognizant.com/us/en/ai-native-business. Zugegriffen am 07.11.2025.

Rosebikes. (2021). Unser Service im Lockdown. https://www.rosebikes.de/corona-services. Zugegriffen am 01.02.2021.

Schobelt, F. (2022, Juni 21). Metaverse und der Handel: Strategien für das Internet der Zukunft. https://www.ibusiness.de/anmeldung/?url=%2Faktuell%2Fdb%2F733141frs.html. Zugegriffen am 22.06.2022.

Schumacher, K., & Roberts, R. (2025, Oktober 17). The agentic commerce opportunity: How AI agents are ushering in a new era for consumers and merchants. https://www.mckinsey.com/capabilities/quantumblack/our-insights/the-agentic-commerce-opportunity-how-ai-agents-are-ushering-in-a-new-era-for-consumers-and-merchants. Zugegriffen am 07.11.2025.

Smith, A. (2025, Oktober 21). E-commerce sites see low sales from ChatGPT traffic, study finds. https://www.modernretail.co/technology/e-commerce-sites-see-low-sales-from-chatgpt-traffic-study-finds-but-that-could-change/. Zugegriffen am 07.11.2025.

Stern. (2025, Oktober 28). Paypal soll bei ChatGPT integriert werden. https://www.stern.de/digital/paypal-kuendigt-zusammenarbeit-mit-openai-an%2D%2D-gewinne-steigen-36168852.html. Zugegriffen am 07.11.2025.

TEBR. (2020, Januar 27). Innovation Trends in eCommerce for 2020. *The European Business Review*. https://www.europeanbusinessreview.com/innovation-trends-in-ecommerce-for-2020/. Zugegriffen am 06.07.2021.

Telekom. (2025, September 10). Was ist ein „Agent"? Begriff und Relevanz im KI Kontext. https://www.telekom-mms.com/blog/artikel/detail/ki-agent-definition?wt_mc=oma_spotlight_ki_3:25:0001. Zugegriffen am 07.11.2025.

UST. (2025). What is creator commerce? https://www.ust.com/en/ust-explainers/what-is-creator--commerce. Zugegriffen am 07.11.2025.

Van Rinsum, H. (2024, September 30). Die wichtigsten Fakten zur KI-Suchmaschine. https://etailment.de/news/stories/perplexity-ai-die-wichtigsten-fakten-zur-ki-suchmaschine-24921. Zugegriffen am 07.11.2025.

Viete, A. (2024, Juli 04). Print-on-Demand: Was es ist und Tipps für den Start (2025). https://www.shopify.com/de/blog/print-on-demand. Zugegriffen am 07.11.2025.

Weidemann, T. (2019, Dezember 18). Das sind die E-Commerce-Trends für 2020. https://t3n.de/news/e-commerce-trends-fuer-2020-1231885/. Zugegriffen am 01.08.2020.

Weidemann, T. (2020, Dezember 14). E-Commerce 2021: Diese Trends bestimmen den Onlinehandel. https://t3n.de/news/e-commerce-2021-diesen-trends-onlinehandel-ausblick-1344859/. Zugegriffen am 06.07.2021.

Wenzel, S. (2025, August 13). Maschinen als Mittler – wie KI den Handel vom Bildschirm zur Infrastruktur verlagert. https://www.faz.net/pro/digitalwirtschaft/plattformen/agentic-commerce-der-handel-der-zukunft-wird-maschinengesteuert-sein-110631752.html. Zugegriffen am 07.11.2025.

Wikipedia CC. (2025). Creator Commerce. https://de.wikipedia.org/wiki/Creator _Commerce. Zugegriffen am 07.11.2025.

Wikipedia Hyperpersonalisierung. (2025). Hperpersonalisierung. https://de.wikipedia.org/wiki/Hyperpersonalisierung. Zugegriffen am 07.11.2025.

Wikipedia IoT. (2025). IoT. https://de.wikipedia.org/wiki/Internet_der_Dinge. Zugegriffen am 07.11.2025.

Wikipedia KI-Avatare. (2025). KI-Avatare. https://de.wikipedia.org/wiki/KI-Avatare. Zugegriffen am 07.11.2025.

Wikipedia Prädiktive Instandhaltung. (2025). https://de.wikipedia.org/wiki/Hyperpersonalisierung. Zugegriffen am 07.11.2025.

Wikipedia VTuber. (2025). VTuber. https://de.wikipedia.org/wiki/VTuber. Zugegriffen am 07.11.2025.

Zettler, P. (2025, Oktober 16). Agentic Commerce: Zeitenwende für den Online-Handel. https://omr.com/de/reviews/contenthub/agentic-commerce. Zugegriffen am 07.11.2025.

Zuora. (2025). Abonnement-Geschäftsmodell definiert: Beispiele, Best Practices. https://www.zuora.com/de/glossary/subscription-business-model/. Zugegriffen am 07.11.2025.

KI-basierte Geschäftsmodelle im E-Commerce

4

Zusammenfassung

Geschäftsideen können nur umgesetzt werden, wenn sie im nächsten Schritt in ein Geschäftsmodell überführt werden. Dieses beschreibt, wie ein Unternehmen Werte schafft und damit Umsätze erzielt. Für die Beschreibung und Visualisierung von Geschäftsmodellen gibt es verschiedene Ansätze. Aufgrund der hierfür relevanten Dimension der Wertschöpfung ist das V4-Modell von Al-Debei und Avison (2010) besonders geeignet, um KI-basierte Geschäftsmodelle zu spezifizieren. Auf dieser Basis lässt sich zwischen KI-nativer, KI-transformierter, KI-kundenzentrierter sowie KI-vertikaler Wertschöpfung differenzieren.

4.1 KI-Geschäftsmodelle

Im Folgenden wird genauer auf die verschiedenen Arten von KI-Geschäftsmodellen und ihre Charakteristika eingegangen.

4.1.1 KI-Geschäftsmodellentwicklung

Grundsätzlich wird unter einem Geschäftsmodell die Beschreibung und Visualisierung aller logischen Zusammenhänge bezeichnet, mit denen ein Unternehmen Werte für Kunden schafft und damit nachhaltig einen Ertrag für die Organisation selbst sicherstellen kann (Feike, 2022). Es zeigt beispielsweise auf, welche Leistungen mit welchem Marketingkonzept angeboten werden, über welche Kanäle die Zielgruppen erreicht, wie Kundenbeziehungen gestaltet und auf welche Weise Umsätze erzielt werden. Zudem beschreibt

G. Heinemann, *Der neue KI-Commerce*,
https://doi.org/10.1007/978-3-658-51173-9_4

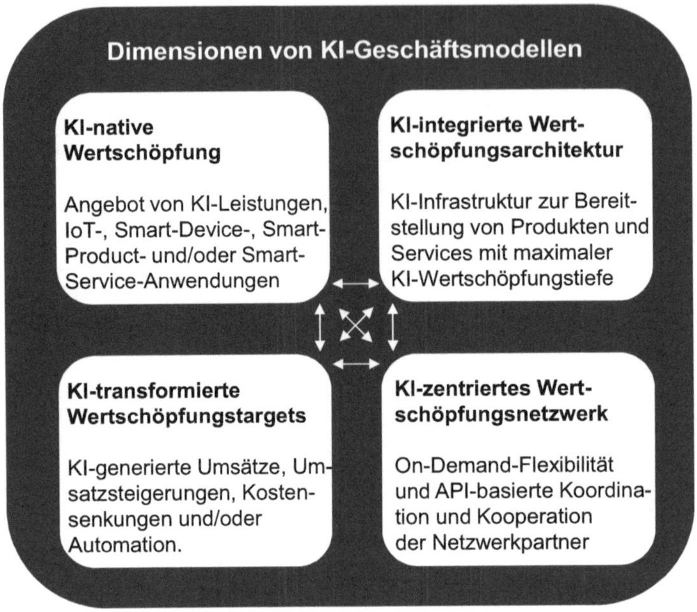

Abb. 4.1 Dimensionen von KI-Geschäftsmodellen. (In Anlehnung an Al-Debei & Avison, 2010)

ein Geschäftsmodell, welche Ressourcen und Aktivitäten nötig sind, welche Partner eingebunden werden und welche Kosten anfallen.

Die Geschäftsmodellentwicklung ist in der Regel sehr vielschichtig, da mehrere Kernelemente gleichzeitig angepasst und sinnvoll aufeinander abgestimmt werden müssen (Feike, 2022; Bucherer et al., 2012). Dabei stellt sich die Frage, wie ein innovatives und datengetriebenes Geschäftsmodell auf Basis von KI gestaltet sein muss. Zur Spezifikation derartiger KI-basierter Geschäftsmodelle gibt es eine Vielzahl von Ansätzen. Dabei hat sich in der Praxis insbesondere der Business Model Canvas durchgesetzt. Aufgrund der hierfür benötigten Dimension des Wertschöpfungsnetzwerks ist das V4-Modell von Al-Debei und Avison (2010) besonders geeignet, um KI-Geschäftsmodelle zu beschreiben, da es die spezifischen Belange digitaler Wertschöpfung umfassend berücksichtigt (Abb. 4.1).

4.1.2 Dimensionen von KI-Geschäftsmodellen

Dieses Modell beruht auf den vier Dimensionen Wertversprechen bzw. Wertschöpfung, Wertschöpfungsarchitektur, Wertschöpfungsnetzwerk und Wertschöpfungsfinanzen. Für ein KI-basiertes Geschäftsmodell muss mindestens eine dieser vier Dimensionen von KI-Technologien ermöglicht oder unterstützt werden (Al-Debei & Avison, 2010).

Die nachfolgend skizzierten Modelle lassen erahnen, wie vielfältig die Einsatzmöglichkeiten von KI und ihre Integration in ein Geschäftsmodell sind. Die Entwicklung KI-basierter Geschäftsmodelle zählt dabei zu den Innovationen mit der wohl größten Veränderungskraft. Vor allem aufgrund der damit verbundenen Potenziale dürfen Online-Händler die Auseinandersetzung mit diesem Thema nicht scheuen, um das volle Potenzial der KI-Technologie auszuschöpfen (Feike, 2022). Dabei eröffnet die Einführung von KI-Geschäftsmodellen immer auch die Option, gänzlich neue Kundensegmente zu bedienen, indem die intern entwickelte Wertschöpfung anderen Unternehmen der Branche in Form eines KI-Dienstes angeboten oder es Kunden ermöglicht wird, eigene KI-basierte Geschäftsmodelle aufzubauen, z. B. durch das KI-Fulfillment von Cloud-Anbietern wie Microsoft oder Oracle (Feike, 2022; Heinemann, 2025; Heinemann et al., 2025).

Im Folgenden werden die vier Dimensionen von KI-Geschäftsmodellen im Detail erläutert, da sie den Kern einer zukunftsfähigen Monetarisierung darstellen. Darüber hinaus werden Methoden vorgestellt, die bei der zielgerichteten Weiter- und Neuentwicklung von KI-basierten Geschäftsmodellen Unterstützung bieten können.

Dimension 1: KI-native Wertschöpfung

Bei einer KI-nativen Wertschöpfung handelt es sich um ein KI-basiertes E-Commerce-Geschäftsmodell, das seinen (potenziellen) Kund*innen KI-Leistungen (z. B. KI-generierten Content oder eine hyperpersonalisierte Konfiguration) zur Verfügung stellt und damit innovative Werte schafft, für die eine Zahlungsbereitschaft der Kunden vorhanden ist. Bei diesen KI-Produkten handelt es sich um Software-as-a-Service (SaaS), wie z. B. KI-Tools für Texterstellung, Bildgenerierung oder Übersetzung (u. a. ChatGPT, DeepL, Jasper AI). KI ist aber auch bei smarten IoT-Anwendungen zumindest Bestandteil eines Produkts, wie beispielsweise bei KI-gestützten Haushaltsgeräten (z. B. Roboterstaubsauger, intelligente Thermostate) oder bei Apps mit KI-Funktionen (wie z. B. Sprachassistenten oder Foto-Optimierungs-Apps). Gleiches gilt auch für Smart Meter, KI-basierte Tarifrechner, welche u. a. aus bereitgestellten Daten passgenaue Empfehlungen ermöglichen. Eine große Chance liegt darin, dass nahezu alle Objekte (z. B. Fahrzeuge, Fitnessarmbänder, Windkraftanlagen) digital anschlussfähig sind und im Betrieb bzw. während ihrer Nutzung laufend Daten erheben, die KI-Anwendungen möglich machen. Smarte Devices wie die Apple Watch oder smarte Produkte wie ein selbstfahrendes Auto zeigen aber auch, dass der Verkauf und die Anwendung derartiger KI-Produkte eine adäquate Infrastruktur benötigen. Am Kunden orientierte Wertversprechen können mit nutzerzentrierten Kreativmethoden wie Design Thinking oder dem Value-Proposition-Canvas erschlossen werden (Feike, 2022). Dabei lassen sich auch technologieorientierte Ansätze ergänzen, bei denen die technologischen Möglichkeiten der KI den Ausgangspunkt bilden. Dies wird ausführlich in Abschn. 4.2 erläutert.

Dimension 2: KI-integrierte Wertschöpfungsarchitektur

Sofern eine KI-integrierte Wertschöpfungsarchitektur die Grundlage des Geschäfts bildet und wesentliche Teile der zur Bereitstellung eines notwendigen Geschäftsprozesses auf KI-Technologien basieren, kann ebenfalls von einem KI-Geschäftsmodell gesprochen werden.KI-Geschäftsmodelle sind grundsätzlich kundenzentriert, unabhängig davon, wie die KI-Infrastruktur konfiguriert ist. Im Zentrum stehen immer die Nutzer von Produkten und Diensten mit ihren persönlichen Bedürfnissen und Vorlieben (Feike, 2022). Große Datenplattformen und Marktplätze wie Google, Meta, Amazon, Apple, Airbnb, Booking.com oder Uber agieren zu diesem Zweck mit einer KI-integrierten Wertschöpfungsarchitektur, die in der Regel mit einem digitalen Ökosystem einhergeht. Kennzeichen digitaler Ökosysteme ist die Unabhängigkeit von anderen Anbietern, sodass, anders als bei den horizontalen Marktplatzpartnern, in vertikaler Richtung – also bei Wertschöpfung, Kundenkontakt, Datenmanagement etc. – in der Regel keine externen Partner benötigt werden. Hinsichtlich Struktur und Funktionsweise erinnern digitale Ökosysteme an biologische Systeme. Es handelt sich allerdings um technisch abgegrenzte Systeme, die nicht selten Organisationen und deren digitale Services über Hardware, Software sowie Plattformen miteinander verbinden („End-to-End") und dadurch unabhängig von anderen Anbietern werden. Typisch für ein digitales Ökosystem ist z. B. das Apple-Ökosystem mit iPod, iPhone, iPad, Mac Desktop, MacBooks, Peripheriegeräten, iCloud, iTunes etc. (Heinemann, 2025). Auch Tesla agiert mit einem eigenen KI-Infrastrukturmodell (KI-integrierte Wertschöpfungsarchitektur), während beispielsweise BMW Vision die KI-Infrastruktur über KI-Kooperationen und ein KI-Netzwerk bereitstellt.

Zur Anpassung einer bestehenden Wertschöpfungsarchitektur ist eine umfassende Analyse der Aufbauorganisation, der wertschöpfenden Prozesse sowie der vorhandenen Ressourcen notwendig. Darauf aufbauend ist eine Analyse aller relevanten Geschäftsprozesse erforderlich. Dabei sollten alle Fachkompetenzen aus den Bereichen Data Science und Service Engineering sowie technische Ressourcen mit einbezogen werden. Für die Entwicklung einer KI-integrierten Wertschöpfungsarchitektur kann eine Überarbeitung bestehender Prozesse und Strukturen – je nach Art der KI-Anwendungen – ausreichen oder aber der Aufbau neuer Organisationseinheiten erforderlich sein (Feike, 2022). Für den Online-Handel, der (noch) nicht als Ökosystem agiert, kann das bedeuten, dass Unternehmen ihre Ressourcenplanung sowie die Steuerung der Beratungsanfragen mittels KI unterstützen, indem sie prognosebasiert Anfragen, Auslastungen, Engpässe und Durchlaufzeiten analysieren und so die Bedarfe in Echtzeit genauestens ermitteln können. Im Grunde genommen ist dabei die organisatorische und technische Infrastruktur zur Bereitstellung von Produkten und Services KI-basiert höchstwahrscheinlich voll automatisiert auszurichten (Feike, 2022; Heinemann et al., 2025). Dieses wird ausführlich in Abschn. 4.3 erläutert.

Dimension 3: KI-zentrierte Wertschöpfungsnetzwerke

Geht es um KI-zentrierte Wertschöpfungsnetzwerke, zu denen die Kundenbeziehungen eines Unternehmens zählen, kann KI den Anbieter dazu befähigen, kundenzentriert wie in einem eigenen Ökosystem zu arbeiten. Zum KI-zentrierten Wertschöpfungsnetzwerk von BMW Vision zählen z. B. für den neuen iX3 u. a. Lufthansa Cargo, Toyota, Steinway & Sons, Alibaba, Huawei und DeepSeek als KI-basierte Kooperationspartner. Grundlage eines KI-zentrierten Wertschöpfungsnetzwerkes ist immer eine API-basierte Koordination und Kooperation mit anderen Organisationen sowie eine On-Demand-Flexibilität – so wie

Shein das im C2M bzw. F2C praktiziert. Derartige KI-Geschäftsmodelle sollten deswegen als Teil digitaler Allianzen und Netzwerke verstanden werden. KI beeinflusst dabei nicht nur alle internen Prozesse, sondern verändert die bisherige Bedeutung von Kooperation, Wettbewerb und Allianzen (Feike, 2022; Pandya, 2019). Dementsprechend ist eine Kooperation mit dem richtigen Technologieanbieter oder Plattformbetreiber erfolgskritisch. Innovative und „SaaS-enabled" Marktplätze (SEM) kombinieren z. B. die Vorteile von Plattformen und ihren Netzwerkeffekten mit den Vorteilen von SaaS. So stellt Software as a Service (SaaS) eine Software in der Cloud bereit, mit denen die Kernprozesse der Unternehmen effizient abbildbar sind. Dabei hat die Nutzung der Software „zero marginal costs", führt also kaum zu Grenzkosten. Das ermöglicht einem SEM den schnellen Aufbau multipler Erlösströme mit vergleichsweise hohen Bruttomargen aus den SaaS-Dienstleistungen. SaaS-enabled Marketplaces versammeln damit auf ihrer Plattform potente Geschäftskunden, die entweder Anbieter oder Abnehmer auf dem Marktplatz sind. Während schon der alleinige Aufbau eines Marktplatzes alles andere als trivial ist, kommt der Aufbau von SaaS-enabled Marketplaces einer Herkulesaufgabe gleich. Voraussetzung ist eine extrem hohe Technologiereife, die wiederum große Entwicklungsteams erfordert. Hinzu kommen lange Verkaufszyklen, hohe Churn Rates und in der Regel internationale Wettbewerber. Beispiele für Unternehmen, die sowohl Marktplätze betreiben als auch einen SaaS-Service anbieten, mit dem Verkäufer des Marktplatzes ihr Geschäft digital abbilden können, finden sich zwar vorerst überwiegend in handelsfremden Branchen. Erste handelsnahe Best Practices liegen aber z. B. mit Floom, Treatwell und HoneyBook vor (Heinemann, 2025; Heinemann et al., 2025). Dieses wird ausführlich in Abschn. 4.4 erläutert.

Dimension 4: KI-transformierte Wertschöpfungsfinanzen

Werden schließlich KI-transformierte Wertschöpfungsfinanzen erzielt, also KI-generierte Umsätze, Umsatzsteigerungen oder Kostensenkungen, kann ebenfalls von einem KI-basierten Geschäftsmodell ausgegangen werden. Der Erfolg eines Geschäftsmodells ist letztlich immer von der Zahlungsbereitschaft der Kund*innen für die angebotene Leistung abhängig. Nur wenn diese grundsätzlich vorhanden ist, lässt sich eine Geschäftsidee durch unterschiedlichste Bezahlmodelle monetarisieren und damit in ein Geschäftsmodell umwandeln. Dabei hilft der Einsatz von Businessplänen und Simulationswerkzeugen, da klassische Preisfindungsmechanismen hier schnell an ihre Grenzen stoßen. Bei der Entwicklung von Bezahlmodellen ist die Arbeit mit standardisierten Mustern etablierter Ansätze – von Pay-per-Use bis Freemium – sachdienlich. Diese Muster können oft als Vorlage für ein neu zu entwickelndes Geschäftsmodell herangezogen werden, da es sich bei den meisten Geschäftsmodellinnovationen ohnehin um Rekombinationen bereits bekannter Elemente handelt (z. B. gängige Abo-Modelle für generative KI) (Feike, 2022; Heinemann, 2025; Heinemann et al., 2025). Dieses wird ausführlich in Abschn. 4.5 erläutert.

4.2 KI-native Wertschöpfung

Völlig unbelastet von den Beschränkungen vorhandener Systeme und festgefahrener Ansätze betrachten KI-native Unternehmen KI als zentralen Baustein ihrer Betriebsabläufe. Dadurch können sie die Stärken der generativen KI uneingeschränkt ausschöpfen und maßgeschneiderte KI-Leistungen anbieten, die von den Kunden gewünscht werden. Darüber hinaus sind sie in der Lage, über blitzschnelle interne Prozesse bis hin zu ihren Geschäftsmodellen ultimativ kundenzentriert zu agieren, was bei einem traditionellen Unternehmen zunächst eine Transformation erfordern würde. Wie die Väter und Mütter der digitalen Disruption (Amazon, Uber, Netflix, Venmo), werden auch die KI-nativen Unternehmen (OpenAI, Perplexity, DeepSeek) das Verhalten der Verbraucher verändern. User suchen KI-basiert Produkte anders aus als bisher, recherchieren nach relevanten Informationen auf völlig andere Art und Weise und bewerten Optionen nach neuen Mustern, was ihre Interaktionen in der digitalen Welt völlig verändern wird. Die disruptiven Auswirkungen generativer KI werden sich schon bald durchsetzen.

Um besser zu verstehen, wie generative KI die Zukunft der Arbeit verändern wird, wurde von Cognizant und Oxford Economics ein ökonomisches Modell entwickelt, das die Auswirkungen der Technologie auf die Produktivität von Unternehmen und die Belegschaft analysiert (Roberts, 2025). Dabei wurde ermittelt, dass die Einführung generativer KI einem S-förmigen Verlauf folgen wird. Nach einem allmählichen Anstieg wird eine sprunghafte Entwicklung bis zu einem Plateau stattfinden, auf dem die Technologie ausgereift und weit verbreitet ist. Dieser Anstieg wird bis 2033 in drei Schlüsselphasen erfolgen (vgl. Abb. 4.2) (Roberts, 2024, 2025).

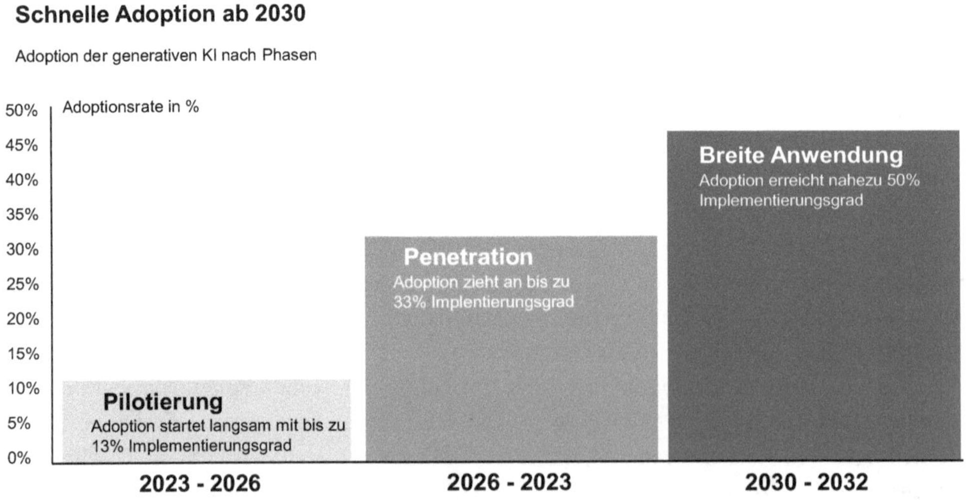

Abb. 4.2 KI-native Disruption. (In Anlehnung an Roberts, 2025)

4.2.1 KI-native Unternehmen als Benchmark

Um die erforderlichen neuen Fähigkeiten bereitzustellen, werden KI-native Unternehmen einen Technologie-Stack aufbauen, der sich deutlich von dem heute tätiger Unternehmen unterscheidet. Dabei werden KI-native Unternehmen neue Technologien als eine Möglichkeit betrachten, bestehende Dinge besser zu machen und Dinge zu tun, die noch nie vorher getan wurden, also wirklich innovativ sein. Das erfordert einen Tech-Stack, der nicht einfach nur statisch ist und nur gelegentlich optimiert oder aktualisiert wird. Vielmehr handelt es sich „um ein lebendiges, sich ständig weiterentwickelndes Gebilde, geschaffen für eine Welt geschaffen, in der Agilität und kontinuierliche Innovation der Schlüssel zum Überleben eines Unternehmens sind" (Roberts, 2025).

Dieser Tech-Stack besteht aus einer Kombination von Technologien, Programmiersprachen, Frameworks, Datenbanken und Tools, die dazu verwendet werden, Softwareanwendungen zu erstellen und auszuführen. Er umfasst typischerweise eine Frontend- und eine Backend-Komponente und ist entscheidend für die Leistungsfähigkeit und Skalierbarkeit von Anwendungen (Roberts, 2024, 2025). Er weist außerdem fünf Ebenen auf, die in Abb. 4.3 dargestellt sind (Roberts, 2025) und in den nachfolgenden Abschnitten erläutert werden.

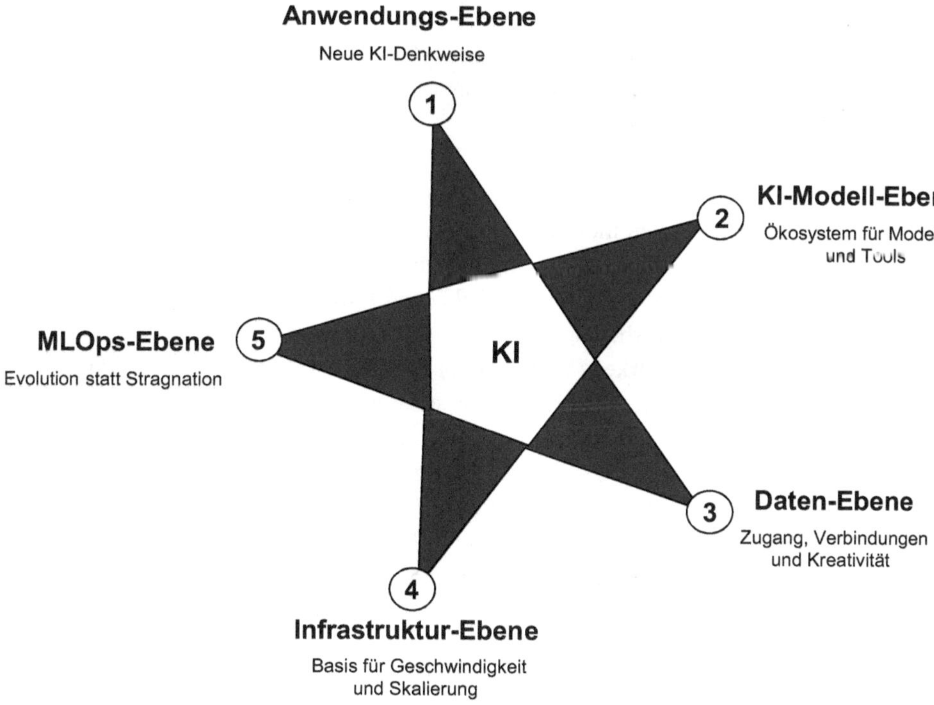

Abb. 4.3 Die KI-Modellebene. (In Anlehnung an Roberts, 2025)

Die Anwendungs-Ebene

KI-native Unternehmen werden die Benutzeroberfläche (User Interface, UI) im Frontend grundlegend neu gestalten. Das erfordert ein Umdenken in Bezug auf die Art und Weise, wie User mit den Diensten interagieren, die das KI-native Unternehmen bereitstellt. Eine KI-native Benutzeroberfläche wird durch gut ausgearbeitete Eingabeaufforderungen gesteuert, die komplexe Aktionen über mehrere Systeme hinweg initiieren sowie umfangreiche, vielschichtige Ausgaben generieren. Dabei sollte das UI-Design einen neuen Interaktionsstil zwischen Mensch und KI ermöglichen und dafür sorgen, dass User KI-Agenten effektiv steuern und zugleich kontrollieren können. Etablierte Unternehmen können mit diesem Paradigmenwechsel im UI-Design experimentieren. Dabei geht es weniger um das Durchklicken von Menüs als vielmehr um die konversationelle Interaktion zum Erreichen bestimmter Ziele. Für den entsprechenden Mentalitätswandel sind folgende Fragen hilfreich (Roberts, 2025):

1. „In welchen aktuellen Arbeitsabläufen könnte eine auf Eingabeaufforderungen basierende Benutzeroberfläche das Erlebnis für Kunden optimieren?"
2. „Wie ist eine prompte Interaktion zu gestalten, die kundenzentriert und ansprechend ist?"
3. „Wie kann eine Benutzeroberfläche entwickelt werden, die die Leistungsfähigkeit generativer KI mit effektiver Benutzerkontrolle und klarem Feedback zu den Ergebnissen in Einklang bringt?"
4. „Wie könnte eine direkt mit Aktionen verknüpfte Konversations-KI-Schnittstelle die Art und Weise verändern, in der User mit dem Unternehmen und den von ihm bereitgestellten Diensten interagieren?"

Die KI-Modell-Ebene

KI-native Unternehmen denken nicht nur in einem einzigen, monolithischen KI-Modell. Vielmehr setzen sie eine Reihe unterschiedlicher Modelle ein, die jeweils auf unterschiedliche Aufgaben spezialisiert sind, wie Text-, Bild- und Prozessgenerierung sowie strukturierte Datenmodellierung, Vorhersage- und Entscheidungsoptimierung, Unsicherheitsmodellierung sowie Erklärbarkeit und Codeoptimierung. Beispielsweise könnte ein Diffusionsmodell die Produktvisualisierungen erstellen, während ein großes Sprachmodell (LLM) maßgeschneiderte Marketingbotschaften generiert. Zudem können traditionelle Modelle des maschinellen Lernens (ML) intelligent integriert werden, um spezifische Probleme zu lösen und zugleich die Vorteile verschiedener KI-Ansätze zu nutzen. In keinem Fall sollten etablierte Unternehmen ein KI-Modell als Einheitslösung betrachten. Erfolgskritisch ist vielmehr die Fähigkeit, die Stärken jedes Modelltyps zu verstehen und das richtige Werkzeug für die jeweilige Aufgabe auszuwählen. Unternehmen müssen in das nötige Fachwissen investieren, um zu verstehen, welchem Zweck diese Modelle wirklich dienen und ob sie einen ROI generieren. Deswegen sind folgende Fragen zu stellen (Roberts, 2024, 2025):

1. „Sollen Unternehmen sich beschränken und sich nur auf das neueste und angesagteste Modell generativer KI konzentrieren?“
2. „Welche spezifischen Probleme lassen sich am besten durch ein breites Spektrum an KI-Technologien lösen?“
3. „Ist die nötige interne Expertise vorhanden, um die Stärken und Schwächen verschiedener Modelle, einschließlich des herkömmlichen maschinellen Lernens, zu verstehen?“
4. „Wie können verschiedene Modelltypen strategisch integriert werden? Wie werden Erkenntnisse aus generativen Modellen mit Ergebnissen aus anderen KI- oder Analysetools kombiniert?“

Die Daten-Ebene

KI-basierte Unternehmen leben von Informationen. Je weiter sie ihr Netz auswerfen, desto mächtiger werden sie. Deswegen werden sie dem Zugriff auf strukturierte und unstrukturierte Daten Vorrang vor der Datensauberkeit einräumen. Sobald sie Einverständnis und Transparenz hinsichtlich der Verwendung der Daten sichergestellt haben, können sie auf unerschöpfliche Daten-Ressourcen Dritter zugreifen. Auch nutzen sie Wissensgraphen (eine Möglichkeit zur Darstellung von Daten, Entitäten und ihren Verknüpfungen) und Vektordatenbanken (die für schnelle, einfache Suchvorgänge und Datenabrufe und damit für das Arbeiten mit LLMs optimiert sind), um komplexe Beziehungen zwischen Datenpunkten zu erfassen. Für etablierte Unternehmen ist es daher von großer Bedeutung, riesige Mengen an Informationen zu nutzen und Transparenz bei der Datenerfassung sicherzustellen. Für die Erstellung solcher Datensätze können Unternehmen Techniken wie die synthetische Datengenerierung verwenden, bei der künstliche, aber realistische Datensätze erstellt werden und generative KI verwendet wird. Sie können dazu auch halbüberwachtes Lernen anwenden, bei dem Modelle aus einer Kombination von gekennzeichneten und ungekennzeichneten Daten lernen. Um ihren Umgang mit Daten zu verbessern, sollten sich etablierte Unternehmen folgende Fragen stellen (Roberts, 2024, 2025):

1. „Nutzen wir über die Daten hinaus auch die in unserer Organisation vorhandenen Informationen und Kenntnisse in vollem Umfang? Wie können wir den Wissensaustausch und den Informationsfluss zwischen Abteilungen verbessern?“
2. „Über welche internen Daten verfügen wir, die kein Wettbewerber reproduzieren kann, und wie könnten diese Daten unsere KI-Modelle antreiben?“
3. „Wo stoßen wir auf Datenbeschränkungen, und könnten die Generierung synthetischer Daten oder Techniken des halbüberwachten Lernens praktikable Lösungen sein?“

Die Infrastruktur-Ebene

Generative KI-Modelle beanspruchen hohe Rechenleistungen, insbesondere während des Trainings und der Feinabstimmung. KI-native Unternehmen wissen, dass ihre Infrastruktur sowohl skalierbar als auch kosteneffizient sein muss, und entscheiden sich in der Regel für einen Hybrid-Cloud-Ansatz. Dadurch können sie unlimitiert Ressourcen für rechenintensive Aufgaben in Anspruch nehmen und die Nutzung bei nachlassendem Bedarf reduzieren. Dadurch erreichen sie ein optimales Gleichgewicht zwischen Kostenkontrolle und Leistung, wofür eine Hardwarebeschleunigung mithilfe spezieller Grafikprozessoren (GPUs) oder Tensorprozessoren (TPUs) unabdingbar ist. Etablierte Unternehmen müssen proaktive Lösungen entwickeln, um dieses Maß an Flexibilität und Agilität zu erreichen. Sie müssen die Auswirkungen auf die Infrastruktur schon vor der Skalierung von KI-Projekten berücksichtigen, um Kostenüberschreitungen zu vermeiden und einen reibungslosen Betrieb zu gewährleisten. Für diesen Infrastrukturwandel sollten sich Unternehmen folgende Fragen stellen (Roberts, 2024, 2025):

1. „Haben wir unsere IT-Teams beauftragt, den Rechenleistungsbedarf künftiger KI-Projekte proaktiv vorherzusagen, um Kostenüberraschungen und Leistungsprobleme zu vermeiden?"
2. „Können wir für unsere spezifischen KI-Anwendungsfälle von einem Hybrid-Cloud-Ansatz profitieren? Wann sollten wir On-Demand-Ressourcen gegenüber reservierten Instanzen priorisieren?"
3. „Ist unsere Strategie zur Hardwarebeschleunigung (GPUs/TPUs) auf die Arten von KI-Modellen abgestimmt, auf die wir angewiesen sind (Bildgenerierung, Verarbeitung natürlicher Sprache usw.)?"

Die MLOps-Ebene

Für KI-native Unternehmen sind Machine-Learning-Operationen (MLOps) Basis des Geschäftsmodells. Stabile MLOps-Pipelines ermöglichen Experimente sowie eine schnelle Bereitstellung neuer und verbesserter Modelle. Sie stellen eine umfassende Produktionsüberwachung sicher und sorgen dafür, dass die eingebundenen Mitarbeiter permanent lernen und sich weiterbilden, sobald neue Daten verfügbar sind. Etablierte Unternehmen müssen ihre Denkweise dementsprechend anpassen und KI als Daueraufgabe – und nicht als einmaliges Projekt – betrachten. Durch Investitionen in MLOps können sie Prozesse automatisieren und die kritische Feedbackschleife zwischen realen Ergebnissen und Modellverbesserungen verkürzen. Auf diese Weise kann sichergestellt werden, dass KI-Systeme kontinuierlich weiterentwickelt werden, um den sich ständig verändernden Marktbedingungen gerecht zu werden. Deswegen sollten Unternehmen folgende Fragen beantworten (Roberts, 2024, 2025):

1. „Wie können wir die Zeit zwischen einer Idee zur Modellverbesserung und ihrer Anwendung verkürzen?"
2. „Welche Schlüsselkennzahlen müssen in der Produktion überwacht werden, nicht nur im Hinblick auf die Modellgenauigkeit, sondern auch im Hinblick auf die tatsächlichen Auswirkungen auf das Geschäft?"
3. „Erlaubt es unsere Unternehmenskultur den Datenmanagern, pragmatisch zu experimentieren, auch wenn es dabei gelegentlich zu Misserfolgen kommt?"

4.2.2 Denkweise einer KI-nativen Welt

KI-native Unternehmen werden eine völlig neue Art des Denkens und des Umgangs mit KI-Systemen entwickeln, sei es bei der Entwicklung, der Bewertung oder der Bereitstellung von KI-Leistungen. Sie werden KI-Lösungen nicht als starre, deterministische „Maschinen" entwickeln, die für perfekt reproduzierbare Ergebnisse ausgelegt sind. Stattdessen werden sie ihre KI-Agenten als sich entwickelnde Kollaborateure betrachten und einsetzen, die das Potenzial haben, weit mehr zu sein als bloße Werkzeuge. KI-native Organisationen werden dem Aufbau kontinuierlich lernfähiger Systeme höchste Priorität einräumen, da sie wissen, dass das „Training" niemals wirklich beendet ist. Sie werden KI-Agenten auf die gleiche Weise führen wie hoch qualifizierte Mitarbeiter (Roberts, 2024, 2025).

KI-native Unternehmen sind derzeit noch in Entwicklung. Dennoch besteht kein Zweifel, dass sie die Arbeit auf effizientere, produktivere und unerwartetere Weise erledigen werden als alles, was heute als normal gilt. Das Besondere an „KI-nativen Unternehmen" besteht darin, dass sie in die Materie hineingeboren werden. Für sie gibt es keine veralteten Technologien, festgefahrenen Belegschaften oder festgefahrene Denkweisen, die modernisiert, umgeschult oder weiterentwickelt werden müssen. Doch bestehende Unternehmen können durchaus von diesen neuen Unternehmen lernen. Sie müssen verstehen, wie sie generative KI in ihre eigenen Betriebsabläufe integrieren und letztlich ihre Geschäfte auf eine völlig neue Art und Weise abwickeln können (Roberts, 2024, 2025).

4.3 KI-transformierte Wertschöpfungstargets

Bereits bestehende Unternehmen können nicht selbst zu KI-Natives werden. Sie müssen sich zudem vor den drohenden Disruptionen in Acht nehmen, da die KI-Start-ups Lernmaschinen sind, die ständig besser werden. Sie können und sollten von der Arbeitsweise KI-nativer Unternehmen lernen und sich in ihre Richtung transformieren. Durch die aktive Auseinandersetzung mit den innovativen Ansätzen dieser Newcomer, das Verstehen ihres Technologie-Stacks und die Anpassung ihrer eigenen KI-Strategien können etablierte Unternehmen beginnen, wie die disruptiven Unternehmen zu denken und zu handeln. Etablierte Unternehmen können die Vorteile nutzen, die sich aus dem Denken und Handeln ihrer neuen Konkurrenten ergeben, indem sie aktiv beobachten und erforschen, wie KI-native Unternehmen KI in den Mittelpunkt ihrer Betriebsabläufe und Technologie stellen. Für spezialisierte Lösungen können sie Partnerschaften mit KI-basierten Unternehmen eingehen und so entscheidende Lücken mit Fähigkeiten schließen, die sie nicht intern entwickeln können. Oder sie konkurrieren mit KI-basierten Unternehmen und bieten völlig neue KI-Produkte an, die etablierte Prozesse auf den Kopf stellen. Um mit den massiv beschleunigten, dynamischen und autonomen Abläufen umgehen zu können, benötigen sie neue Governance-Richtlinien, Organisationsstrukturen und Betriebsabläufe. Darüber hin-

Die sechs Transformationsfelder kognitiver Maschinen

1. **Situational Analysis:** Wichtigste Transformationsvoraussetzung ist die realistische Einschätzung der Ausgangslage und der Potenziale.
2. **Deep Insights:** Kundenbeziehungen werden durch Fortschritte in der Sensorik, affektives Computing sowie Behavioural Targeting transformiert.
3. **Predictive Enterprise:** Unternehmensprozesse werden durch die Antizipationsfähigkeit kognitiver Maschinen transformiert.
4. **Fleet Learning:** Produkt-Service-Systeme werden durch lernende Algorithmen transformiert.
5. **Knowledge Factories:** Die Wissensarbeit wird durch Automatisierungstechnologien transformiert.
6. **Blended Workforce:** Die Prozessorganisation wird durch Mensch-Maschine-Teams transformiert.

Abb. 4.4 Die sechs Transformationsfelder der KI. (In Anlehnung an Neef, 2025)

aus müssen sie auch ihre technologische Infrastruktur überdenken, um die neuen KI-gestützten Funktionen abbilden zu können (Roberts, 2024, 2025).

4.3.1 Transformationsfelder der KI

Kognitive Maschinen werden zukünftig die Wertschöpfung tiefgreifend verändern. Aktuellen Studien zufolge verspricht ihr Einsatz Produktivitätssteigerungen von bis zu vierzig Prozent. Dabei eröffnen sich fünf Transformationsfelder, die auch von etablierten Unternehmen als Chance genutzt werden können (vgl. Abb. 4.4) (Neef, 2025).

- **Situational Analysis – Markt und Ausgangslase richtig einschätzen**: In den meisten Fällen scheitern KI-Projekte an der falsch eingeschätzten Ausgangslage. Dies betrifft nicht nur die realistische Einschätzung der eigenen Position im Markt und der Wettbewerbssituation, sondern auch der Potenziale sowie der Systemvoraussetzungen. So scheitern KI-Projekte häufig nicht an Systemvoraussetzungen, sondern vor allem an fehlenden oder unzureichenden Daten (ON4OFF, 2021).
- **Deep Insights – Einblicke in das Herz der Kunden**: Fortschritte in der Verbesserung des natürlichen Sprachverständnisses sind Grundvoraussetzung für intelligente, sprachgesteuerte KI-Helfer. Vielfach fehlt den sprachlichen Interfaces heute noch die Fähigkeit zur Kontextualisierung, die natürliche Dialoge mit dem Nutzer erst ermöglicht. **Affective Computing** wird es zukünftig möglich machen, auf Basis der Tonlage und des Gesichtsausdrucks des Users seinen emotionalen Zustand korrekt zu interpretieren und situationsadäquat zu reagieren. Zudem erreicht das **Behavioural Targeting** auf Basis der Auswertung von Persönlichkeitsdaten permanent höhere Präzisionsgrade. Mit diesen Entwicklungen werden die digitalen Assistenten der Zukunft den Unternehmen tiefe Einblicke in jeden einzelnen Kunden ermöglichen.

- **Predictive Enterprise – die Kraft der Antizipation**: Echtzeitintelligenz ist Basis der digitalen Fabrik der Zukunft. Diese bildet mit smarten, vernetzten Objekten jederzeit den aktuellen Zustand aller Prozesse ab, und zwar auf allen Ebenen von Produktion und Logistik. Damit kann der Wertschöpfungsfluss dynamisch und flexibel an den aktuellen Bedarf angepasst werden. „Predictive Enterprise" setzt auf dem Echtzeit-Ansatz auf. Dadurch kann bereits gehandelt werden, bevor aus den Echtzeitdaten ein Bedarf ablesbar wird. *„So werden in der antizipativen Logistik Güter und Waren auf Basis von datenbasierten Prognosen am richtigen Ort zur richtigen Zeit bereitgestellt. ‚Predictive Policing' setzt Einsatzkräfte aufgrund von Vorhersagen über zukünftig entstehende Bedarfe ein. Und die ‚Predictive Maintenance' in der Fabrik zielt darauf ab, drohende Ausfälle von Maschinen zu ermitteln, bevor die Anlage tatsächlich stillsteht"* (Neef, 2025).
- **Fleet Learning – Produkte, die sich selbst verbessern**: KI basiert im Kern auf Lernalgorithmen, die mit großen Datenmengen unterschiedliche Arten maschineller Intelligenz entstehen lassen. Lernfähigkeit kommt dadurch eine Schlüsselrolle zu. Dies betrifft zwei Lernphasen, und zwar die **Trainingsphase sowie die Anwendungsphase. Durch das** Training eignet sich ein Produkt die entscheidenden Fähigkeiten an, wie z. B. Googles AlphaGo, das mit einer Datenbank trainiert wurde, die rund dreißig Millionen Spielzüge von Go enthielt. In der **Anwendungsphase** verbessert sich das Produkt fortlaufend während seiner Nutzung. Das erfolgt entweder durch **Kontextlernen, wobei sich d**as Produkt auf den Nutzer und den konkreten Anwendungskontext einstellt, oder durch **Flottenlernen wie bei Tesla. Dort werden** Nutzungsdaten aus der gesamten Fahrzeugflotte gesammelt und zur Optimierung der Software-Updates für die Produkte verwendet.
- **Knowledge Factory – Automatisierung der Wissensarbeit**: Grundvoraussetzung für die Implementierung von KI ist ein funktionierendes Wissensmanagement. Während früher Datenbanken manuell gepflegt werden mussten, haben mit dem Siegeszug des Sharing-Modells kollaborative Wissensmanagement Techniken wie z. B. Wikis oder Social Bookmarking Einzug gehalten. Dank KI wird das Wissensmanagement mit Data-Analytics-Plattformen und Lernalgorithmen der kognitiven Maschinen zu „Knowledge Factories" verschmelzen. Damit werden handlungsbezogene Werkzeuge zur Automatisierung von Wissensarbeit geschaffen.
- **Blended Workforce – Mensch und Maschine im Team**: Maschinelle Intelligenz ist keine Kopie menschlicher Intelligenz. Software funktioniert *anders* als der Mensch. Es ist durchaus denkbar, dass auf lange Sicht intelligente Maschinen dem Menschen in etlichen Belangen überlegen sein werden. Zunächst wird es jedoch darauf ankommen, menschliche und maschinelle Intelligenz unter Nutzung ihrer komplementären Stärken zu verknüpfen. Daher werden Mensch und Maschine zukünftig als Team agieren müssen. Entscheidend ist also, wie diese „Blended Workforce" organisiert sein soll. Wie sollen Unternehmen die „Cognitive Literacy" ihrer Mitarbeiter aufbauen und deren Fähigkeiten nutzen, damit im Gespann mit den kognitiven Maschinen von morgen produktiv werden können? Wie sollen Mitarbeiter weiterqualifiziert und mit neuen

Tätigkeitsprofilen eingesetzt werden? Unternehmen, die sich darauf verstehen, schlagkräftige Mensch-Maschine-Teams aufzubauen und zu führen, werden über ein kostbares Asset verfügen.

4.3.2 Strategische Überlegungen für Unternehmen in einer KI-nativen Welt

Die meisten etablierten Unternehmen werden aller Voraussicht nach einen hybriden Ansatz verfolgen. Dieser umfasst Partnerschaften mit KI-nativen Unternehmen und die Nutzung von APIs, um neue KI-Dienste in ihre eigene Umgebung zu integrieren. Darüber hinaus müssen sie jedoch auch erkennen, in welchen Bereichen sie unbedingt selbst KI-Fähigkeiten aufbauen sollten. Auf alle Fälle können etablierte Unternehmen KI nutzen, um bestehende Prozesse zu transformieren und innovative neue Angebote zu entwickeln. Dabei geht es darum, die Stärken traditioneller wie auch KI-nativer Modelle zu integrieren, um den Erfolg zu sichern. Künstliche Intelligenz kann dabei nur dann eine nachhaltige Wirkung entfalten, wenn die strategische Ausrichtung, die technologische Infrastruktur und die kulturelle Verankerung konsequent aufeinander abgestimmt sind. Die in Abb. 4.5 skizzierten Dimensionen bilden ein integriertes System der Transformation, das es dabei zu beachten gilt (Kirchner et al., 2025).

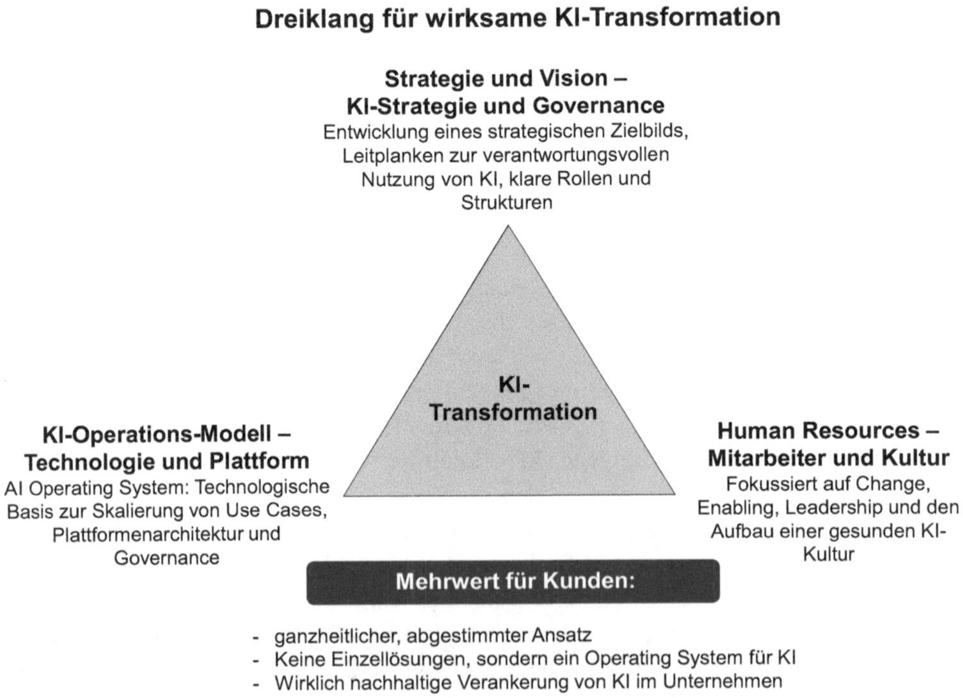

Abb. 4.5 Drei Dimensionen der KI-Transformation. (In Anlehnung an Kirchner et al., 2025)

4.4 KI-zentrierte Wertschöpfungsnetzwerke

Ein aktueller Schlüsseltrend ist die wachsende Nachfrage nach sofortigem Zugriff auf Produkte oder Dienstleistungen sowie nach Convenience und damit nach On-Demand-Angeboten. Konsumenten erwarten zunehmend schnellere und flexiblere Lösungen, die direkt auf sie zugeschnitten und möglichst in Echtzeit abrufbar sind. Einer aktuellen Umfrage der Harvard Business Review zufolge geben in den USA über 22,4 Mio. Nutzer pro Jahr mehr als 57,6 Mrd. US-Dollar für On-Demand-Dienste aus (Basis 2024) (Jasani, 2025). Davon entfallen 4,6 Mrd. auf Lieferdienste für Lebensmittel, 5,6 Mrd. auf Taxifahrten und 36 Mrd. auf Marktplätze. On-Demand-Geschäftsmodelle machen es möglich, Produkte oder Unterstützung immer genau dann bereitzustellen, wenn Kunden sie benötigen. KI-basiert kann dieser Service ganze Branchen verändern. Mit zunehmender KI-Penetration wird die Nachfrage nach On-Demand-Dienstleistungen unweigerlich steigen. Solche Dienste bieten den Kunden an, ihre Bedürfnisse – sei es eine Fahrt, eine Mahlzeit oder eine Hausreparatur – jederzeit befriedigen zu können, ohne im Voraus dafür planen oder sich an feste Zeiten halten zu müssen.

Auch das Geschäftsmodell Consumer-to-Manufacturer (C2M), das sich durch eine von Kundenwünschen ausgehende Produktion auszeichnet, funktioniert nach dem On-Demand-Prinzip. Temu und Shein nutzen dieses Modell, um ihre Lieferanten damit nachfrageorientiert und extrem agil produzieren zu lassen. Beide Anbieter haben das C2M-Modell als ein KI-zentriertes Wertschöpfungsnetzwerk konfiguriert. Folgende Merkmale kennzeichnen das KI-basierte On-Demand-Geschäftsmodell (Audsley, 2025; Jasani, 2025):

- **Hyperpersonalisierung**:
  Kunden können ihre Produkt- oder Serviceanfragen gemäß ihren Wünschen konfigurieren. Bei Grubhub können Nutzer beispielsweise Restaurants individuell auswählen, ihre Bestellung an ihre Ernährungseinschränkungen anpassen und diese umgehend ohne Wartezeiten liefern lassen.
- **App- und plattformbasierte Verbindung**:
  On-Demand-Dienste funktionieren am besten über App-basierte digitale Plattformen, auf denen User und Serviceanbieter direkt miteinander verbunden sind. Apps wie die von Uber und TaskRabbit ermöglichen eine reibungslose Kommunikation und stellen sicher, dass beide Seiten ihre Bedürfnisse umgehend erfüllen können.
- **Sofortiger Zugriff auf Produkte/Dienstleistungen und Reverse Manufacturing**:
  Kunden können 24/7 Produkte oder Services ohne die typischen Verzögerungen traditioneller Anbieter anfordern. Die Essensbestellung, Buchung einer Fahrt oder On-Demand-Produktion geschieht in Echtzeit. Ebenso die Produktion im C2M, die durch einen B2C-Kundenauftrag ausgelöst und durch Verbraucherdaten gesteuert wird.
- **Echtzeit-Herstellungs-und-Sendungsverfolgung**:
  Intelligente On-Demand-Anbieter bieten eine Echtzeit-Herstellungs-und-Sendungsverfolgung an, sodass Kunden den Status ihrer Bestellungen oder Service-

anfragen jederzeit verfolgen können. Diese Funktion hält Kunden stets auf dem Laufenden und sorgt für mehr Transparenz, bis hin zur Ankunftszeit des Fahrers oder der Zustellung.

On-Demand-Anbieter fokussieren sich darauf, Kunden einen schnellen und bequemen Service zu bieten, sodass sie nicht warten müssen. Diese wiederum genießen den Komfort, Produkte von zu Hause aus zu bestellen und sich umgehend liefern zu lassen. Der On-Demand KI-Commerce ist zum Synonym für die von Konsumenten erwartete „Sofortbefriedigung" geworden. Er ermöglicht ein hyperpersonalisiertes Erlebnis durch die Erfüllung von Echtzeit-Anforderungen und bietet E-Commerce-Unternehmen die Möglichkeit, dieses Bedürfnis unmittelbar zu bedienen. Typische Beispiele dafür sind (Audsley, 2025; Jasani, 2025):

- **Doordash** und **Grubhub** (Sofort-Essenslieferdienste)
- **Uber** und **Lyft** (Mitfahrdienste)
- **Instacart** (Lebensmittellieferdienst)
- **Taskrabbit** und **Handy** (Schnelllieferdienste für Haushaltsbedarf oder Devices)
- **Teladoc** (virtueller Gesundheitsdienst)
- **GetYourGuide** (Touristentickets per OTA-Delivery)
- **Eventim** (Veranstaltungstickets per OTA-Delivery)

On-Demand Commerce hat das Potenzial, traditionelle Branchen zu disruptieren, denn er bietet den Kunden ultimative Flexibilität. Transaktionen können schnell, einfach und oft zu wettbewerbsfähigen Preisen abgewickelt werden, in der Regel App-basiert über einen virtuellen Marktplatz. Kunden können dadurch mit verschiedenen Anbietern in Kontakt treten und schnell auf Produkte oder Dienstleistungen zugreifen.

Unternehmen können vier zentrale Ansätze verfolgen, um die Vorteile von Multi-Vendor-Skripten zu erschließen und Käufer bzw. Verkäufer auf solchen Marktplätzen zu vernetzen (Abb. 4.6) (Audsley, 2025; Jasani, 2025). Diese werden nachfolgend im Detail vorgestellt.

4.4.1 Delivery on Demand

Delivery on Demand ist eine Geschäftsidee, bei der E-Commerce-Unternehmen Waren oder Dienstleistungen an Kunden oder andere Unternehmen liefern. Derzeit testen die Liefer- oder Fahrdienste zunehmend automatisierte Lösungen, wodurch selbstfahrende Uber-Fahrzeuge oder Lieferungen per Drohne oder Roboter in absehbarer Zeit selbstverständlich werden könnten. Folgende Formen sind hier zu nennen (Audsley, 2025):

- **Fahrdienstvermittlung (Uber, Lyft)**:
  Uber und Lyft haben den Personentransport revolutioniert. Während Kunden früher auf Taxis angewiesen waren, was oft mit Wartezeiten, hohen Preisen und mangelnder

Typ	Wichtigste Highlights	Beispiele
Delivery-on-Demand	Produkte oder Dienstleistungen direkt an einzelne Kunden liefern. Entwickelt, um den Bedürfnissen und Problemen der Kunden gerecht zu werden.	Uber & Lyft TaskRabbit Postmates für Unternehmen Breather-App
Customer-to-Manufacturing (C2M)	Vorgegebene Produkte oder Dienstleistungen auf Kundenwusch hin produzieren. Entwickelt, um den Kunden permanent neue Produkte anzubieten.	Shein Temu
Print-on-Demand	Unterstützt Kunden bei der Bestellung von personalisierten Produkten wie T-Shirts, Tassen usw. Senkung der Lagerkosten und Ermöglichen personalisierter Produkte.	Printful TeeSpring Redbubble Sonderanfertigungen

Abb. 4.6 On-Demand-Geschäftsmodelle. (In Anlehnung an Jasani, 2025)

Transparenz verbunden war, können Nutzer jetzt per Knopfdruck eine Fahrt anfordern. Dank der On-Demand-Fahrdienstvermittlung wissen sie genau, wann und wo ihr Fahrer eintrifft. Das erfüllt nicht nur die Nachfrage nach schnellerem und zuverlässigerem Transport, sondern bietet auch Flexibilität für Fahrer und Fahrgäste.

- **Essenslieferung (Grubhub, DoorDash)**:
  Anstatt im Restaurant essen zu gehen und auf einen Tisch zu warten, können Kunden nun dank Lieferdiensten wie Grubhub und DoorDash ihre Lieblingsgerichte bei einer Vielzahl von Restaurants bestellen und sich diese innerhalb weniger Minuten nach Hause liefern lassen. Das erspart den Kunden Zeit für die Essensplanung und -zubereitung und bietet gleichzeitig ein schnelles und unkompliziertes Erlebnis.
- **Lebensmittel-Lieferservice (Instacart)**:
  Lebensmitteleinkäufe sind zeitaufwendig, doch dank Lieferdiensten wie Instacart können Verbraucher ihre Einkäufe inzwischen bequem von zu Hause aus erledigen. Die Kunden können dabei in verschiedenen Online-Shops stöbern, ihre Artikel auswählen und sich diese in wenigen Stunden liefern lassen. Dieses Modell ist besonders vorteilhaft für viel beschäftigte Singles und Familien, die den Komfort einer bedarfsgerechten Lebensmittellieferung schätzen.
- **Haushaltsdienstleistungen (TaskRabbit, Handy)**:
  On-Demand-Dienste für Haushaltsdienstleistungen wie TaskRabbit und Handy ermöglichen es Nutzern, flexibel und mit wenigen Klicks Fachkräfte für verschiedenste Aufgaben, von der Reinigung bis zum Möbelaufbau, zu bestellen. User können diese Services beauftragen, wann immer sie diese benötigen. E-Commerce-Unternehmen können dafür hyperpersonalisierte und bedarfsgerechte, spezialisierte Lösungen anbieten und damit ein breites Spektrum an Bedürfnissen abdecken, ohne dass die Kunden langfristige Verpflichtungen eingehen müssen.

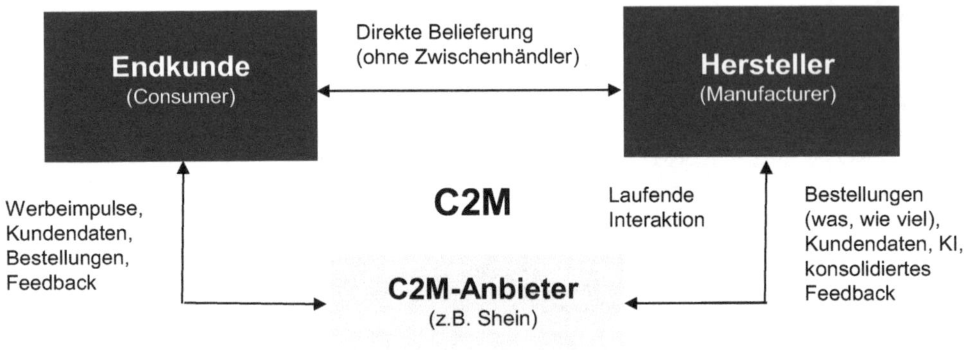

Abb. 4.7 Das Geschäftsmodell Consumer-to-Manufacturing. (In Anlehnung an Kreutzer, 2025)

4.4.2 Consumer-to-Manufacturing

Bei Consumer-to-Manufacturing (C2M) handelt es sich um ein KI-zentriertes Wertschöpfungsnetzwerk, bei dem die Kunden bestimmen, welche der angebotenen Produkte produziert werden. Best Practice im Bereich von C2M ist zweifelsohne Temu, Pionier dieses Konzepts ist allerdings Shein (vgl. Abb. 4.7). Beim C2M wird die Produktion durch konkrete Kundenwünsche und Nachfragen ausgelöst. Dies ist allerdings nur durch Innovationen an verschiedenen Stellen der Wertschöpfungskette möglich. Folgende Merkmale zeichnen C2M aus (Richartz & Hosang, 2024):

- **Verbrauchergesteuerte Nachfrage bzw. „Reverse Manufacturing"**: Für C2M müssen die Wünsche und Vorlieben der Kunden schnell und präzise erfasst werden. Darüber hinaus müssen relevante Trends erkannt und ausgewertet werden, was durch Social-Listening-Tools auf Social-Media-Plattformen wie TikTok möglich geworden ist. Diese gesammelten Daten werden so ausgewertet, dass sowohl Hersteller als auch Händler in der Lage sind, ein individualisiertes Produktsortiment zu entwickeln und anzubieten, das exakt auf die Nachfrage und Vorlieben der Verbraucher abgestimmt ist. Dabei findet die Produktion der Waren erst statt, wenn genügend Kunden ein bestimmtes Produkt in den Warenkorb gelegt haben. Dafür benötigen die Anbieter ein professionelles Datenmanagement sowie adäquate Data-Analytics-Fähigkeiten. Neben Temu hat vor allem Shein diesen Ansatz perfektioniert. *Reverse Manufacturing* ermöglicht beiden Anbietern jeweils einen sehr dynamischen und effizienten Marktplatz, bei dem die Produktion durch Verbraucherdaten gesteuert wird. Dadurch wird überschüssige Ware vermieden, sodass kein Abverkauf mit Rabatten stattfinden muss (Heinemann, 2025; Richartz & Hosang, 2024).
- **Cut-out-the-Middleman**: Temu integriert nicht nur Händler auf seiner Plattform, sondern auch Hersteller. Diese machen das Fulfillment selbst und senden ihre Ware direkt aus China zum Kunden nach Europa – in der Regel per Luftfracht. Durch dieses Prinzip

des „Cut out the Middleman" werden Groß- und Einzelhändler ausgeschaltet. Die direkte Anbindung der Hersteller an den Markplatz ermöglicht niedrigere Preisen, da die Marge der Zwischenhändler eingespart wird. Zudem verschafft Temu den auf dem Marktplatz eingebundenen Herstellern einen direkten Kundenzugang, und zwar mittels eigener App. Aufgrund der niedrigen Preise besteht auf Seiten der Kunden die Bereitschaft, längere Lieferzeiten in Kauf zu nehmen. Diese können dadurch entstehen, dass die Ware nach der Bestellung via Schiff und Flugzeug aus China nach Europa kommt, und nicht, wie bei anderen Anbietern üblich, bereits in Lagern in Europa vorgehalten wird. Neben den Herstellern verkaufen bei Temu aber auch chinesische Händler ihre Produkte. Zudem hat Temu den Marktplatz auch für europäische Händler geöffnet.
- **Aggressive Kundengewinnung**: Temu verfolgt eine aggressive Wachstumsstrategie mit dem Ziel der Marktpenetration, ähnlich wie Amazon in den Anfängen des E-Commerce. Wie damals Amazon nimmt auch Temu Verluste bei einzelnen Bestellungen in Kauf, wenn dadurch Marktanteile zu gewinnen sind. So verlor Temu 2023 zwar rund 30 Dollar pro Auftrag in den USA, doch dies war ein gezielter Schritt, um den US-Markt mit besonders niedrigen Preisen zu erobern (Richartz & Hosang, 2024).

Andererseits erlaubt es Temu den Kunden noch nicht, Produkte nach Produktqualität auszusuchen. Etliche No-Brand-Produkte aus China erfüllen noch nicht die Ansprüche der Kunden in der EU und den USA. Allerdings sind die Hersteller in China sehr wohl in der Lage, hochwertige Konsumentenprodukte herzustellen – wie beispielsweise für den Outdoor-Händler Decathlon. Zweifelsohne besitzt Temu das technologische Know-how, um den Kunden der Plattform die richtigen Produkte in der richtigen Qualität anzubieten. Dabei fordert das Consumer-to-Manufacturer (C2M)-Modell nicht nur etablierte Marktplatzparadigmen heraus, sondern setzt auch neue Maßstäbe für das Supply-Chain-Management sowie die Produktion und Preisgestaltung. Derartige KI-basierte Marktplätze, die durch die direkte Anbindung von Herstellern günstige Preise garantieren können und durch ihre Data-Management- und Data-Analytics-Fähigkeiten Waren produzieren und verkaufen, die optimal auf die Bedürfnisse und Präferenzen der Verbraucher abgestimmt sind, sind die Gewinner der letzten Jahre (Richartz & Hosang, 2024).

Intelligente Print-on-Demand-Anbieter gehen einen Schritt weiter und ermöglichen es Usern, die gewünschten Produkte in Echtzeit zu individualisieren. Ob T-Shirts, Poster, Rucksäcke oder Bücher, mit Print-on-Demand kann alltäglichen Produkten eine eigene Note gegeben werden.

Bei Print-on-Demand (PoD) arbeiten Online-Händler mit externen Lieferanten vernetzt zusammen, um White-Label-Produkte mit eigenen Designs individuell zu gestalten und sie dann auftragsbezogen unter einer eigenen Marke zu vermarkten. **Die** Produkte werden dabei erst nach Eingang einer Bestellung produziert, wodurch Lagerverwaltung und Vorlaufkosten entfallen. Bei PoD-Diensten werden alle nach dem Verkauf anfallenden Prozesse, vom Digitaldruck bis zur Auftragsabwicklung und zum Versand, vom externen Lieferanten übernommen. Sie funktionieren demnach wie ein Dropshipping-Modell und sind damit eine der einfachsten Möglichkeiten, Produkte zu beschaffen oder ein Online-Geschäft aufzubauen, sofern das Geschäftsmodell ein intelligentes Netzwerk enthält (Minge, 2024; Viete, 2024). Hier folgt eine Auswahl beliebter PoD-Anbieter (Minge, 2024; Viete, 2024):

- **LuLu** ist eine Self-Publishing-Plattform, auf der Kunden eigene Bücher und E-Books drucken und vertreiben können. Dabei ist Lulu Direct das Print-on-Demand-Angebot, bei dem User aus einer großen Auswahl an Buchgrößen, Bindungsarten und Druckqualitäten ihr eigenes Buch gestalten können. Lulu bietet keinen eingebauten Editor zur Buchgestaltung an, stellt aber mit Lulu Xpress Vorlagen zum Download bereit. Ein intelligenter Preiskalkulator hilft dabei, die Kosten für ein Buchprojekt zu berechnen (Viete, 2024).
- **Printful** ist eine Print-on-Demand-Website mit einer breiten Auswahl an hochwertigen Produkten und bekannten Marken wie Gildan und American Apparel. Es bietet benutzerfreundliche Mockup-Generatoren und Optionen zur Integration eines eigenen Brandings für ein individuelles Unboxing-Erlebnis an. Abgesehen von Bekleidung bietet Printful auch eine Vielzahl anderer Produkte an, wie Tassen, Bettwäsche, Kissen, gerahmte Poster, Strandtücher, Schürzen und vieles mehr (Viete, 2024).
- **Gooten** bietet ebenfalls eine vielfältige Produktpalette an, darunter auch ausgefallene Artikel wie Yogamatten und Hundebetten. Gooten druckt aber nicht selbst, sondern nutzt dafür ein internationales Netzwerk von Verkäufern und Dropshippern. Deswegen gibt es eine größere Variabilität in der Druckqualität und beim Versand der Artikel, was zu niedrigeren Produkt- und Versandkosten führen kann. Der On-Demand-Anbieter stellt einen intuitiven Bildeditor bereit, der eine realistische Vorstellung davon gibt, wie das Endprodukt aussehen wird (Viete, 2024).
- **Printify** bietet zusätzlich zur üblichen Auswahl an T-Shirts und Kapuzenpullis auch ein internationales Händlernetzwerk an, das eine Vielzahl einzigartiger White-Label-Produkte on-Demand produzieren kann, wie zum Beispiel Schmuck, Uhren, Schuhe und Wasserflaschen. Insgesamt bietet die Plattform über 200 Produkte an, die individuell bedruckt werden können. Grundsätzlich ist die Nutzung von Printify kostenlos, doch gibt es auch die Möglichkeit, ein Premium-Abonnement abzuschließen, wobei 20 % Rabatt auf alle Produkte gewährt wird.

4.5 KI-integrierte Wertschöpfungsarchitektur

Die vierte Dimension von KI-Geschäftsmodellen, die „KI-integrierte Wertschöpfungsarchitektur", ist ein relativ neuer Aspekt, der die systematische Einbettung von KI-Technologien in die gesamte Wertschöpfungskette eines Unternehmens beschreibt (Al-Debei und Avison, 2010; Feike, 2022). Dabei werden alle Kern- und flankierenden Prozesse berücksichtigt, die zur Erzeugung von Produkten oder Dienstleistungen beitragen. Ihr Bezugspunkt ist in jedem Fall die digitale Wertschöpfungskette, die mit der

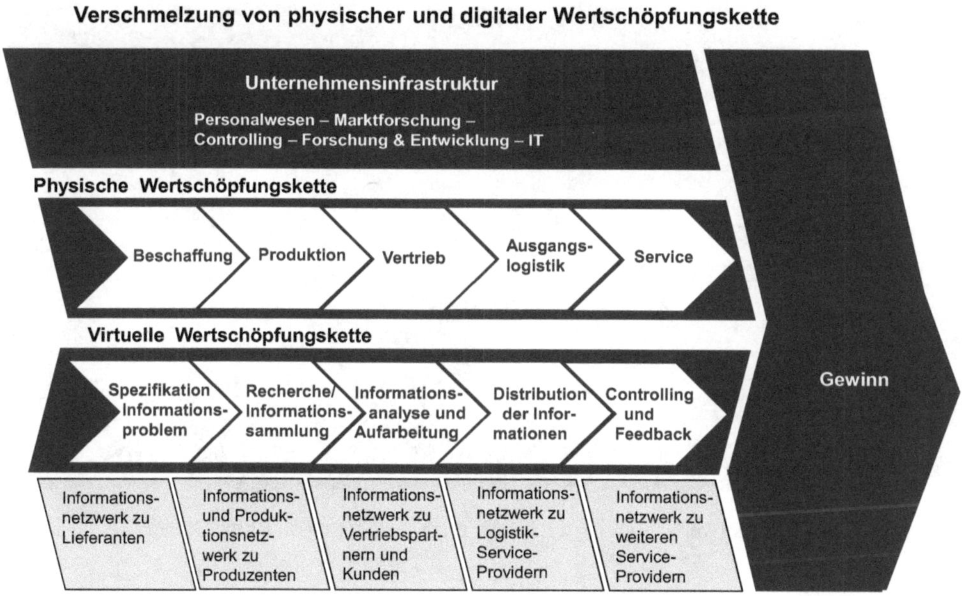

Abb. 4.8 Digitale Wertschöpfungskette. (In Anlehnung an Kreutzer, 2023)

physischen Wertschöpfung verschmolzen sein muss (Abb. 4.8) (Kreutzer, 2023). Künstliche Intelligenz ist damit nicht nur punktuell in einige Funktionen oder Wertschöpfungsstufen, sondern tiefgreifend in die gesamte Wertschöpfungsarchitektur eingebettet.

Dabei tragen nicht alle KI-Anwendungen gleichermaßen zur Wertschöpfung bei. In einigen Funktionen werden lediglich vorgefertigte, standardisierte KI-Tools verwendet, während andere Wertschöpfungsstufen eigene KI-Entwicklungen verwenden und damit einen höheren Beitrag zur KI-Wertschöpfung leisten (Rumpf, 2025).

4.5.1 KI-Wertschöpfungstiefe

Zur Einordnung der Wertschöpfungstiefe hilft die **KI-Wertschöpfungspyramide**, die fünf Stufen der KI-Integration beschreibt, und zwar von der einfachen Nutzung fertiger KI-Tools bis hin zur nativen Entwicklung eigener Algorithmen. Damit lassen sich fünf Wertschöpfungsstufen unterscheiden, wobei Stufe 1 die niedrigste und Stufe 5 die höchste ist (Abb. 4.9) (Rumpf, 2025).

- **Stufe 1: KI-Tools**: Nutzung externer Tools wie ChatGPT, Perplexity oder Google AI.
- **Stufe 2: KI-Schnittstellen**: Integration von KI-Tools in eigene Prozesse über APIs und Plugins.
- **Stufe 3: KI-Services**: Individuelle Anwendungen, z. B. Chatbots, Automatisierung oder Datenanalyse.

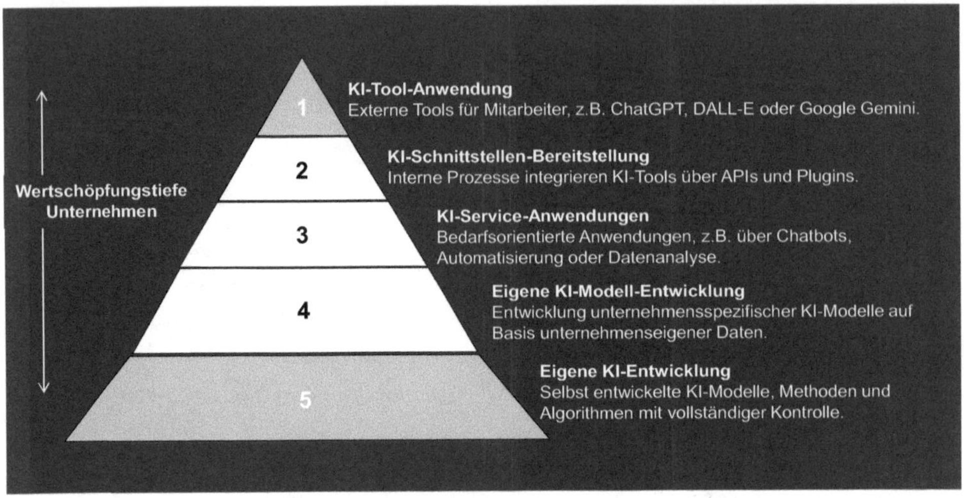

Abb. 4.9 KI-integrierte Wertschöpfungsarchitektur. (In Anlehnung an Rumpf, 2025)

- **Stufe 4: Proprietäre KI**: Entwicklung eigener KI-Modelle auf Basis originärer Daten.
- **Stufe 5: Eigene KI-Algorithmen**: Vollständige Kontrolle durch selbst entwickelte KI-Methoden.

Für die meisten Unternehmen ist **Stufe 3 optimal**, denn sie bietet die Möglichkeit, KI nicht nur zu nutzen, sondern auch umfassend in Prozesse zu integrieren. Diese Stufe hat ein hohes Kosten-Nutzen-Potenzial, da Unternehmen von Automatisierung und Datenanalyse profitieren können, ohne die hohen Entwicklungskosten proprietärer KI-Modelle stemmen zu müssen. Auch sind die Implementierungshürden geringer, da es viele Lösungen bereits als skalierbare Services gibt. Folgende Beispiele können in diesem Zusammenhang genannt werden (Rumpf, 2025):

- **Chatbots und virtuelle Assistenten** zur Automatisierung des Kundenservices. In diesem Bereich etablieren sich zunehmend **KI-Agenten, also** autonome Systeme, die selbstständig komplexe Aufgaben ausführen und verschiedene KI-Funktionen kombinieren können.
- **KI-gestützte Prozessautomatisierung: Mithilfe von** KI-Agenten können Geschäftsprozesse durch End-to-End-Automatisierung neu ausgerichtet werden. Das ermöglicht es beispielsweise, Bestellungen in E-Mails zu erkennen und zu extrahieren, mit Kunden zu kommunizieren und fehlende Details einzuholen, Statusanfragen automatisch zu beantworten, Rechnungen mit Bestellungen abzugleichen oder Genehmigungsverfahren einzuleiten und Zahlungen vorzubereiten. Dies führt zu einem verringerten manuellen Aufwand, schnellerer Abwicklung und weniger Fehlern. Zudem können Agenten unstrukturierte Kommunikation schneller verarbeiten und kontextbezogene Entscheidungen besser treffen.

- **Hyperpersonalisierung** von Produktempfehlungen und Marketingkampagnen. Damit können Unternehmen bereits hohe Effizienzgewinne erzielen, ohne eigene native KI-Modelle entwickeln zu müssen.
- **Datenanalyse und Entscheidungsunterstützung**, um Markttrends vorherzusagen.

Auf Basis der KI-Wertschöpfungspyramide können Unternehmen gezielt entscheiden, auf welcher Stufe sie sich positionieren wollen. Alle, die **schnell starten** möchten, nutzen vorhandene KI-Tools (Stufen 1 und 2). Wer sich **differenzieren** möchte, entwickelt eigene KI-Services (Stufe 3). Für **prozessübergreifende Automatisierungen** sollten KI-Agenten verwendet werden (Stufe 3), und wer **Maximalwerte erzielen** will, muss in proprietäre oder eigene Algorithmen investieren (Stufen 4 und 5). Während die einfachen Tools einen schnellen Einstieg ermöglichen, sorgen individuell angepasste KI-Dienste, autonome Agenten sowie eigene KI-Algorithmen langfristig für eine höhere Wertschöpfung (Rumpf, 2025).

4.5.2 AI Business Value Canvas (AIBC)

Das von Merkle, einem Unternehmen im Bereich Customer Experience Management, auf Grundlage des Business Model Canvas entwickelte Modell des AI Business Value Canvas (AIBC) wendet Konzepte des Design Thinking auf die KI-Planung an (Walter, 2025). Es berücksichtigt KI-spezifische Überlegungen wie z. B. Trainingsdaten für generative KI, KI-Governance, LLMs sowie das nötige Fine-Tuning. Das AIBC umfasst neun Schlüsselbausteine (Walter, 2025):

- **KI-Kunden-Kontext**: Zuerst müssen die Kundenbedürfnisse in ihrem spezifischen Kontext verstanden und artikuliert werden, um sicherzustellen, dass KI-Lösungen einen echten Mehrwert bieten.
- **KI-Wertversprechen**: KI muss einen USP ermöglichen, indem sie Kundenprobleme auf bessere Weise löst, als andere Technologie es möglich machen.
- **Dialogorientierte Benutzeroberfläche**: Nahtlose, intuitiv ausführbare Interaktionen sind der Schlüssel dafür, dass Kunden die USPs der KI mühelos realisieren können.
- **Feinabstimmung und Master-Prompts**: Die Interaktion zwischen KI und Kunden muss exakt definiert und fein abgestimmt sein, um sicherzustellen, dass die KI optimal auf die Anforderungen des Kunden zugeschnitten ist.
- **Business Case für KI**: Validierte KI Value Propositions müssen sich in einem klaren Business Case und prognostizierten Vorteilen für das Unternehmen niederschlagen.
- **KI-fähige Trainingsdaten**: Qualifizierte Daten müssen die KI befähigen und einen Mehrwert schaffen, der über generische Lösungen hinausgeht.
- **KI-Governance und -Sicherheit**: Die Value Proposition muss durch strenge KI-Governance-Regeln und Datensicherheit abgesichert werden.

- **LLMs und KI-Lösungsarchitektur**: Für die Bereitstellung der Value Proposition und die Lösung von Kundenproblemen sind die richtigen LLMs und KI-Technologien einzusetzen.
- **KI-Kostenstruktur und Umweltauswirkungen**: Alle Bausteine des Frameworks tragen zur Kostenstruktur bei, wobei KI-gestützte Lösungen auch ökologische Auswirkungen haben, die ebenfalls zu berücksichtigen sind.

Beim AIBC existieren zwei Kreisläufe (Loops), die beide mit dem KI-Wertversprechen beginnen. Der „KI-gestützte Kundenerfahrungszyklus" auf der rechten Seite beginnt mit einer konversationsorientierten Benutzeroberfläche, muss die Feinabstimmung sicherstellen und schließt sich, wenn Kunden mit den KI-gestützten Lösungen interagieren und ihre Handlungen und ihr Feedback das Wertversprechen bestätigen. Dieser Zyklus bildet die Grundlage für den Business Case für KI-gestützte Lösungen. Auf der linken Seite ist der „Daten- und KI-Technologiekreislauf" abgebildet. Dieser umfasst die Grundlagen von KI-Lösungen – LLMs, KI-Technologiepartner, KI-fähige Trainingsdaten und die erforderlichen KI-Governance- und Sicherheitsmaßnahmen. Diese Komponenten führen zu einer Kostenstruktur und einem ökologischen Fußabdruck.

Das Zusammenspiel beider Kreisläufe verdeutlicht, dass es sich beim AIBC um ein dynamisches Tool handelt, das Organisationen aktiv dabei unterstützt, die Feinheiten der KI in ihre Arbeitsabläufe zu integrieren. Es berücksichtigt auch die Ausrichtung der KI auf menschliche Bedürfnisse und Geschäftsergebnisse und unterstützt dabei, Kunden- und Geschäftsprobleme mithilfe von KI zu verstehen und zu lösen, wobei die erforderlichen Daten und Technologien identifiziert werden (Walter, 2025).

Literatur

Al-Debei, M. M., & Avison, D. (2010). Developing a unified framework of the business model concept. *European Journal of Information Systems, 19*, 359–376. https://doi.org/10.1057/ejis.2010.21

Audsley, K. (2025, Januar 20). *Is the on-demand business model right for your startup? Here's what you need to know*. https://www.founderli.com/post/is-the-on-demand-business-model-right-for-your-startup-heres-what-you-need-to-know. Zugegriffen am 07.11.2025.

Bucherer, E., Eisert, U., & Gassmann, O. (2012). Towards systematic business model innovation: Lessons from product innovation management. *Creativity and Innovation Management, 21*(2), 183–198. https://onlinelibrary.wiley.com/doi/10.1111/j.1467-8691.2012.00637.x?utm_medium=article&utm_source=researchgate.net

Feike, M. (2022). *KI-Toolbox für Versorgungsunternehmen: Modul KI-Geschäftsmodelle*. Fraunhofer IAO. https://www.kodis.iao.fraunhofer.de/de/ki-toolbox-fuer-versorgungsunternehmen/ki-geschaeftsmodelle.html. Zugegriffen am 07.11.2025.

Heinemann, G. (2025). *Der neue Online-Handel: Geschäftsmodelle, Geschäftssysteme und Benchmarks im E-Commerce* (16. Aufl.). Springer-Gabler.

Heinemann, G., Bartholomäus, J., & Bleil, S. (2025). *Intelligent Open Finance: Intelligente und integrierte Plattformlösungen im Banking* (2. Aufl.). Springer-Gabler.

Jasani, M. (2025, Juli 15). On demand business model: The ultimate guide. *Apurple.* https://www.apurple.co/insights/on-demand-business-model/#:~:text=Postmates%20offers%20quick%20delivery%20of,enhances%20the%20online%20shopping%20experience. Zugegriffen am 07.11.2025.

Kirchner, M., Krasniqi, L., & Weigand, S. (2025, Oktober 14). KI-Strategie und -Kultur: Transformation startet beim Menschen. *Handelsblatt.* https://live.handelsblatt.com/ki-strategie-und-kultur-transformation-startet-beim-menschen/. Zugegriffen am 07.11.2025.

Kreutzer, R. T. (2023). *Der Weg zur nachhaltigen Unternehmensführung: Wie Sie Verantwortung für Menschen, Umwelt und Wirtschaft übernehmen.* Springer-Gabler.

Kreutzer, R. T. (2025). Wie Smart Manufacturing funktioniert. *Bitkom Akademie.* https://bitkom-akademie.de/news/customer-manufacturer-ein-innovatives-geschaeftsmodell#:~:text=SheIn%20verf%C3%BCgt%20%C3%BCber%20keinen%20eigenen,Auswertung%20der%20Nutzergepflogenheiten%20in%20Echtzeit. Zugegriffen am 05.10.2025.

Minge, L. (2024, August 30). Erfolgreich starten: Tipps, Strategien und Erfolgsgeschichten. Ein Leitfaden, um Geld mit Print on Demand zu verdienen. *Gründer.de.* https://www.gruender.de/vertrieb/leitfaden-print-on-demand/. Zugegriffen am 07.11.2025.

Neef, A. (2025). Wie Künstliche Intelligenz die Wertschöpfung transformiert. *Z-Punkt.* https://z-punkt.de/de/themen/wie-kuenstliche-intelligenz-die-wertschoepfung-transformiert. Zugegriffen am 07.11.2025.

ON4OFF. (2021). Machine Learning im stationären Einzelhandel. http://www.on-4-off.de. Zugegriffen am 26.11.2021.

Pandya, J. (2019, Juli 10). How artificial intelligence is transforming business models. *Forbes.* https://www.forbes.com/sites/cognitiveworld/2019/07/10/how-artificial-intelligence-is-transforming-business-models/?sh=2a323f7f2648. Zugegriffen am 07.11.2025.

Richartz, K., & Hosang, C. (2024, Oktober 25). Consumer-to-Manufacturer (C2M)-Modelle: Revolutioniert Temu den Digital Commerce im B2C? *Diconium.* https://diconium.com/de/blog/customer-to-manufacturer-modelle

Roberts, D. (2024, August 24). KI-native Firmen auf dem Vormarsch: Fünf Wege, wie bestehende Unternehmen wettbewerbsfähig bleiben. *Handelsblatt.* https://live.handelsblatt.com/ki-native-firmen-auf-dem-vormarsch-fuenf-wege-wie-bestehende-unternehmen-wettbewerbsfaehig-bleiben/. Zugegriffen am 07.11.2025.

Roberts, D. (2025). Act like an AI-native business. *Cognizant.* https://www.cognizant.com/de/de/aem-i/how-to-think-and-act-like-an-ai-native-business. Zugegriffen am 07.11.2025.

Rumpf, M. (2025). Die KI-Wertschöpfungspyramide: Wie Unternehmen den maximalen Nutzen aus KI ziehen. *LinkedIn.* https://www.linkedin.com/pulse/die-ki-wertsch%C3%B6pfungspyramide-wie-unternehmen-den-maximalen-nutzen-j2jbf/. Zugegriffen am 07.11.2025.

Viete, A. (2024, Juli 04). Print-on-Demand: Was es ist und Tipps für den Start. *Shopify.* https://www.shopify.com/de/blog/print-on-demand. Zugegriffen am 07.11.2025.

Walter, T. (2025, Januar 27). Wertschöpfung dank KI: Ein Framework für die Umsetzung in der Praxis. *Merkle.* https://www.merkle.com/de/merkle-now/articles-blogs/2025/finding-value-in-ai-framework-for-practical-adoption.html. Zugegriffen am 07.11.2025.

KI-basierte Geschäftssysteme im E-Commerce

5

Zusammenfassung

Dem KI-Geschäftssystem kommt die Aufgabe zu, das KI-Geschäftsmodell zu organisieren. Dafür sind organisatorische und kulturelle Voraussetzungen zu erfüllen. Ist das der Fall, kann im Grunde die komplette Marketingfunktion über KI-Tools automatisiert werden. Darüber hinaus kann eine KI-basierte Prozessoptimierung in der Supply Chain erfolgen, inklusive Robotik, Lager- und Logistikautomatisierung sowie autonome Zustelldienste. In der Verwaltung kann KI eine professionelle Betrugserkennung und damit Sicherheit gewährleisten.

5.1 Organisatorische und kulturelle Voraussetzungen für KI

Für den Einsatz von KI kommt der Geschäftsorganisation eine Schlüsselrolle zu. Vielfach sind die Prozesse immer noch funktional ausgerichtet, zum Beispiel nach Beschaffungs-, Order- oder Zustellprozessen. Die funktionale Organisation wird der Dynamik exponentieller Entwicklungen jedoch nicht mehr gerecht. Immer mehr geht es um die Fähigkeit, sich an die zunehmende Volatilität der Märkte anzupassen. Für eine Transformation hin zu einer exponentiellen Organisation sind die Herausforderungen jedoch enorm und erfordern eine Frictionless Business Intelligence. Für die Akzeptanz ist vor allem in der Belegschaft ein erfolgreicher Kulturwandel erforderlich (Heinemann, 2021, 2025; Nöcker & Brovko, 2024).

G. Heinemann, *Der neue KI-Commerce*,
https://doi.org/10.1007/978-3-658-51173-9_5

5.1.1 Die Rolle von Geschäftsorganisation und Unternehmensführung

KI-Leadership, die Unternehmensführung in der KI-basierten Welt, ist derzeit wohl die größte Herausforderung für gestandene Handelsmanager. Die meisten Führungskräfte haben aber vielfach noch keine genaue Vorstellung davon, was KI und KI-Leadership eigentlich bedeuten und wie der Mindset dafür verändert werden muss (Vranken, 2020). Handelsmanager sind gefordert, immer schneller und flexibler auf äußere Einflüsse zu reagieren. Anbieter, die heute bereits umfassend KI einsetzen und die Potenziale neuer Technologien voll ausschöpfen, verdanken ihren Erfolg vorrangig neu geschaffenen Organisationsstrukturen. Darüber hinaus haben sie neue Arbeits- und Führungsweisen entwickelt, die flexibel auf Veränderungen reagieren können. Dabei handelt es sich in der Regel um „exponentielle Organisationen" („ExOs") (Heinemann, 2025; Rotax et al., 2019). In dem von exponentiellem Wachstum geprägten, KI-basierten Online-Markt bleibt Skalierbarkeit ein wichtiger Erfolgsfaktor. Nach wie vor bleiben Netzwerkeffekte die Hauptgründe für einen immer größer werdenden Kundenstamm sowie für Marktanteilsgewinne. Die Handelsbranche wird durch das Eintreten neuer KI-Plattformen, die vor allem die Stärke von Netzwerkeffekten nutzen, nachhaltig verändert. Deswegen müssen etablierte Unternehmen ihre Produkte und Dienstleistungen in eine Plattform oder ein Ökosystem einbetten und ihre Organisation schnittstellenfähig machen, um sie für die Zusammenarbeit mit Geschäftspartnern und Nutzern zu öffnen. Dafür müssen sie ihre Arbeitsweisen und Organisationsstrukturen nach dem Vorbild einer exponentiellen Organisation grundlegend umstellen. Eine derartige KI-Transformation ist zweifelsohne mit einer Vielzahl an Herausforderungen verbunden (Rotax et al., 2019). Dabei gewinnt der Aspekt „Agilität" an Bedeutung, denn die Digitalisierung erhöht unweigerlich die Agilitätsanforderungen. Dabei lassen sich für die Unternehmen folgende Erfolgsfaktoren ableiten (Heinemann, 2021, 2025; Heinemann et al., 2019; Schallmo, 2020):

- Wandel zu einer KI-Kultur, um den KI-Einsatz zu ermöglichen und zu fördern,
- Einsatz von KI-Technologien, um Prozesse zu optimieren und zu beschleunigen,
- KI-basierte Kundenzentrierung, um die Supply Chain am Kunden auszurichten, sowie
- Agilität in allen Funktionen, wofür die Mitarbeiter entsprechend befähigt werden müssen.

Diese vier Erfolgsbedingungen lassen sich in ein zweidimensionales Modell mit einer Mensch-KI-Dimension kondensieren. Dabei ist entscheidend, ob sich die Aufgabenfelder eher an der KI oder am Menschen orientieren. Auf dieser Basis lassen sich vier Ansatzpunkte unterscheiden, die verschiedene Aufgabenfelder und Rollen von Führungskräften im KI-Zeitalter beschreiben (vgl. Abb. 5.1). Alle vier KI-Leadership-Typen benötigen ein Mindestmaß der folgenden sieben digitalen Kompetenzen (Heinemann, 2021; Vranken, 2020):

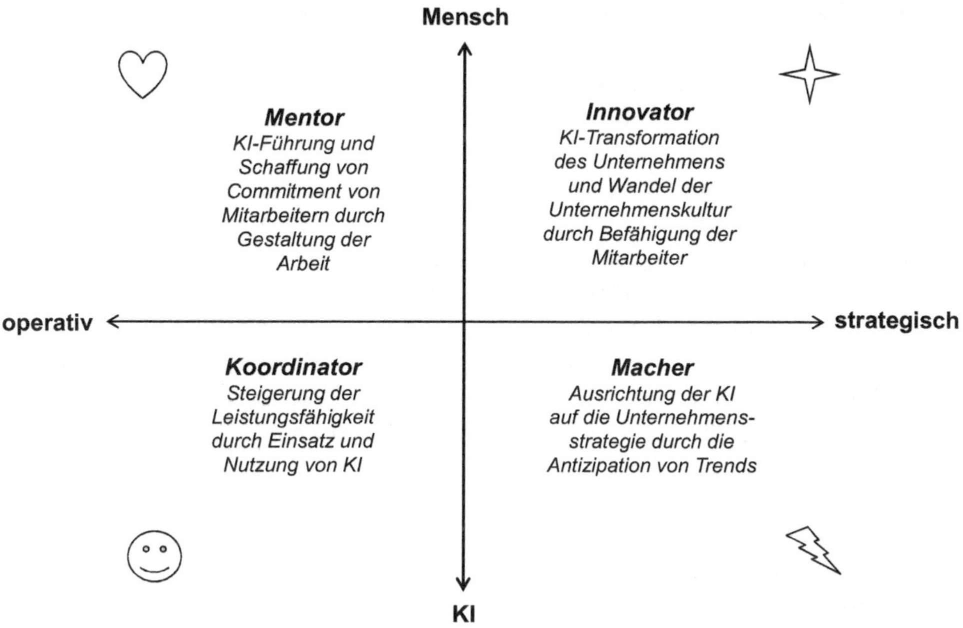

Abb. 5.1 Dimensionen, Aufgaben und Rollen von Führungskräften im KI-Zeitalter. (In Anlehnung an Schallmo, 2020)

1. **Visions- und Innovationskraft**: KI-Leadership-Typen entwickeln Visionen für ihr Team, erkennen langfristige Optionen und gehen mit innovativen Ideen an die Probleme von morgen heran. Sie sind dafür bereit, die eigene Komfortzone zu verlassen, ihre eigene Position in Frage zu stellen und immer wieder Neues zu wagen – idealerweise mit interdisziplinären Ansätzen.
2. **KI-Skills**: KI-Leadership-Typen priorisieren die Themen und Entwicklungen, die kundenzentriert sind, und setzen dabei agile Tools und Techniken zur Steuerung ein. Nur wer sich rund um digitale Geschäftsmodelle und -prozesse sowie KI-basierte Wertschöpfungsketten auskennt, kann auch KI-Teams führen.
3. **Technik- und Datenkompetenz**: KI-Leadership-Typen arbeiten datenbasiert und nutzen intelligente Daten zur Entscheidungsfindung, insbesondere bei der Produktentwicklung oder bei der Auswahl von Prioritäten für Investitionen. Sie sind technisch versiert und verstehen die Integration sowie Anwendung von Technologie für ihr Geschäft.
4. **Vernetztes Denken und Handeln**: KI-Leadership-Typen erkennen, dass disruptive Entwicklungen wie die KI sich nicht mehr mit linearen Methoden und Lösungen bewältigen lassen. Sie suchen mit ihren Teams nach sinnvollen KI-Einsatzmöglichkeiten, Steuerhebeln und ganzheitlichen Systemverbesserungen. Das eigene Netzwerk wird durch die KI-basierten Kommunikationsmöglichkeiten erweitert und das vorhandene Wissen sinnvoll miteinander verknüpft.

5. **Metakommunikation und Purpose**: KI-Leadership-Typen können Sachverhalte, Vorgänge und Probleme auf eine höhere Ebene der Betrachtung ziehen. Sie können quasi aus der Helikopter-Perspektive schauen und besitzen die Fähigkeit, ihre Mitarbeiter in einer beschleunigten KI-Welt zu coachen sowie ihnen die Bedeutungszusammenhänge und den „Purpose" aufzuzeigen.
6. **Change-Management**: KI-Leadership-Typen sind Game Changer und optimieren permanent Arbeitsabläufe und -ressourcen genauso wie die KI-Systeme. Sie entwickeln sich selbst durch Coaching und Training weiter und arbeiten an ihrer Führungspersönlichkeit. Sie bilden die Mitarbeiter selbst zu Change-Agenten aus.
7. **Identitätsstiftung, Inspiration und Partizipation**: KI-Leadership-Typen regen als Coach die KI-Leader zu Schwarmintelligenz an und verhelfen dem Team durch die Gewährung von Freiräumen zu außerordentlichen Leistungen. Sie geben intensives Feedback und zeigen individuelle Wertschätzung. Dabei setzen sie systematisches Talentmanagement um.

Fazit KI-Führung – auch und gerade in flachen Hierarchien – ist ein Schlüsselfaktor. Es braucht einen Wandel in der Führungskultur etablierter Unternehmen. Komplexe Fragen einer globalen KI-Welt lösen nicht mehr einzelne Superhirne, sondern kollektive Netzwerke. Diese müssen von KI-Leadern orchestriert und moderiert werden.

5.1.2 KI-Kultur – AI Culture Fit

KI-Einsatz erfordert in Unternehmen ein verändertes Mindset und eine neue Gestaltung der Arbeitsprozesse. Unternehmen benötigen eine an die KI-Welt angepasste Kultur, die die erforderlichen neuen Fähigkeiten und Schlüsselkompetenzen fördert und verankert. Zweifelsohne hängt das Ausmaß des KI-Einsatzes von bestimmten Merkmalen der Unternehmenskultur ab, die wiederum maßgeblichen Einfluss auf den Unternehmenserfolg haben (Heinemann, 2021; Remdisch & Petzel, 2019). Dafür ist die kulturelle Passung – also der Cultural Fit – zwischen Unternehmen und Mitarbeitern erfolgskritisch. Diese Passung ist für alle Funktionen im Unternehmen relevant, wie in Abb. 5.2 dargestellt. Zunehmend erkennen auch traditionelle Unternehmen den Einfluss der kulturellen Passung von Kandidaten und Mitarbeitern auf Zufriedenheit und Produktivität. Jeder zweite Mitarbeiter hat bereits einmal den Job aufgrund mangelnder Identifikation mit der Kultur des Arbeitgebers gewechselt. Unternehmen, die das ignorieren, riskieren, im Wettlauf um die digitalen Talente abgehängt zu werden (Athanas, 2017).

Ohne eine KI-Unternehmenskultur, die die neuen Anforderungen unterstützt, wird ein Anbieter in Zukunft nicht mehr erfolgreich sein können. Was eine solche KI-Kultur auszeichnet und welche Zusammenhänge zwischen der Kultur und dem Erfolg eines Unternehmens bestehen, lässt sich aus einer Studie zum „Digital Cultural Fit" der Leadership Garage ableiten (Heinemann, 2021; Remdisch & Petzel, 2019).

Der Studie zufolge orientiert sich die KI-Unternehmenskultur an 41 unterschiedlichen digitalen Kulturmerkmalen. Eine Faktorenanalyse zeigt, dass sämtliche Merkmale drei

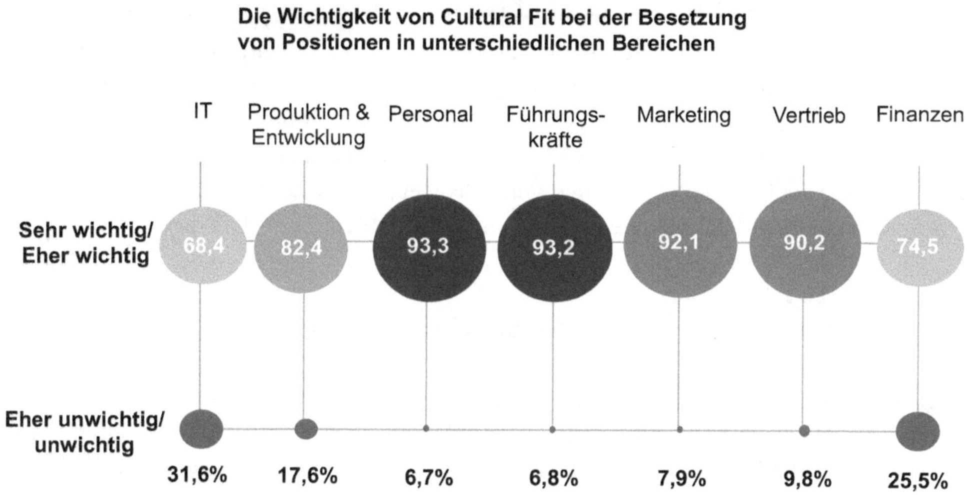

Abb. 5.2 Wichtigkeit des Cultural Fit bei der Stellenbesetzung in unterschiedlichen Positionen. (Heinemann, 2021, in Anlehnung an Athanas, 2017)

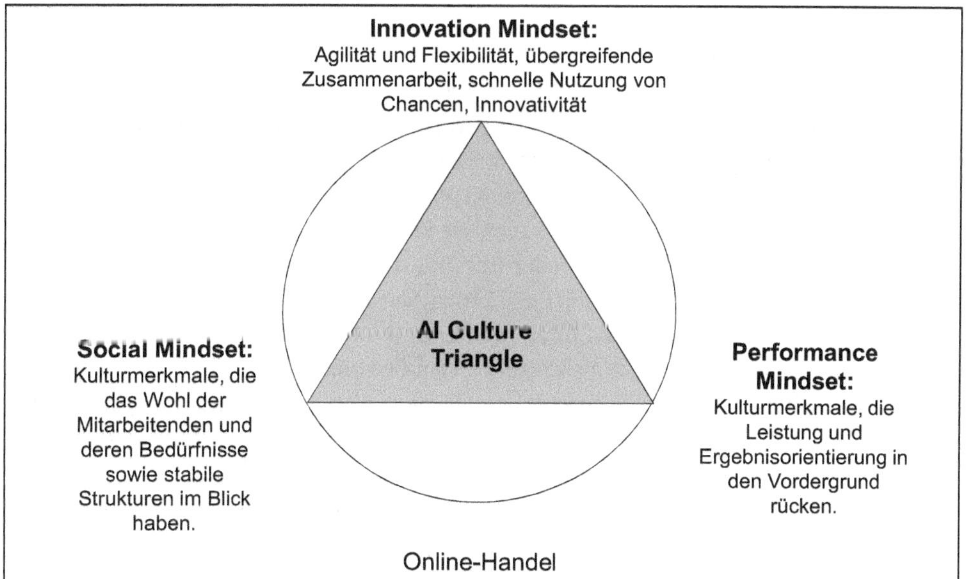

Abb. 5.3 Die drei Faktoren der KI-Kultur. (Quelle: Heinemann, 2021, in Anlehnung an Remdisch & Petzel, 2019)

unterschiedlichen Bereichen zugeordnet werden können, nämlich Innovation Mindset, Performance Mindset sowie Social Mindset (vgl. Abb. 5.3). Ein interessantes Ergebnis der Studie ist, dass die neuen Ausprägungen keineswegs zu Lasten der traditionellen Kulturmerkmale gehen sollten. Zwar wünschen sich die Führungskräfte eine hohe Ausprägung neuer KI-orientierter Merkmale, aber auch das Aufrechterhalten traditioneller Kulturmerkmale. Insofern ist ein kultureller Spagat zwischen neuen und traditionellen Kulturmerkmalen erforderlich. Insgesamt sehen Führungskräfte einen besonderen Entwicklungsbedarf in Bezug auf Agilität und Flexibilität, abteilungsübergreifende Zusammenarbeit und schnelle Nutzung von Chancen, Innovationskraft, Lernkultur und Transparenz in ihren Unternehmen (Heinemann, 2021; Remdisch & Petzel, 2019).

5.2 Automatisierung und KI-Tools im Marketing

KI bietet im Marketing bahnbrechende Möglichkeiten durch Automatisierung und Personalisierung. Dabei werden intelligente Algorithmen und maschinelle Lernmodelle eingesetzt, um Marketingstrategien zu optimieren, Kundendaten zu analysieren sowie personalisierte Inhalte bereitzustellen (Hauzenberger, 2024).

5.2.1 Automatisierung und Personalisierung

KI ermöglicht es nicht nur, tiefere Einblicke in das Kundenverhalten zu gewinnen und Marketingaktivitäten dynamisch und in Echtzeit anzupassen. KI automatisiert auch Routineaufgaben wie E-Mail-Marketing und Anzeigenmanagement, spart Zeit und Ressourcen und senkt die Marketingkosten. Damit können Kampagnen schneller und effizienter umgesetzt werden. Darüber hinaus kann KI Werbekampagnen durch die Analyse großer Datenmengen optimieren und die Ergebnisse kontinuierlich verbessern. Dadurch lassen sich **Marketingkampagnen schneller und in größerem Umfang** skalieren, ohne die Qualität zu beeinträchtigen. Maschinelles Lernen und Echtzeitdaten helfen darüber hinaus, Kampagnen **kontinuierlich zu überwachen und anzupassen**, was zu höheren Konversionsraten und besseren Ergebnissen führt. Darüber hinaus ermöglicht es KI, maßgeschneiderte Inhalte und Angebote zu erstellen, die genau auf die Bedürfnisse ihrer Kunden zugeschnitten sind. Dies verbessert die Customer Experience sowie die Kundenzufriedenheit und fördert die langfristige Kundenbindung (Hauzenberger, 2024). Insofern spielt KI vor allem im **Online-Marketing** eine zentrale Rolle, findet aber auch in allen anderen Marketing-Teilbereichen Anwendung:

- **Hypertargeting und KI-basiertes CRM**: Hypertargeting nutzt Kundendaten und KI, um für jeden einzelnen Kunden die bestmögliche Ansprachestrategie auszuwählen. Dazu analysieren Algorithmen, welche Kunden auf welche spezifischen Aktionen wie reagiert haben (z. B. Öffnung, Klick oder Conversion). Dabei erkennt die KI auch hochkomplexe Verhaltensmuster und wandelt diese in ein Modell um. Dieses Modell kann eine Prognose für das Interesse der Kunden für bestimmte Produkte, Kanäle, Lieferzeitpunkte oder Contents erstellen. Damit lässt sich für jeden Kunden ein individuelles Targetingprofil erzeugen, das auch personalisierte Kampagnen ermöglicht (Heinemann, 2021, 2025). Für das KI-basierte CRM sind insofern neben den üblichen soziodemografischen Daten auch alle Kundendaten zu Präferenzen sowie zum Kundenverhalten erforderlich. Diese lassen sich auch für ein dynamisches Profiling, also eine Vertiefung des Individualisierungsgrades im Zeitverlauf, nutzen (Heinemann, 2025; Luber & Litzel, 2016). KI-basierte CRM-Systeme ermöglichen Vorhersagen der Wahrscheinlichkeit, ob und unter welchen Konditionen ein Kunde auf ein Angebot reagiert. Diesbezüglich kann KI auch eine große Hilfe sein, um in der mit Produkt- und Markenbotschaften überfrachteten digitalen Welt Relevanz zu schaffen (Heinemann, 2021). KI-basiertes Hypertargeting ermöglicht z. B. verhaltensbasierte Vorhersagen, die sich für die Platzierung von Werbebotschaften, personalisierte Content-Erstellung sowie verbesserte Preisermittlung nutzen lassen (Büttner, 2020; Heinemann, 2025; Lamprecht, 2018). Im Geo-Targeting können Marken mithilfe von Standortdaten ihren Kunden hyperrelevante Angebote oder Dienstleistungen anbieten, je nachdem, wo sie sich befinden (Heinemann, 2021, 2025).

- **Individualisierte Webshops**: Applied AI Webdesigns setzen Algorithmen und Nutzerdaten ein, um eine dynamische Anpassung von Inhalt und Gestaltung von Webshops und Websites in Echtzeit zu ermöglichen. Dies beinhaltet Layout-Änderungen (unter anderem die Anordnung von Elementen, Menüs und Bannern) – entweder vollautomatisch oder auf Basis von Vorlagen. Damit naht im Online-Handel das Ende der einheitlichen Startseite, die für alle Besucher identisch war (Internetworld, 2020). In der Hyperpersonalisierung werden demgegenüber Landing Pages dynamisch an den Standort, den Browserverlauf oder die Präferenzen des Kunden angepasst, um die relevantesten Inhalte anzuzeigen (Finio & Downie, 2025). Auch Empfehlungs-Engines analysieren das Kundenverhalten und die Vorlieben der User, um ihnen individuelle Inhalte, Produkte oder Dienstleistungen vorzuschlagen, die ihren Interessen entsprechen. Dank einer KI-basierten Datenverarbeitung in Echtzeit können Online-Händler die Empfehlungen dynamisch anpassen. Dies gilt auch für Shopping-Apps, die ihre Benutzeroberfläche oder ihre Empfehlungen dynamisch an das Verhalten und die Präferenzen der User anpassen (Finio & Downie, 2025). Insgesamt bleibt jedoch der Online-Shop inklusive Shopping-App einer der wichtigsten Touchpoints (Heinemann, 2021, 2025; Stein, 2017).
- **KI-basierter und teilautomatisierter Kundenservice**: KI bzw. ChatGPT macht berechtigterweise Hoffnungen auf Chatbots bzw. Social Bots, die menschliche Servicemitarbeiter ersetzen können. Auch Alexa, die Sprachassistentin von Amazon, basiert auf KI, um Sprache und Kontext erkennen und verarbeiten zu können. Kunden werden Chatbots – als Alternative zu menschlichen Servicemitarbeitern – im Kaufprozess aber nur nutzen, wenn diese ihre Anliegen wirklich verstehen und dialogfähig sind (Damm, 2019; Heinemann, 2021, 2025). Eine von Techradar zitierte Gartner-Studie vom Juni 2025 zeigt allerdings, dass lediglich sieben Prozent der Kunden der KI bei der Problemlösung vertrauen und 62 % befürchten, schlechteren Zugang zu menschlichem Support zu erhalten. Zudem versagen KI-Bots in der Regel **bei komplexen Kundenanfragen,**

weswegen die Mehrheit der Firmen vorerst ihre Service-Teams beibehalten hat (Hale, 2025). Vollautomatisierte Kontaktzentren sind also derzeit weder erwünscht noch vollumfänglich umsetzbar (Stand Juni 2025). Deswegen **empfehlen Experten einen teilautomatisierten Kundenservice**, bei dem in einem **Hybrid-Ansatz** KI und Menschen zusammenarbeiten (eTailment, 2025).

- **KI-basiertes Dynamic Pricing**: Händler, die das Optimum aus ihren Preisstrategien herausholen wollen, kommen um KI-gestützte Verfahren zur automatischen Preisfindung nicht herum (Gläß, 2018). Dazu berücksichtigen intelligente Preisfindungssysteme nicht nur mehrere Einflussfaktoren, sondern nehmen auch auf die wirtschaftlichen Belange sowie die Strategie des Händlers Rücksicht. Ein lernender Preis-Algorithmus untersucht dabei permanent die Wechselwirkung zwischen Preisen und Umsatz. In der Preispolitik wird KI vor allem für Dynamic Pricing eingesetzt, wofür Software-Lösungen verschiedene Preisstrategien mit (mehr oder weniger) komplexen Regelwerken kombinieren. Dabei können saisonale Gegebenheiten oder Tageszeiten berücksichtigt werden, wie das u. a. Tankstellen machen. Denkbar ist aber auch ein kapazitätsabhängiges „Peak Load Pricing", nach dem die Preise anziehen, wenn die Nachfrage steigt (Heinemann, 2021, 2025). Neben Regeln können dabei auch externe Daten und Informationen aus unterschiedlichsten Bereichen verwendet werden, wie beispielsweise Kaufhistorien. Dynamische Preisoptimierung orientiert sich an der Preisakzeptanz der Kunden und berücksichtigt Angebot und Nachfrage. Sie ist nicht kostengetrieben und ermöglicht es Händlern, Umsatz, Absatz und Ertrag zu optimieren (Heinemann, 2021, 2025).
- **KI-basiertes Predictive Pricing**: Predictive Pricing nennt die Berliner Firma 7Learnings ihre KI-Software, die Umsätze und Gewinne auf der Basis von Markt- und Unternehmensdaten vorhersagen können soll (Gehl, 2025b). Im Gegensatz zum Dynamic Pricing werden hier die Ziele des Anbieters zugrunde gelegt. Für jedes Ziel nennt das System dann den dafür optimalen Preis. Das traditionelle Dynamic Pricing ändert Preise auf Produktebene, ohne vorher zu berechnen, zu welchem Ergebnis das letztendlich führt. Predictive Solutions berechnen dabei, welchen konkreten Effekt Preisänderungen auf Absatz, Umsatz, Marge und Gewinn haben. Dazu analysiert das System die Verkaufsstatistiken, Retourenraten, Versand- und Kommissionskosten sowie mögliche Zollgebühren bei Cross-Border-Commerce. Die Software prognostiziert darüber den Absatz des Produktes, dessen Preis geändert werden soll. Letztendlich entscheidet ein Optimierer, welcher Preis tatsächlich genommen wird. Zwei Technologien sind dafür im Einsatz, und zwar eine Vorhersagetechnologie sowie ein Optimierungs-Tool. Die Vorhersagen werden mittels Machine Learning für künftige Absätze, Gewinne und Umsätze getroffen. Sobald die Vorhersage fertig ist, bearbeitet der Optimierer die Vorhersagedaten, da es ja, abhängig von den Unternehmenszielen, nicht nur einen besten Preis gibt. Wer stärker wachsen möchte, muss seine Produkte deutlicher verbilligen als der Anbieter, der nur verhalten wachsen möchte. Wie häufig die Preise geändert werden, hängt von der Kategorie ab: bei Fashion vielleicht einmal pro Woche, bei Laptops eher täglich. Regelbasiertes Pricing macht keine Vorhersagen, sondern legt

selbstbestimmte Gesetze zugrunde. Damit lassen sich beispielsweise die optimalen Preise für ein bestimmtes Umsatzwachstum festlegen. Basis sind exakt kalkulierte Preise, die bei Bedarf kurzfristig sowie automatisiert geändert werden (Gehl, 2025b).

- **KI-basierte Kommunikation**. KI wird bereits vielfältig eingesetzt, um komplette Inhalte inklusive Bilder zu erstellen oder zumindest Werbebotschaften zu optimieren. So bietet beispielsweise die amerikanische Firma Persado seit 2012 ein Content-Generierungssystem für die Kommunikation mit Kunden an. Es ist erwiesen, dass KI-optimierte Werbebotschaften effektiver und effizienter sind, als es „normale" Werbeinhalte jemals sein können. Eine vom „Wissenschaftlichen Institut für Infrastruktur und Kommunikationsdienste" (WIK) durchgeführte Befragung zeigt, dass Künstliche Intelligenz den KI-Experten zufolge vor allem im Bereich Werbung und Promotion große Chancen bereithält. KI versetzt die Kommunikation in die Lage, neue Insights und Vorhersagen über die Bedürfnisse und Präferenzen ihrer Zielgruppen, User und Kunden zu treffen. Damit können genau die Informationen bzw. Angebote übermittelt werden, die der Bedürfnisdisposition des Kunden entsprechen und momentan relevant sind. Sie können auf das bisherige Kaufverhalten, die besuchten Produkt- und Blog-Seiten und weitere Interaktionen abgestimmt, wodurch eine in Bezug auf den jeweiligen Einzelkunden und seine Interessen optimierte Customer Experience kreiert werden kann. Dies verdeutlicht eindrucksvoll, dass hyperpersonalisierte Kommunikation zunehmend die Massenkommunikation ersetzt (Heinemann, 2021, 2025; Kossmann, 2020).
- **KI-basierte Sortiments- und Abverkaufsplanung**: Algorithmen unterstützen in vielen Online-Handels-Unternehmen bereits die Sortimentierung. KI-Lösungen zur Optimierung von Absatzprognosen ermöglichen es Händlern zudem, Abverkäufe je Artikel, Zeiteinheit sowie Shop-Marke zu prognostizieren. Auf dieser Basis kann die Nachbestellung der Artikel gesteuert werden (Gläß, 2018; Heinemann, 2021). Mit KI-basierten Prognosesystemen können exakte Vorhersagen gemacht werden, wie stark Artikel von den Kunden nachgefragt werden. So können bereits im Vorfeld mögliche Flops identifiziert und aussortiert werden. Zudem kann KI wertvolle Hinweise liefern, um bessere Styles für die Kunden zu kreieren (Kolf, 2020). Zur Erstellung der Prognosen müssen die Einflussfaktoren festgelegt werden, die in dem KI-Modell berücksichtigt werden sollen. Diese sollten stets die Angebots- und Nachfragesituation im Umfeld der Stores berücksichtigen. Darüber hinaus muss der Einfluss eigener Marketingaktionen auf die Kunden abgeschätzt werden. Aber auch vergangene Abverkäufe sowie Analysezeitraum und aktuelle Einflussfaktoren wie Wetter oder Konjunktur sind zu berücksichtigen. Sind die Einflussfaktoren festgelegt, gilt es, das neuronale Netz für das Machine-Learning-Verfahren zu trainieren (Gläß, 2018; Heinemann, 2021). Ein umfassenderer KI-Einsatz findet vor allem im „Curated Shopping" statt. Dafür nutzen alle großen Online Pure Player Algorithmen, die ständig dazulernen (Machine Learning), um Bedarfe zu erkennen, ähnliche und ergänzende Produkte zu finden oder auch um Bewertungen zu klassifizieren. Dabei ebnet KI den Weg von der deskriptiven hin zur individuellen Bedarfsprognose, also zum prädiktiven Kuratieren (Rönisch, 2016).

5.2.2 Gängige KI-Tools im Marketing

KI-Tools im Marketing helfen dabei, Prozesse zu vereinfachen und effizienter zu gestalten. Sie können Unternehmen dabei unterstützen, ihre Geschäftsprozesse zu optimieren. Dies ist in allen Marketingbereichen möglich, und zwar von der Kundengewinnung über die Erstellung von Content und Datenanalysen bis hin zur Schaffung personalisierter Kundenerlebnisse. Dabei verspricht KI vor allem Produktivitätssteigerungen, und zwar nach bisheriger Erfahrung um 30 bis 40 %. Diese resultieren auch aus **geringeren Fehlerquoten, da sich** wiederholende Aufgaben mit hoher Fehleranfälligkeit ausgelagert werden können. Zugleich helfen KI-Tools, große Datenmengen schnell und einfach zu analysieren, Muster zu erkennen und bessere Entscheidungen zu treffen. Anhand der KI können A/B-Tests, Entwürfe, Ideen und Verifizierungen sehr viel schneller umgesetzt werden (Viete, 2025). Fortschrittliche KI-Tools können auch die eigene kreative Arbeit ergänzen, sei es bei der Ideenfindung für Inhalte oder beim Design von mobilen Apps. Mit ihnen können sogar völlig neue Werke in Form von Videoclips und anderen Inhalten generiert werden. Folgende KI-Tools sind relativ kostengünstig auf Basis von Monatsgebühren einsetzbar und können helfen, die Kunden besser zu verstehen und damit das Marketing effektiver zu machen (Viete, 2025):

- **HubSpot**: Die Hauptfunktionen dieser All-in-One-Marketingplattform umfassen Marketingautomatisierung, Customer Relationship Management (CRM) und wichtige Verkaufsfunktionen. In der gesamten Plattform sind KI-Tools integriert. Sie automatisieren klassische Aufgaben von E-Mail-Marketing-Kampagnen und übernehmen das Lead Nurturing – also den Prozess, bei dem Unternehmen potenzielle Kunden durch gezielte Kommunikation und relevante Inhalte über die Zeit hinweg betreuen, um Vertrauen aufzubauen und sie zu zahlenden Kunden zu entwickeln. Die KI von HubSpot generiert darüber hinaus Verkaufs-E-Mails, Marketingtexte, Blogbeiträge, Meta-Beschreibungen, Social-Media-Beiträge, CATs (Calls-to-Action) sowie komplette Websites oder Landing Pages anhand von Textprompts. HubSpot nutzt auch die Integration von Verkaufs- und Kundendaten, um Einblicke in das Kundenverhalten zu geben und damit die Kundeninteraktion zu hyperpersonalisieren.
- **Chatfuel** ermöglicht Unternehmen, einen KI-Chatbot zu erstellen, mit dem Kunden auf der eigenen Website sowie bei Facebook, Instagram und WhatsApp engagiert werden können. Dabei kann der Gesprächsverlauf ohne Programmierkenntnisse angepasst werden. Chatfuel verwendet natürliche Sprachverarbeitung, um Schlüsselwörter zu identifizieren und ein fast natürliches Gespräch mit Usern führen zu können. Die KI-Engine zeigt auf Wunsch automatisch eine Nachricht an, wenn Kunden die Website oder ein Social-Media-Profil besuchen. Sie kann Kundendaten sammeln und die User per Chatbot später erneut zwecks Kundenbindung oder Conversion ansprechen.
- **Grammarly**: Dieses Tool ist ein KI-gestützter Schreibassistent, der dabei hilft, auch in Fremdsprachen klarer und wirkungsvoller zu kommunizieren. Neben einer Rechtschreib- und Grammatik-Prüfung werden auch klare Hinweise für eine Verbesserung

der Wortwahl und des Textstils angezeigt. Zudem ist Grammarly – entweder als Desktop-Anwendung oder auch als Plug-In-Lösung – in zahlreiche Tools integrierbar.

- **Shopify Magic**: Diese Software für Textverarbeitung und -bearbeitung hilft Nutzern, Inhalte wie Blogbeiträge, E-Mail-Kampagnen oder Produktbeschreibungen zu verfassen, zu bearbeiten und zu optimieren. Die Funktionen sind überwiegend in mehreren Sprachen verfügbar, darunter Deutsch, Englisch, Spanisch, Französisch und Chinesisch (vereinfacht).
- **Jasper**: Diese KI-gesteuerte Plattform beschleunigt die Content-Erstellung, indem sie Texte von SEO-optimierten Inhalten generiert. Sie erstellt außerdem prägnante Instagram-Untertitel und erlernt die Stimme des Unternehmens. Dazu kann eine – oder für verschiedene Kanäle und Zielgruppen auch unterschiedliche – vorgefertigte Markentonalität ausgewählt werden. Das KI-Tool kann auch bestehende Inhalte für die Suche optimieren oder die Grammatik checken. Zudem kann Jasper Bilder erstellen, die im Content oder für andere Zwecke verwendet werden können.
- **Pictory**: Diese Software für Videoinhalte und Videobearbeitung kann als KI-Video-Generator sowie automatisierter Video-Editor genutzt werden. Die URL-Kopie eines Blogbeitrags, ein spezielles Videoskript oder irgendein Text reichen aus, damit Pictory hochwertige Videos dazu erstellt. Dabei werden Stock-Aufnahmen, Bilder, KI-Sprachübertragungen und Hintergrundmusik sowie das individuelle Branding des Unternehmens verwendet. Mit Pictory können auch bestehende Videodateien, Podcast-Aufnahmen oder Zoom-Meetings bearbeitet werden. Das System zeigt ein Transkript an und macht es möglich, Videos einfach durch Löschen und Verschieben von Text zu bearbeiten. Pausen und Füllwörter wie „äh“ und „hm“ werden automatisch entfernt.

Alle dieser KI-Modelle können die Marketingarbeit enorm erleichtern. Statt zeitfressende Aufgaben alleine und ohne Unterstützung zu bearbeiten, können Mitarbeiter sich jetzt auf die wichtigen Dinge konzentrieren, die das Unternehmen voranbringen (Viete, 2025).

5.3 KI-basierte Prozessoptimierung in der Supply Chain

In der Supply Chain erschließt die KI zahlreiche neue Möglichkeiten (Heinemann, 2021). Vor allem für weitverzweigte Netzwerke, wie in der Handelslogistik, bildet die Künstliche Intelligenz ein ideales Einsatzgebiet. Sie ermöglicht beispielsweise die Prognose zukünftiger Produktions- und Transportaufkommen, wodurch sich die Ressourcen effizienter einsetzen lassen. Deswegen darf nicht verwundern, dass logistische Aufgaben zunehmend an selbstlernende digitale Systeme delegiert werden. Mehrwert der KI ist dabei vor allem die selbstlernende Supply Chain (Heinemann, 2021, 2025; transport logistic, 2021). Damit lässt sich z. B. vermeiden, dass Produkte aus dem Zentrallager kommen, aber kein Transporter bereitsteht, weswegen in Folge die Lieferzeit nicht eingehalten würde. Andererseits ist das Bewusstsein für die enormen Potenziale, die KI mit sich bringt, in der Logistik noch längst nicht vollumfänglich angekommen. Dies zeigt eine Studie des Magazins

Einsatz von KI in der Supply Chain

- **Rund 90 Prozent der Befragten** versprechen sich von Künstlicher Intelligenz eine bessere Marktposition.
- **Nur 26 Prozent der befragten Betriebe** wenden in ihren Logistikprozessen bereits aktiv KI an.
- **Mehr als 54 Prozent** fehlt KI-Know-how. **Nur 12 Prozent der Befragten** fühlen sich über das Thema gut informiert.
- **Für 46 Prozent** sind hohe Kosten ein Hindernis, für 44 Prozent unzureichende IT-Infrastruktur und **für 38 Prozent** ein Mangel an zeitlichen Ressourcen.
- **Etwa 60 Prozent der Befragten** geben an, das Thema habe die Logistik bislang kaum durchdrungen.

Potenziale von KI

- **62 Prozent Bedarfs- und Absatzplanung**
- **51 Prozent Produktions-optimierung**
- **50 Prozent Transport-optimierung**

Abb. 5.4 Einsatz und Potenziale von KI in der Supply Chain. (Quelle: Heinemann, 2021, in Anlehnung an transport logistic, 2021)

Logistik heute und der INFORM. Dabei wurden 123 Mitarbeiter und Führungskräfte verschiedener logistischer Disziplinen befragt (Heinemann, 2021, 2025; transport logistic, 2021). Die Ergebnisse sind in Abb. 5.4 dargestellt.

5.3.1 KI-Einsatzgebiete in der Supply-Chain

Das größte Potenzial besteht demnach in der Bedarfsprognose und Absatzplanung (62 %). Aber auch Produktionsoptimierung (51 %) und Transportoptimierung (50 %) liegen weit vorne. Darüber hinaus wird es z. B. möglich, KI bei dynamischen Angeboten und Preisen, für Nachfrage-Forecasts, bei der Kapazitätsplanung sowie bei der Steuerung von autonomen Fahrzeugen einzusetzen. Zudem kann KI helfen, aus dem Buchungsverhalten abzulesen, ob Kunden auf dem Absprung sind. Auch ist erkennbar, wie sich Güter effizient und platzsparend in Container packen lassen. Für komplexe Wertschöpfungsketten ergeben sich zusätzliche Vorteile durch eine Cloud oder zumindest Standards für Daten und Prozesse (Heinemann, 2021, 2025; transport logistic, 2021). Es ist davon auszugehen, dass die Supply Chain von morgen nicht mehr arbeitsteilig, sondern in kollaborativen Systemen ablaufen wird, die eine Information und Aktualisierung von Arbeitsschritten in Echtzeit zulassen (Casey & Wong, 2017; Fischer et al., 2019; Heinemann, 2021). Dabei eröffnet KI zahlreiche Anwendungsmöglichkeiten. Folgende KI-Einsatzgebiete sind im Back-Office denkbar:

- **Automatisierte Prozesse**: Intelligentere Arbeitsabläufe – sogenannte intelligente Workflows – helfen Unternehmen durch den Einsatz von KI, IoT und Automatisierung, die Arbeitsweise intern und extern zu transformieren und gleichzeitig Mehrwert für ihre Kunden zu generieren. Neue Technologien dienen dazu, Prozesse effizienter zu gestalten und zu automatisieren. So können Daten über IoT-Geräte fälschungssicher in die Systeme eingespeist werden. Dadurch kann sichergestellt werden, dass z. B. beim Transport verderblicher Ware die Kühlkette lückenlos eingehalten wurde. Ist das nicht der Fall, lassen sich entsprechende Maßnahmen automatisiert einleiten. Aufgrund von digitalen Verträgen (Smart Contracts) können Prozesse automatisiert abgewickelt werden, was deren Geschwindigkeit und Qualität erhöht. Mithilfe von Analytics und Künstlicher Intelligenz kann das Potenzial der mit den neuen Technologien gewonnenen Daten und Einblicke u. a. für die Beurteilung des bestehenden Geschäftsmodells genutzt werden (Heinemann, 2021, 2025). Deep Learning ist auch einsetzbar, um Unternehmen beim Tracking von Finanzprognosen, Produktionstempo- und -fluss sowie Auftragsabwicklung zu unterstützen. Vor allem in der Lagerverwaltung und -technik wird die Automatisierung mit KI immer relevanter. Wenn irgendwann ganze Lieferketten vorausberechnet und gesteuert werden können, kann die Digitalisierung der Geschäftsprozesse als abgeschlossen betrachtet werden. Aber auch ChatGPT kann im Supply-Chain-Management eingesetzt werden, um das Auftragsmanagement im Kundenservice oder Stornierungen und Rücksendungen zu automatisieren. Auch kann es zur Automatisierung der Kommunikation mit Lieferanten und dabei zur Auftragserteilung, Lieferplanung oder Rechnungsstellung verwendet werden. Insofern bietet der Einsatz von generativer KI zahlreiche Vorteile. Nachteil ist jedoch, dass sich bei der Texterstellung keine Quellen identifizieren und damit auch nicht verifizieren lassen, wodurch die Qualität wichtiger Inhalte eingeschränkt wird. Auch kann eine generative KI Halluzinationen – also falsche oder unsinnige Outputs, wie Fake-News – ausgeben (Heinemann, 2021, 2025; Rudolf, 2023).

- **Schnittstellenmanagement mit Cobot**: An den Prozessschnittstellen sind Menschen durch Robotik ersetzbar. Auch für Roboter lassen sich KNN (künstliche neuronale Netze) beispielsweise zur Wahrnehmung, Segmentierung, Bestimmung der räumlichen Lage und Schätzung der menschlichen Position verwenden. Diese lassen sich auch mithilfe gerenderter Bilder trainieren, um Produkte unter verschiedenen Sicht- und Lichtbedingungen erkennen zu können. Alle Daten können zudem benutzt werden, um KNN auf den Grafikkarten-basierten Servern zu trainieren, wodurch Logistikprozesse und -innovationen weiter optimierbar sind. Dabei nimmt in allen Funktionen die Zusammenarbeit von Mensch und Maschine zu. Hier geht es nicht um die maximal mögliche, sondern vielmehr um eine sinnvolle Automatisierung, was der Begriff „Cobot" als Kombination aus Collaboration und Roboter ausdrückt. Eine derartige Collaboration ist bei Produktbeschreibungen und in der Content-Produktion bereits recht verbreitet. Was in der Verlagsszene als Roboterjournalismus bezeichnet wird und dort nicht so ganz gut funktioniert, macht im Online-Handel durchaus Sinn. So sind die Inhalte zu allen Artikeln per Datenbanken bereits verfügbar und müssen nur noch in Fließtext gegossen werden, was mithilfe von Algorithmen und individuellen Regeln schnell möglich ist. Textroboter-Technologien ermöglichen es sogar, mit wenigen Klicks ganz neue Texte zu generieren (Heinemann, 2021, 2025; Weidemann, 2020).

Traditionelle Prozessmodelle werden dadurch den aktuellen Herausforderungen nicht mehr gerecht. Immer mehr Handelsunternehmen wenden sich deswegen von linearen Prozessen und funktional getrennten Teams ab, um agilere und kundenorientiertere Modelle zu implementieren. Diese Modelle werden allerdings erst durch die Verfügbarkeit und den konsequenten Einsatz von IT, Analytics und Künstlicher Intelligenz möglich (Bito, 2020; Heinemann, 2021, 2025; Shewan, 2019; Täuber, 2019).

- **Kapazitätsplanung und Prognoseoptimierung**: Durch den Einsatz von Machine-Learning-Algorithmen kann die Prognosequalität der Logistik-Software im Laufe der Zeit immer mehr an Genauigkeit gewinnen. Sie berücksichtigt komplexe Datenstrukturen wie beispielsweise tägliche Wettervorhersagen für jeden einzelnen Lagerstandort. Dadurch gewinnt die gesamte Supply Chain an Effizienz und Agilität. So sind die Mensch-und-Maschine-Lieferketten auf optimalen Service, Geschwindigkeit, Flexibilität, Belastbarkeit und Kostenminimierung ausgelegt. Neben der Optimierung der gesamten Supply Chain kann die Produktverfügbarkeit bei gleichzeitiger Senkung des Lagerbestands um bis zu 20 % verbessert werden. So hat Douglas sein gesamtes Lieferketten-Management mit einer KI-gesteuerten Software digitalisiert. Das Projekt umfasste den Einkauf des Gesamtsortiments aus über 100.000 Produkten zur Verbesserung von Warenverfügbarkeit und -bestand. Dies betraf nicht nur den Online-Shop, sondern vor allem auch die Filialen des Unternehmens (Heinemann, 2021, 2025; Relex, 2021).
- **KI-basiertes Replenishment**: Solange in der Handelslogistik immer noch telefoniert, gemailt und gefaxt wird, Preise mündlich verhandelt werden und statische Daten Orientierung geben, kann kein Mensch das mathematische Optimum eruieren. Die immer schneller drehenden Kollektionen erfordern es jedoch, dass in kürzester Zeit wieder Platz im Lager und im Laden ist. Sortimente, die sich nicht schnell abverkaufen, werden zu Restanten oder gehen in den margenkillenden Sale. KI-basiertes Replenishment wird von einem Machine-Learning-Algorithmus gesteuert, der sich selbst optimiert und damit Vorhersagen für Bestellvolumina immer weiter verbessert. Dies ermöglicht eine Optimierung des Replenishment-Prozesses. Weiterhin können Out-of-Stock-Situationen weitgehend vermieden und alle KPIs in der Warenwirtschaft verbessert werden (Heinemann, 2021, 2025). Ein derartiges System ist exemplarisch in Abb. 5.5 dargestellt (Gläß, 2018; Heinemann, 2021).
- **Inhouse-Wegeoptimierung**: Neben der Sprach-, Text- und Bilderkennung kann Deep Learning in der Logistik auch bei der Wegeoptimierung eingesetzt werden. So können die Laufwege der Mitarbeiter in den Logistikzentren verkürzt werden. Auch lassen sich die Pickrouten so optimieren, dass ein möglichst effizienter Weg durch die Regale entsteht. Dafür wurden bei einem Fashion-Online-Händler eine Million zufälliger digitaler Picklisten generiert und mit der dafür errechneten Kommissionierzeit gelabelt. Die mit Hilfe von Algorithmen errechneten Daten wurden dann in ein neuronales Netz eingespeist, das dann für die Wegezeitenberechnung trainiert wurde. Ergebnis ist, dass die Fehlerrate nur bei etwas über 32 s pro Stunde liegt. Ein exorbitanter Beschleunigungsfaktor ist zudem durch Grafikprozessoren (GPUs) erreichbar. Dafür nutzt der Anwen-

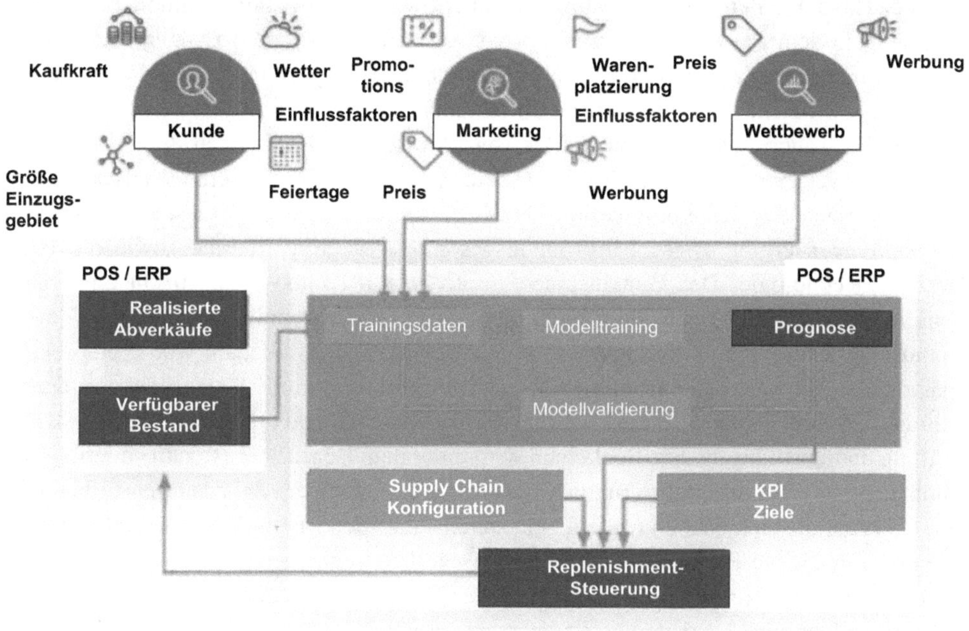

Abb. 5.5 Replenishment-Steuerung mit KI. (Heinemann, 2021, in Anlehnung an Gläß, 2018)

der sog. Convolutional Deep Neural Networks. Dieses ermöglicht die Extraktion von Merkmalen aus Produktbildern, die für das Bereitstellen von individuellen Kundenempfehlungen verwendet werden können (Bito, 2020; Heinemann, 2021, 2025; ON4OFF, 2021; Shewan, 2019).

- **Transport- und Routenplanung**: Beispiele zeigen, dass durch den Einsatz von KI in Transport und Logistik Tanktouren mit Füllständen organisiert oder Touren mit Elektrofahrzeugen unter Berücksichtigung von Temperatur, Topografie und Verkehr entworfen werden können. Darüber hinaus lassen sich mit Hilfe von Drohnen Bilder zur Schadensprüfung an Containern machen oder Gefahrguthinweise mittels Bilderkennung unterscheiden. Aber auch die Bereitstellung kurzfristiger Informationen mittels KI kann Zeit und Kosten sparen. Dies betrifft z. B. das Stauaufkommen, sich anbahnende Wetterumschwünge oder Warteschlangen bei der Anlieferung. Weitere Vorteile ergeben sich aus den Möglichkeiten einer eventbasierten und dynamischen Tourenplanung (Heinemann, 2021, 2025).

5.3.2 Intelligente Blockchain

Obwohl die Blockchain nicht Teil der KI ist, ergänzen sich beide Technologien ideal und führen zu gemeinsamen Mehrwerten. Die Blockchain-Technologie erfährt inzwischen immer mehr Aufmerksamkeit. Erste konkrete Anwendungsbeispiele lassen darauf schließen, dass der Handel in den nächsten Jahren nachhaltig von dieser neuen Technologie geprägt sein wird. In dem Zusammenhang erfährt vor allem die Distributed-Ledger-Technologie (DLT) branchenübergreifend große Aufmerksamkeit. In ihr wird ein großes Potenzial gesehen, die Effizienz in vielen durch Intermediäre strukturierten Beziehungen in der Distribution – auch außerhalb finanzieller Abwicklungen – signifikant zu steigern. Mit Abstand wichtigste Vertreter der DLT sind Blockchains. Sie verkörpern ein technisches Konstrukt, das sich aus der Kombination bereits existierender informationstechnologischer Entwicklungen ergibt. Diese betreffen insbesondere die Kryptografie sowie die P2P-Netzwerktechnologie. Der gemeinsame Einsatz beider Technologien macht ein Transaktionsnetzwerk (P2P) ohne Autoritäten möglich, in dem ein immer fortlaufender datentechnischer Konsens aller Teilnehmer gefunden wird. Die Blockchain wurde erst relativ spät als eine innovative elektronische Registerführung für digitale Datensätze und Transaktionen erkannt. Dabei wird die Blockchain chronologisch und blockweise gesteuert. Die Prüfung und Fortführung der Blockchain wird unter dem Begriff der Blockformierung zusammengefasst. Beides stellt grundsätzlich den Konsens einer Mehrheit der Teilnehmer her. Ohne auf die technischen Abläufe und Details – die den Rahmen dieses Werkes sprengen und eine eigene Publikation rechtfertigen würden – einzugehen, kann hier ausgesagt werden, dass die Blockchain vor allem in der Supply Chain und Logistik nachhaltige Effizienzsteigerungen und Verbesserungen ermöglicht (Fischer et al., 2019; Heinemann, 2021, 2025). Mit den nicht redundanten, unveränderlichen Informationen in ihren Blöcken kann die Blockchain als gute Datenquelle für KI dienen und folgende Mehrwerte realisieren:

- **Kostenreduktion durch ein dynamisches Supply-Chain-Netzwerk**: Bisher ist der Einsatz der Blockchain-Technologie noch nicht besonders verbreitet. Das liegt an einer gewissen Unsicherheit, aber auch an der Gefahr, dass Blockchains bestehende Machtverhältnisse ausgleichen. Machtungleichgewichte sind gefährdet, wenn in einer Lieferkette dank Blockchain jeder über jeden alles weiß. Zudem sind gewaltige Rechnerleistungen nötig, damit das Blockchain-System vollautomatisch sämtliche in der Kette vorhandenen Datenblöcke volltransparent überprüfen kann. Das ist zwar ein gewaltiger Kostenfaktor, auf der anderen Seite ist der Aufwand gering im Vergleich zu den alternativen Szenarien, die beispielsweise Schäden durch zu spät bemerkten Verderb von Zulieferprodukten, Umsatzeinbrüche und Imageverlust wegen Qualitätsskandalen. Zudem ist das Thema nicht nur etwas für die ‚Großen'. Wenn solche Riesen wie Pfizer jede Menge Kooperationspartner brauchen, um eine Blockchain aufzubauen, betrifft das auch mittlere und kleine Unternehmen (vgl. Abb. 5.6). Die Frage ist zweifelsohne nicht mehr, ob die Blockchain kommt, sondern wie schnell sie kommt (Heinemann, 2021).
- **Transparenz und Partnerkontrolle**: Handelsbeziehungen basieren auf gegenseitigem Vertrauen, und die Blockchain-Technologie kann Vertrauensverhältnisse komplett neu organisieren. Der Mehrwert lässt sich an einem kurzen Beispiel erläutern: Ein Händler stellt sich die Frage, ob der angebotene Kaffee vom Lieferanten tatsächlich, wie ange-

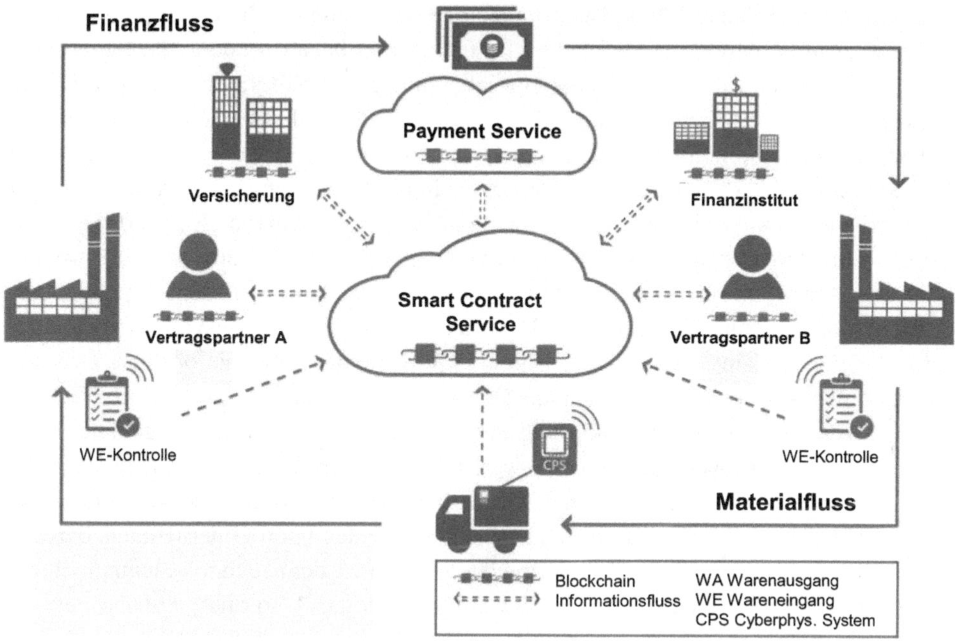

Abb. 5.6 Blockchain-basiertes Supply-Chain-Netzwerk. (Quelle: Heinemann, 2021, in Anlehnung an Prozesstechnik, 2019)

geben, von einer Fair-Trade-Organisation stammt. Die Antwort soll in Zukunft mit Hilfe der Blockchain-Technologie transparent und eindeutig beantwortet werden. Hierzu wird (stark vereinfacht) ein Vertrauensprotokoll über die gesamte Lieferkette erstellt. In der heutigen Welt werden derartige Protokolle oftmals von vertrauenswürdigen Intermediären erstellt, z. B. dem Bankensystem. Die Blockchain-Technologie erlaubt nun, dass beliebige Daten fälschungssicher gespeichert und übersendet werden. Somit sind im Ergebnis keine Intermediäre mehr notwendig, die für die Datenintegrität bürgen. Die zukünftigen Handelsbeziehungen werden damit deutlich effizienter (Fischer et al., 2019; Heinemann, 2021, 2025).

- **Überwachung sensibler Lieferketten**: Intensiv geprüft wird auch der Einsatz der Blockchain als Technologie zur Überwachung sensibler Lieferketten, wie z. B. bei Arzneimitteln. Vor allem bei medizinischen Produkten sind Patienten dankbar, wenn sie sich in Zeiten der Pillenpiraterie und der unübersichtlichen Liefernetzwerke in Bezug auf die Echtheit, Unverfälschtheit und Wirksamkeit der Produkte sicher sein können. So ist zweifelsohne die bedrohte Nachvollziehbarkeit zwischen den einzelnen Wertschöpfungsstufen eines der größten Risiken der Pharma-Supply-Chain. Der in der Produktion nachfolgende Zulieferer kann jederzeit die Produktdaten nachträglich verändern, um seine eigene Lieferung nicht zu gefährden. Das genau ist in einer Blockchain nicht mehr möglich oder zumindest mit einem unverhältnismäßig großen Aufwand verbunden. So ersetzt die Blockchain die Papiere bei der Übergabe von Vor-

produkten, Komponenten und Lieferungen durch fälschungssichere digitale „Papiere". Der Herkunftsnachweis (Proof of Origin) ist mit Blockchain-gesicherten Lieferungen mit fast absoluter Rückverfolgbarkeit gesichert und gegen Fälschung geschützt (Henke, 2019). Dementsprechend verkünden zum Beispiel Pfizer und Genentech, die mit anderen Pharmaunternehmen, Technologie-Firmen und Logistikdienstleistern eine Kooperation gestartet haben, dass ihre Blockchain die Verwaltung der pharmazeutischen Lieferkette revolutionieren wird (Fischer et al., 2019; Heinemann, 2021, 2025).
- **Zeit- und Kostenersparnisse bei Nachverfolgbarkeit und Kontrolle**: Ein wesentlicher Mehrwert für Händler und Kunden liegt dabei in der Supply-Chain-Nachvollziehbarkeit (Traceability). Der transparente Transaktionsverlauf ermöglicht für die Händler eine Kontrolle der Supplier sowie einen Informationsfluss zwischen den Logistikpartnern. Die Blockchain-Technologie stellt dabei nicht nur die Nachverfolgbarkeit der Produktwertschöpfungsketten sicher, sondern erlaubt zudem nachträglich den exakten Nachweis darüber, wer die jeweiligen Transaktionen durchgeführt oder Informationen beigetragen hat. Vertrauliche Informationen sind verschlüsselbar. Auch die 2017 gegründete Koalition aus neun führenden Food-Unternehmen, darunter Walmart, Dole, Tyson Foods, Nestlé und Unilever, sowie dem Technologieunternehmen IBM erkannte die Vorteile der Blockchain-Technologie. Und auch Alibaba nutz die Blockchain-Technologie in mehreren Bereichen, wie u. a. bei Cloud-Diensten, Micro-Payments, Supply-Chain Tracking sowie Anti-Produktpiraterie. Lynx International, eine Tochter der Alibaba Group, hat die Blockchain-Technologie in die grenzüberschreitenden Logistikprozesse integriert und verfolgt damit alle relevanten Informationen zu importierten Waren inklusive Details zu Produktion, Transport, Zoll, Kontrollen und Verifizierung durch Drittparteien (Fischer et al., 2019; Heinemann, 2021, 2025).

KI ermöglicht zusätzlich eine transparentere Rückverfolgung von Produkten, wie z. B. von Lebensmitteln vom Erzeuger bis zum Endverbraucher. Diese Transparenz wird von Verbrauchern zunehmend erwartet. Kunden wollen heute wissen, wie nachhaltig ihre Ware produziert und transportiert wurde. Die transparentere Rückverfolgung der Sortimente bringt auch den Handelsunternehmen große Vorteile. Nicht mehr kurante Ware kann durch ein schnelleres Reagieren auf Rückrufe effektiver und gezielter aus dem Verkehr genommen werden.

5.4 Robotik, Lager- und Logistikautomatisierung

Intelligente Roboter übernehmen in der Logistik und Warenwirtschaft ganz oder teilweise immer mehr Aufgaben, die bisher noch überwiegend von Menschen ausgeführt werden.

Die Steuerung von Robotern ist das Kerngebiet der Robotik. Diese befasst sich mit dem Versuch, das Konzept der Interaktion mit der physischen Welt auf Prinzipien der Informationstechnik sowie auf eine technisch machbare Kinetik zu reduzieren. Der Begriff des

Roboters vereint diese beiden Konzepte in sich, insofern, als der Roboter die Interaktion mit der physischen Welt auf der Basis von Sensoren, Aktuatoren und Informationsverarbeitung umsetzt (Wikipedia Robotik, 2025). Die Regelung der Roboter gehört zum Gebiet der Automatisierungstechnik. Im Arbeitsumfeld der Logistik handelt es sich dabei um sogenannte Industrieroboter, die entweder in für den Menschen zu gefährlichen und unzumutbaren Umgebungen oder aber zur Automatisierung und Produktivitätssteigerung eingesetzt werden. Sie erledigen heute stupide Fließband- oder Lagerarbeit schneller und wesentlich genauer als Mitarbeiter. Insofern ersetzen auch in der Logistik Roboter den Menschen in immer mehr Funktionen (Wikipedia Robotik, 2025). Mittlerweile findet eine Weiterentwicklung der Industrieroboter statt, weg von den eng begrenzten Tätigkeitsfeldern der klassischen Automatisierung und *hin zu kollaborativen Robotersystemen, die darauf ausgelegt sind, besser mit ihrer Umgebung und mit Menschen zu interagieren (Gehl,* 2025a*).* Dabei nimmt in allen Funktionen die Zusammenarbeit von Mensch und Maschine zu, was der Begriff „Cobot" (kollaborativer Roboter) als Kombination von Collaboration und Robot ausdrückt.

5.4.1 Mensch-Roboter-Kollaboration und Anlernen von Robotern durch KI

Seit Jahren testet Amazon in seinen Fulfillment-Centern die Kollaboration mit Robotern. Davon konnte sich der Verfasser u. a. bei einem Besuch des damals neuesten Logistik-Centers von Amazon am 18. Oktober 2018 in Baltimore überzeugen, wo zu der Zeit rund 3000 Mitarbeiter und 5000 Roboter im kooperativen Einsatz waren. Amazon nutzt zur **Lagerautomatisierung** Roboter von *Amazon Robotics* (ehemals Kiva Systems), die autonom durch die Lager navigieren.

Laut internen Dokumenten und Interviews plant Amazon nun eine umfassende Ausweitung der Automatisierung seiner US-amerikanischen Betriebe, die den Umfang zukünftiger Neueinstellungen drastisch reduzieren könnte. Berichten zufolge strebt die Robotikabteilung des Unternehmens an, bis zu 75 % der betrieblichen Prozesse von Amazon zu automatisieren. Den Dokumenten zufolge könnte Amazon durch die Automatisierungsstrategie bis 2027 auf die Einstellung von rund 160.000 neuen Mitarbeitern verzichten und so zwischen 2025 und 2027 schätzungsweise 12,6 Mrd. US-Dollar einsparen. Das Unternehmen prognostiziert außerdem eine Verdopplung des Produktabsatzes bis 2033, ohne dass die Belegschaft entsprechend wächst. Amazon erklärt, die Initiative werde „Mitarbeiter von sich wiederholenden Aufgaben befreien" und gleichzeitig neue technische Arbeitsplätze in den Bereichen Roboterwartung, Softwareentwicklung und Systemmanagement schaffen. Intern soll das Unternehmen seinen Teams geraten haben, in der öffentlichen Kommunikation Begriffe wie „fortschrittliche Technologie" und „Cobots" (kollaborative Roboter) anstelle von „Robotern" oder „Automatisierung" zu verwenden, offenbar um die Besorgnis bezüglich Arbeitsplatzverlusten zu verringern. Kelly Nantel, eine Amazon-Sprecherin, widersprach dem Bericht und erklärte, die Dokumente seien

„unvollständig" und spiegelten nicht die umfassenderen Einstellungspläne des Unternehmens wider. Nantel betonte, Amazon beabsichtige weiterhin, Mitarbeiter einzustellen, gab aber nicht an, wie viele der neuen Stellen unbefristet sein würden. Seit 2018 ist die Zahl der Amazon-Mitarbeiter in den USA auf rund 1,2 Mio. gestiegen, was das Unternehmen zu einem der größten privaten Arbeitgeber des Landes macht. Die verstärkte Automatisierung deutet auf einen möglichen Wendepunkt für das Unternehmen – und für die Zukunft der Lagerarbeit in Amerika – hin (TRT World, 2025).

Die nächste Evolutionsstufe ist das Anlernen von Robotern durch den Menschen. *Spätestens* 2030 sollen Industrieroboter ganz einfach per Anschauungsunterricht programmiert werden können. Per se können auch „intelligente" Roboter zunächst gar nichts, auch wenn eine Software ihnen Befehle erteilt. Jeder Handgriff muss erst mühsam antrainiert werden. Dazu demonstrieren Mitarbeiter, wie bestimmte Tätigkeiten ausgeführt werden. Roboter nehmen die Vorführung mit einer Kamera wahr und lernen daraus. *Mittlerweile wird dazu auch* Künstliche Intelligenz eingesetzt, und zwar *Vision-Language-Modelle. Dabei baut der Roboter durch das Demonstrationslernen sowie einen No-/Low-Code Task-Graphen auf und führt diese robust aus.* Durch große Fortschritte in der taktilen Sensorik werden auch immer feinere Arbeiten mit weichen Greifern möglich. In spätestens fünf Jahren werden Roboter im Einsatz sein, die Kabel entwirren, Folien abziehen und fragile Oberflächen handhaben können. Derzeit werden *Use Cases wie die Depalettierung gemischter Kartons, variantenreiches Pick & Place, Qualitätsprüfung mit Vision und Montagehilfe bei kleinen Losgrößen sowie Verpacken/Kommissionieren getestet. Auch gibt es zunehmend Use Cases, bei denen sich aufgrund häufig wechselnder Anforderungen oder hoher Anforderungen an die Taktilität der Einsatz von Industrierobotern derzeit noch nicht lohnt, aber in Zukunft lohnen könnte (Gehl,* 2025a*).*

5.4.2 Robotik, Lager- und Logistikautomatisierung

Die Integration von Robotern birgt hohe Effizienzpotenziale für den Materialfluss und die Logistik. Dabei treibt KI die Entwicklung von Robotern voran und dient als Enabler für die Automatisierung komplexer Transportsysteme. Damit wird es in absehbarer Zeit *Fabriken und Zentralläger geben, die komplett von Robotern betrieben werden.* Mit der ersten „Dark Factory" betreibt der japanische Robotikspezialist Fanuc bereits heute eine Produktionsstätte, in der Roboter andere Roboter ganz ohne menschliche Unterstützung und in kompletter Dunkelheit herstellen (Gehl, 2025a). Zweifelsohne sind intelligente Roboter, aber auch fahrerlose Transportfahrzeuge sowie mobile Transportroboter unabdingbar für die totale Automatisierung von Supply Chains inklusive Steuerung des innerbetrieblichen Materialflusses. Zusätzlich treten flexible autonome (Robotik-)Systeme an die Stelle von starren Automatisierungslösungen. Dabei läuten intelligente Transportroboter einen Paradigmenwechsel von kabelgebundener industrieller Kommunikation hin zur Funkkommunikation ein, die über 5G mit einer KI-Cloud oder einem Remote User funktioniert. Zusätzlich steigt der Grad der Dezentralität, durch den der Einsatz dezentraler

Schwarm-Systeme möglich wird. Dabei gibt KI den Robotern die Fähigkeit zur Wahrnehmung, Entscheidungsfindung sowie situationsspezifischen Anpassung. Algorithmen zur Lokalisierung ermöglichen es Robotern, in dynamischen Umgebungen zu navigieren und Transportaufgaben effizient zu übernehmen. Durch maschinelles Lernen trainieren sie zudem aus Erfahrungen und verbessern damit ihre Leistung im Laufe der Zeit. Damit lassen sich auch Fahrzeuge zu kollaborativen Robotern machen. Mittels neuronaler Netze lassen sich diese Roboter vom Menschen trainieren (Prasse et al., 2025).

Simulationsbasierte KI in der Logistik

Durch KI-Einsatz werden nicht nur die Roboter intelligenter, er ermöglicht auch die Entwicklung neuer Roboter-Generationen. Während der Innovationszyklus von der ersten Idee bis zum Prototypen bzw. zum marktreifen Roboter auf Basis klassischer Methoden mehrere Jahre dauert, beschleunigen KI-basierte Simulationsmodelle den Entwicklungsprozess von Robotern radikal. Denn das realitätsnahe Evaluieren neuer Konstruktionen, Sensoren und Algorithmen kann bereits innerhalb einer Simulation erfolgen. Beispielsweise wurden die beiden vom Fraunhofer IML entwickelten mobilen Transportroboter evoBOT® und O3dyn bereits mit einer KI-basierten Simulation entwickelt. Dabei wurde das Verhalten von simulierten Transportfahrzeugen in einer geeigneten Testumgebung mit dem realen Fahrzeugeinsatz abgeglichen und so das Simulationsmodell optimiert. Dies erfolgte mit Hilfe von High-Performance Motion Capturing, was den Unterschied zwischen Modell und Realität redeziert. Damit kann die Simulation in eine digitale Realität für die KI übergehen. Dabei wird der Roboter zum CPS-Zwilling (CPS = cyberphysische Systeme) der Simulation (Prasse et al., 2025).

Robotaxis und autonome Lieferdienste

Autonome Lieferservices nutzen selbstfahrende Fahrzeuge oder Roboter, um Waren ohne menschliche Fahrer auszuliefern. Diese Technologie wird für die „letzte Meile" eingesetzt, kann jedoch auch in schwierigen Situationen ferngesteuert genutzt werden, wobei dann ein Mensch die Computerintelligenz ergänzt. Es gibt verschiedene Einsatzmöglichkeiten, angefangen bei kleinen Bürgersteigrobotern für Lebensmittel bis hin zu größeren autonomen Lastenfahrrädern und sogar autonomen Lastwagen für den Warentransport (Wikipedia Lieferroboter, 2025). In den USA und China werden bereits innerstädtische Ziele mit Robotaxis von Tesla oder Waymo angefahren. Autonome Zustelldienste sind in China bereits gang und gäbe. Die voll automatisierte Zustellung per fahrerlosem Transportfahrzeug ist insofern keine Utopie mehr *(Gehl,* 2025a*)*. Aktuelle Beispiele für autonome Lieferdienste sind Uber und **Starship Technologies. Während Uber** autonome Lieferservices in Partnerschaften mit anderen Unternehmen erforscht und autonomes Fahren für den Transport von Waren in seine Plattform integriert hat, entwickelt Starship autonome Lieferbots für Lebensmittel. Das 2014 in Tallin gegründete Start-up kam 2025 auf den Verkehrsclub Deutschland Nord zu, um sein Produkt vor der Einführung in Deutschland im öffentlichen Raum vorzustellen und in Hamburg zu testen (vgl. Abb. 5.7). Im Juli 2025 wurde dann in einem Hamburger Supermarkt ein „Mapping" durchgeführt, wodurch der

Abb. 5.7 Autonomer Lieferroboter von Starship. (Quelle: Meylan, 2025)

Roboter lernt, wo er sich bei Nutzung der fußgehenden Infrastruktur bewegen darf. Der Roboter unterscheidet, was sich in seiner Umgebung befindet und ist bereits so weit entwickelt, dass er z. B. einen Hund von einem Blindenhund unterscheiden kann. Ob und wann er – wie bereits in Finnland – zum Einsatz kommt, entscheiden die deutschen Behörden – oder nicht. Bereits seit 2021 werden Starship-Roboter in Deutschland für innerbetriebliche Transportaufgaben genutzt (Meylan, 2025).

5.5 KI-basierte Public-Cloud-Plattformen

Public-Cloud-Plattformen sind virtuelle Pools von Rechen-, Speicher- und Netzwerkressourcen, die über das Internet bereitgestellt werden. Sie können von Kunden nach Bedarf genutzt werden und sind kostengünstiger als eigene On-Premise-Lösungen, die mit immensen Investitionen in eigene IT-Infrastruktur verbunden sind. Zudem sind sie besser skalierbar, da Ressourcen von externen Anbietern bereitgestellt und mit anderen Kunden geteilt werden. Demgegenüber bieten Private Clouds zwar mehr Sicherheit, Kontrolle und Anpassungsmöglichkeiten, da sie einer einzelnen Organisation gehören und von dieser verwaltet werden. Sie sind tendenziell aber deutlich teurer und weniger skalierbar.

Anbieter	Marktanteil 2025*	Stärken	Schwächen	Besonderheiten	Ideal für...
AWS	29%	Größtes Angebot, globale Infrastruktur, hohe Sicherheit	Potenzielle Serviceausfälle, Komplexität, Kostenkontrolle, Fehlkonfigurationen	Führend bei IaaS, KI-Services via Bedrock & Trainium	Universell. Enterprise, Startups
Microsoft Azure	21%	Nahtlose Microsoft-Integration, Hybrid-Cloud, Compliance	Kostenkalkulation, Überdimensionierung, Expertise, Sicherheitslücken (OMI u.a.)	Office 365/Power Platform integriert, starke KI-Dienste	Unternehmen mit Microsoft-Ökosystem
Google Cloud	13%	Datenanalyse, KI, Machine Learning	Serviceumfang, Verfügbarkeit Drittanbietertools, Preisstruktur, Support	Marktführer bei AI/ML-Technologien & Datenplattformen	Data-driven Business, Marketing, Fintech
Oracle Cloud	3%	Datenbanken, Unternehmens-Software	Anbieterbindung (Vendor-Lock-in), kleine Entwickler-Community, Preisstruktur	Fokus auf SaaS, starke Branchenlösungen	Große Unternehmen mit ERP/DB-Bedarf
Alibaba Cloud	4%	Führend in Asien, stabile Basisdienste	Latenzzeiten, Compliance-Hürden, Sprachbarrieren, Dokumentationsmängel	Hohe Skalierbarkeit, strategisch in China & SEA	Unternehmen mit Asien-Fokus

* Prognostizierter Marktanteil auf Basis Q1-Q3 2025

Abb. 5.8 Führende Cloud-Anbieter im Vergleich. (In Anlehnung an Wohlfahrt-Prahl, 2025)

Größte Anbieter bei den Public Cloud Plattformen sind Amazon Web Services (AWS), Microsoft Azure und Google Cloud Platform (GCP). Es folgen Oracle Cloud und Alibaba Cloud (Abb. 5.8). Alle der skizzierten Cloud-Dienstleister arbeiten mittlerweile KI-basiert. Sie werden im Umkehrschluss auch zunehmend als „Cloud-basierte KI-Plattformen" bezeichnet. Sie revolutionieren die Art und Weise, wie Unternehmen Künstliche Intelligenz (KI) und maschinelles Lernen (ML) implementieren. Alle Cloud-Plattformen – auch die bisher nicht erwähnte kleinere SAP Cloud oder die IBM Cloud – bieten leistungsstarke KI-Tools und Dienstleistungen an, die die Entwicklung, Bereitstellung und Verwaltung von KI-Modellen vereinfachen und skalieren. Statt Server und Software lokal zu betreiben („On-Premise"), greifen die Public-Cloud-Computing-Anbieter über die Cloud auf Rechenleistung, Speicher, Anwendungen oder Plattformdienste zu (Ruehle, 2024; Wohlfahrt-Prahl, 2025).

Alle der vorgestellten Plattformen bieten eine Vielzahl von Funktionen und Tools an, die es Unternehmen ermöglichen, ihre KI- und ML-Initiativen effektiv umzusetzen und zu skalieren. Insofern gibt es zahlreiche Optionen für einen Wechsel in die „Public Cloud", die je nach Anwendungsfall und Unternehmensgröße besser oder schlechter zum Unternehmen passen. Dabei **stellt sich die Frage, welcher der vielen Cloud-Computing-Anbieter der richtige Partner ist**. Die Auswahl der richtigen Cloud-basierten KI-Plattform, also einer „Public Cloud", hängt dabei von den spezifischen Anforderungen und Zielen eines Unternehmens ab. Dabei ist zunächst zu klären, welches der grundsätzlichen Cloud-Service-Modelle Anwendung finden soll, da jeder Cloud-Computing-Anbieter unterschiedliche Schwerpunkte setzt (Ruehle, 2024; Wohlfahrt-Prahl, 2025):

- **IaaS (Infrastructure as a Service)**: virtuelle Server, Speicher, Netzwerk.
- **PaaS (Platform as a Service)**: Entwicklungs- und Laufzeitumgebungen.
- **SaaS (Software as a Service)**: direkt nutzbare Anwendungen wie CRM, ERP oder Office-Tools.

Ziel sollte es in jedem Fall sein, die IT-Infrastruktur ohne hohe Vorabinvestitionen in Hardware oder Software **flexibler, effizienter und zukunftssicher** zu gestalten. Das beinhaltet vor allem, auch die KI-Infrastruktur für KI-Commerce schnell und pragmatisch sicherzustellen. Dabei mangelt es nicht an Cloud-Dienstleistern, von globalen Hyperscalern wie AWS und Microsoft Azure bis zu spezialisierten Plattformen für bestimmte Branchen oder Anforderungen (z. B. Hetzner oder Stackit der Lidl-Schwarz-Gruppe). Wichtig ist es, bei der Auswahl **systematisch vorzugehen** (Wohlfahrt-Prahl, 2025):

1. **Definition der Anforderungen**:
   Spezifikation der benötigten Digital- und KI-Funktionen wie u. a. Speicher, Container, Datenbanken, Security, DevOps. Überprüfung, ob die Lösung DSGVO-konform oder in Europa gehostet sein muss.
2. **Überprüfung des Leistungsumfangs**:
   Die Basistechnologien sind in der Regel vergleichbar, allerdings weniger die Servicequalität, die Abrechnungsmodelle oder bestimmte Spezialisierungen (z. B. auf AI, IoT oder Hybrid-Cloud).
3. **Klärung der Integrationsfähigkeit**:
   Anbieter lassen sich nicht gleich gut in bestehende Infrastrukturen einbinden. Es ist zu klären, ob es vorkonfigurierte Schnittstellen, APIs oder Partnernetzwerke gibt.
4. **Einbeziehung der IT und Fachabteilungen**:
   Der Cloud-Betrieb verändert bestehende Prozesse. Anforderungen, Sicherheitsaspekte und Governance sollten frühzeitig mit allen involvierten Stellen abgestimmt werden.

Im Zuge des KI-Commerce und der damit verbundenen Datenfülle erscheint ein Wechsel in die Public Cloud mittlerweile alternativlos. Vorteile sind die Nutzung der in der Cloud implementierten KI-Tools, die unkomplizierte Skalierung, der Zugriff auf innovative Technologien und das flexible Pay-as-you-go-Preismodell. Im Folgenden werden die wichtigsten Cloud-Computing-Anbieter skizziert und in Hinblick auf den KI-Einsatz gewürdigt (Proact, 2025; Ruehle, 2024).

Amazon Web Services
Das Herzstück der Technik von Amazon Web Services (AWS) bildet die sogenannte Amazon Elastic Compute Cloud (EC2), die den Kunden virtuelle Server zur Verfügung stellt, und zwar in den Rechenzentren von Amazon. Diese werden via Amazon Machine Images (AMI) angesteuert. Mit ihrer Hilfe können den Maschinen leicht Betriebssysteme zugewiesen und Anwendungsumgebungen mit Software ausgestattet werden. Dabei können sowohl individuelle AMIs erstellt als auch auf vorkonfigurierte Images zurückgegriffen werden. Hardwareseitig treiben vor allem die Graviton-Prozessoren die Amazon-Rechenzentren an, wobei Graviton4 die neueste und leistungsfähigste Version ist. „Elastic" verweist darauf, dass jederzeit flexibel Rechenleistung hinzugefügt oder entfernt werden kann (Proact, 2025). Das Angebot von AWS umfasst Analysefunktionen und KI,

wobei die Kunden vor allem von der hohen Produktreife profitieren und sich darauf verlassen können, dass die angebotenen Dienste zuverlässig funktionieren. Aus diesem Grund greifen sie auch gerne auf die ebenfalls erhältlichen Platform-as-a-Service (PaaS)-Angebote von AWS zurück. Dabei bietet AWS eine umfassende Suite von KI- und ML-Services an, darunter Amazon SageMaker, AWS Trainium und AWS Inferentia. Amazon Web Services ermöglicht es Entwicklern, ML-Modelle einfach zu erstellen, zu trainieren und bereitzustellen, und bietet zugleich leistungsstarke Datenverarbeitungs- und Speicherlösungen an (Proact, 2025; Ruehle, 2024). Etliche Kunden setzen weiterhin auf die Eigenentwicklung Elastic Container Service (ECS), die in der Regel nach Nutzungszeit abgerechnet wird. Es gibt aber auch laufzeitbasierte Modelle. Dabei baut Amazon sein Angebot kontinuierlich aus, um mit Microsoft mitzuhalten. Laut aktuellen Meldungen gewinnt Microsoft Azure stetig Marktanteile hinzu, zumal AWS keine SaaS-Angebote wie Microsoft zu bieten hat (Proact, 2025; Ruehle, 2024). Andererseits können vortrainierte AWS-Services für KI leicht mit Unternehmens-Anwendungen integriert werden, um gängige Anwendungsfälle wie personalisierte Empfehlungen, die Modernisierung des Kontaktcenters, Sicherheitsverbesserungen und die Steigerung der Kundenbindung zu bearbeiten. Da die KI-Services von AWS dieselbe Deep-Learning-Technologie verwenden, die auch Amazon.com und seine Machine-Learning-Services nutzen, erhalten Anwender die höchste Qualität und Präzision durch kontinuierlich lernende APIs. Folgende Anwendungen gibt es von AWS (Amazon Web Services, 2025):

- Amazon Q: Ein generativer, KI-gestützter Assistent für die Arbeit, der auf individuelle Unternehmen zugeschnitten werden kann.
- Amazon Bedrock: Erstellen und Skalieren von Anwendungen mit LLMs, FMs und generativen KI-Tools.
- Amazon Transcribe: Mit den vielen Features der APIs für Echtzeit- und aufgezeichnete Audio- und Videoinhalte kann Sprache automatisch schnell und präzise in Text umgewandelt werden
- Amazon Polly: Wandelt Text in lebensechte Sprache um, erstellt sprechende Anwendungen und entwickelt vollkommen neue Kategorien von sprachaktivierten Produkten.
- Amazon Textract: Extrahiert automatisch Text, Handschrift und Daten aus gescannten Dokumenten.
- Amazon Rekognition: Vortrainierte und anpassbare Computer Vision (CV)-Funktionen zum Extrahieren von Informationen und Erkenntnissen aus vorgegebenen Bildern und Videos.
- Amazon Lex: Entwirft, erstellt und testet Konversationsschnittstellen in Anwendungen mit fortschrittlichen Modellen natürlicher Sprache.
- Amazon Translate: Ein neuronaler, maschineller Übersetzungsservice, der schnelle, qualitativ hochwertige, erschwingliche und anpassbare Übersetzungen liefert.

Microsoft Azure
Microsoft bietet bereits seit 2010 entsprechende Services an, die unter Azure gelabelt sind und aktuell eine komplette Cloud-Lösung darstellen. Das Produktportfolio überzeugt vor allem durch seine Vielfältigkeit. Es umfasst als IaaS und PaaS unter anderem die Bereitstellung von virtuellen Maschinen, Storage-Services, Datenbanken und Content-Delivery-Systemen sowie Big Data-Analysen mit Hadoop, IoT-Anwendungen und Machine-Learning-Diensten. Zusätzlich wird Unterstützung und Management für API-Schnittstellen angeboten. Neben den PaaS-Diensten bietet Microsoft mit Microsoft 365 auch eine SaaS-Lösung für Unternehmen an. Darüber hinaus ist Microsoft Teams ein SaaS-Produkt, das häufig als zentrales Kommunikations-Tool genutzt wird. Dies ist ein großer Vorteil gegenüber AWS, welches keine vergleichbaren SaaS-Angebote bietet. Das umfassende Produktportfolio von Azure hat den Vorteil, dass nicht Produkte verschiedener Anbieter kombiniert werden müssen, was konfliktträchtig ist. Microsoft verfügt zudem über mehrere deutsche Rechenzentren, sodass europäische Datenschutzgesetz-Anforderungen besser erfüllt werden. Als Technik verwendet Azure die Virtualisierungssoftware Azure-Hypervisor, die auf Hyper-V basiert. Damit können leicht virtuelle Maschinen erstellt werden, für die dann Bandweite, Speicherplatz und Arbeitsspeicher zur Verfügung stehen. Hardware-Ressourcen werden durch den Fabric-Controller von Azure der jeweiligen Anwendung zugeteilt. Die Public-Cloud-Services können mithilfe von Azure Stack auch lokal betrieben werden, sodass sich problemlos hybride Szenarien realisieren lassen. Auf dem Azure Marketplace können Unternehmen diverse Zusatzservices und Erweiterungen einkaufen. So stehen hier auch Open-Source-Betriebssysteme wie openSUSE, CentOS, Debian Linux sowie FreeBSD und OpenBSD zur Verfügung. Auch sind dort Ubuntu, Red Hat Enterprise Linux und AlmaLinux erhältlich. Darüber hinaus bietet Microsoft eine breite Unterstützung für Open-Source-Anwendungen, darunter Datenbanklösungen wie PostgreSQL und MySQL, Container-Orchestrierungstools wie Kubernetes sowie Entwicklungswerkzeuge wie Jenkins und GitLab. Schließlich bietet Microsoft Azure AI zahlreiche KI- und maschinelle Lernservices einschließlich Azure Machine Learning und Azure Cognitive Services an. Zudem verfügt Azure über eine robuste Infrastruktur sowie Tools für Modellentwicklung, -training und -bereitstellung. Darüber hinaus bieten Azure Databricks und Azure DevOps Unterstützung für kollaborative Datenwissenschaft und maschinelles Lernen (Proact, 2025; Ruehle, 2024).

Google Cloud Platform
Die Google Cloud Platform konnte ihren Marktanteil in den letzten Jahren stetig ausbauen und eine wachsende Rolle im Enterprise-Segment einnehmen. Dabei versucht Google, mit seinem Cloud-Service neue Wege zu gehen, indem branchenspezifische Lösungen in die Cloud-Computing-Angebote integriert werden. Dabei bietet Google auch Analysedaten, Marketing- und Vertriebs-Technologie sowie Anzeigendienste an. Dabei steht bei Google der Ökosystem-Gedanke stärker im Vordergrund als bei anderen Cloud-Computing-Anbietern, die – wie AWS oder Azure – vergleichsweise unabhängig agieren. Google Cloud bietet eine Vielzahl unterschiedlicher Infrastruktur- und Plattformdienste wie

z. B. Cloud Run an. Bei KI und Machine Learning setzt das Unternehmen auf innovative Lösungen, die zunehmend in Geschäftsprozesse integriert werden. Dabei bietet die Google Cloud AI Platform (GCP) eine umfassende Suite von Werkzeugen für maschinelles Lernen, darunter Google Cloud AutoML, TensorFlow und BigQuery ML. Das ermöglicht es Unternehmen, maßgeschneiderte Modelle zu erstellen und zu betreiben, ohne umfangreiche Programmierkenntnsse zu benötigen (Proact, 2025; Ruehle, 2024).

Oracle Cloud
Für Kunden, die bereits mit Oracle-Datenbanken arbeiten, bietet Oracle Cloud eine Standardausstattung von Compute-, Cloud-Speicher-, Netzwerk-, Datenbank- und Analyse-Diensten an. Für Datenbank-, Java- und mobile Backend-Anwendungen werden auch PaaS-Services angeboten. Oracle bietet inzwischen auch umfassende Lösungen in den Bereichen Management-Automatisierung, Hybrid Cloud, Künstliche Intelligenz und DevOps an. Dank der kontinuierlichen Erweiterung ihrer Services und Partnerschaften eignet sich Oracle Cloud mittlerweile auch für Organisationen, die native Cloud-Anwendungen entwickeln möchten. **Falls** Unternehmen einen teuren Ausbau eines On-Premise-Rechenzentrums vermeiden möchten, eignet sich die Oracle Cloud für Legacy-Migrationen. Dafür stehen eine ausgefeilte Datenbank-Struktur, die Unterstützung aktueller Lizenzen sowie ein solides Paket von SaaS-Anwendungen zur Verfügung. Im Vergleich zu anderen Anbietern wie AWS positioniert sich Oracle Cloud preislich wettbewerbsfähig. Oracle Cloud AI bietet performante ML- und Datenwissenschaftswerkzeuge, darunter OCI Data Science und Oracle Machine Learning für SQL. Die Plattform eignet sich gut für Unternehmen, die hohe Leistungsanforderungen haben und eine sichere und skalierbare Umgebung benötigen (Proact, 2025; Ruehle, 2024).

Alibaba Cloud
Alibaba Cloud unterhält eine globale Infrastruktur und bietet eine beachtliche Auswahl an IaaS- und PaaS-Produkten an, unter anderem Computing-Ressourcen, Container-Instanzen, Block-, Datei- und Objektspeicher, virtuelle Netzwerke und Dienste, Datenbanken, Analyse-Dienste, Sicherheits-Services sowie KI und Machine Learning. Mit dem „China Gateway" bietet Alibaba Cloud eine maßgeschneiderte Lösung für ausländische Unternehmen, die den Eintritt in den chinesischen Markt planen. Alibaba hat zudem angekündigt, in den nächsten drei Jahren 50 Mrd. US-Dollar in KI und Cloud Computing zu investieren, um die technologische Entwicklung weiter voranzutreiben. Alibaba Cloud AI hat ein breites Produktportfolio von KI- und ML-Diensten, darunter NLP, Bild- und Spracherkennung sowie Computer Vision im Angebot, wobei die Plattform im Bereich E-Commerce besonders stark ist und hier robuste Datenanalyse- und BI-Funktionen anbietet (Proact, 2025; Ruehle, 2024).

Sonstige Cloud-Anbieter
Weitere Cloud-Anbieter sind SAP, IBM Watson, Tencent Cloud, DataRobot und Infosys Nia. Auch SAP bietet auf der SAP Business Technology Platform unterschiedliche Cloud-

Services an. Diese Plattform, die auf der In-Memory-Technologie HANA basiert, dient als zentrale Cloud-Lösung von SAP und eignet sich vor allem für Szenarien im Analytics- und Big-Data-Umfeld sowie für die Entwicklung intelligenter Anwendungen und die sichere Integration neuester KI-Modelle. Dabei integriert SAP Leonardo KI- und ML-Dienste in die SAP-Umgebung und bietet Lösungen für IoT, Blockchain und Datenanalyse. Die Plattform ist gut geeignet für Unternehmen, die bereits SAP-Anwendungen nutzen (Proact, 2025; Ruehle, 2024). Demgegenüber bietet IBM Watson fortschrittliche KI-Funktionen, darunter natürliche Sprachverarbeitung (NLP), maschinelles Lernen und Computer Vision. Tencent Cloud AI wiederum steht für vielfältige ML-Services und Lösungen. Die chinesische Plattform unterstützt umfangreiche Datenanalyse, Bilderkennung und Sprachverarbeitung und ist besonders geeignet für Unternehmen, die innovative KI-Lösungen entwickeln möchten. DataRobot ist eine vollständige AI-Plattform, die es Unternehmen ermöglicht, ML-Modelle zu erstellen, bereitzustellen und zu verwalten. Bei Infosys Nia handelt es sich schließlich um eine AI-Plattform, die darauf abzielt, die Implementierung von KI in Unternehmen zu vereinfachen. Sie hat Funktionen für maschinelles Lernen, Deep Learning und Datenmanagement im Programm und hilft Unternehmen, repetitive Aufgaben zu automatisieren und ihre Effizienz zu steigern (Proact, 2025; Ruehle, 2024).

Fazit KI-basierte Public-Cloud-Lösungen wie Azure oder AWS bieten großes Potenzial, was Flexibilität und Skalierbarkeit angeht. Mit ihnen können Unternehmen ihre IT-Infrastruktur von Grund auf erneuern, ohne teure Hardware-Anschaffungen tätigen zu müssen. Diese Lösungen gehen allerdings auch mit einem erheblichen Grad an Komplexität einher. Um diese zu managen und die Vorteile der Public Cloud umfassend nutzen zu können, kann es sinnvoll sein, mit einem Managed-Services-Provider Sinn zusammenzuarbeiten, der als Vermittler zwischen den Auftraggebern und dem Public-Cloud-Anbieter auftritt (Proact, 2025).

Literatur

Amazon Web Services. (2025). *Bringen Sie Ihr Unternehmen mit AWS AI voran.* https://aws.amazon.com/de/ai/services/. Zugegriffen am 19.11.2025.

Athanas, C. (2017, September 22). *Kultur schlägt Gehalt um Längen: Neue Studie bestätigt enorme Kraft von Cultural Fit.* https://blog.metahr.de/2017/09/22/kultur-schlaegt-gehalt-um-laengen-neue-studie-bestaetigt-enorme-kraft-von-cultural-fit/. Zugegriffen am 01.03.2021.

Bito. (2020, Dezember 03). Wie künstliche Intelligenz die Logistik revolutioniert. *Bito Newsletter.* https://www.bito.com/de-de/fachwissen/artikel/wie-kuenstliche-intelligenz-die-logistik-revolutioniert/. Zugegriffen am 03.02.2021.

Büttner, A. (2020, Januar 07). *5 Content-Marketing-Trends, die uns 2020 erwarten.* https://unternehmer.de/marketing-vertrieb/239990-2020-content-marketing-trends. Zugegriffen am 02.08.2020.

Casey, M. J., & Wong, P. (2017, März 13). Global supply chains are about to get better, thanks to blockchain. *Harvard Business Review.* https://hbr.org/2017/03/global-supply-chains-are-about-to-get-better-thanks-to-blockchain. Zugegriffen am 30.01.2021.

Damm, C. (2019, Juni 11). *Lidl, Zalando und Co. setzen auf eine Technologie, die am Ende viele Kunden enttäuschen könnte, warnt ein Experte.* https://www.businessinsider.de/lidl-zalando-und-co-setzen-auf-eine-technologie-die-am-ende-viele-kunden-enttaeuschen-koennte-warnt-ein-experte-2019-6. Zugegriffen am 13.06.2019.

eTailment. (2025, Juni 13). *KI-Kundenservice: 95 Prozent setzen weiter auf Menschen.* https://etailment.de/news/morning_briefing/morning-briefing-corint-media%2D%2Dgoogle-galaxus-kaufda-bevh%2D%2Ddsa-wachstum-aliexpress-amazon-video-etsy-audible-ki-kundenservice-25159. Zugegriffen am 11.10.2025.

Finio, M., & Downie, A. (2025). *Was ist Hyper-Personalisierung?* IBM Think. https://www.ibm.com/de-de/think/topics/hyper-personalization. Zugegriffen am 01.11.2025.

Fischer, C., Fiedler, I., & Babenko, L. (2019). Blockchain-Technologie im Handel der Zukunft. In G. Heinemann, M. Gehrckens, T. Täuber, & Accenture (Hrsg.), *Handel mit Mehrwert: Digitalisierung von Märkten, Geschäftsmodellen und Geschäftssystemen.* Springer-Gabler.

Gehl, C. (2025a, Oktober 13). *Wie neue KI-Modelle den Robotermarkt revolutionieren.* https://www.ibusiness.de/aktuell/db/274836gehl.html. Zugegriffen am 01.11.2025.

Gehl, C. (2025b, November 19). *Predictive Pricing: Wie KI-Preise den Online-Handel pushen.* https://www.ibusiness.de/aktuell/db/397230gehl.html. Zugegriffen am 19.11.2025.

Gläß, R. (2018). *Künstliche Intelligenz im Handel 2 – Anwendungen: Effizienz erhöhen und Kunden gewinnen. Essentials.* Springer Vieweg.

Hale, C. (2025, Juni 12). *Many businesses are thinking twice on using AI bots.* https://www.techradar.com/pro/many-businesses-are-thinking-twice-on-using-ai-bots. Zugegriffen am 01.11.2025.

Hauzenberger, S. (2024, Oktober 16). KI im Marketing: So verändert künstliche Intelligenz das Marketing. *AditoBlog.* https://www.adito.de/knowhow/blog/ki-im-marketing. Zugegriffen am 01.11.2025.

Heinemann, G. (2021). *Intelligent Retail: Die Zukunft des stationären Einzelhandels.* Springer-Gabler.

Heinemann, G. (2025). *Der neue Online-Handel: Geschäftsmodelle, Geschäftssysteme und Benchmarks im E-Commerce* (16. Aufl.). Springer-Gabler.

Heinemann, G., Gehrckens, M., Täuber, T., & Accenture (Hrsg.). (2019). *Handel mit Mehrwert: Digitalisierung von Märkten, Geschäftsmodellen und Geschäftssystemen.* Springer-Gabler.

Henke, M. (2019, Februar 01). Blockchain in der Logistik. *Prozesstechnik News.* https://prozesstechnik.industrie.de/pharma/verpacken-pharma/blockchain-in-der-logistik/. Zugegriffen am 26.01.2021.

Internetworld. (2020, Januar 28). *10 Marketing-Trends für 2020.* https://www.internetworld.de/online-marketing/onlinemarketing/10-marketing-trends-2020-2457148.html?ganzseitig=1. Zugegriffen am 01.08.2020.

Kolf, F. (2020, September 08). Modehandel: Bonprix sortiert mit Künstlicher Intelligenz die Ladenhüter aus. *Handelsblatt.* https://www.handelsblatt.com/unternehmen/handel-konsumgueter/modehandel-bonprix-sortiert-mit-kuenstlicher-intelligenz-die-ladenhueter-aus/26164946.html?ticket=ST-465194-Km9pLpKnX5iMy7ldAyOC-ap2. Zugegriffen am 22.01.2021.

Kossmann, M. (2020, Oktober 01). KI im Marketing: Mehr Relevanz durch Künstliche Intelligenz. *Vision Eleven.* https://www.visioneleven.com/ki-im-marketing/. Zugegriffen am 22.01.2021.

Lamprecht, S. (2018, Oktober 11). *Wo künstliche Intelligenz heute schon im Handel wirkt.* https://etailment.de/news/stories/KI-im%20Handel-Roboter-Dynamic-Pricing-21672. Zugegriffen am 13.10.2018.

Luber, S., & Litzel, N. (2016, September 01). Definition: Was ist Machine Learning? *Bigdata-insider.de.* https://www.bigdata-insider.de/was-ist-machine-learning-a-592092/#:~:text=Machine%20Learning%20ist%20ein%20Teilbereich,k%C3%BCnstliches%20Wissen%20aus%20Erfahrungen%20generiert. Zugegriffen am 22.01.2021.

Meylan, V. (2025, August 11). *Bald auf unseren Straßen: Autonome Liefer-Roboter*. https://nord.vcd.org/lebenswerte-staedte/autonome-lieferroboter-vincent-mylan. Zugegriffen am 01.11.2025.

Nöcker, C., & Brovko, A. (2024). *KI-Revolution in Unternehmen: Chancen – Fallbeispiele – Erfolgsfaktoren*. Brovko.

ON4OFF. (2021). *Machine Learning im stationären Einzelhandel*. http://www.on-4-off.de. Zugegriffen am 26.01.2021.

Prasse, C., Follert, G., & Jost, J. (2025). *Automatisierung neu definiert: Smarte Roboter verändern die Logistik*. Fraunhofer IML. https://www.iml.fraunhofer.de/de/themenfelder/robotik-automatisierung.html. Zugegriffen am 11.10.2025.

Proact. (2025, November 13). *Die wichtigsten Cloud-Computing-Anbieter*. https://www.proact.de/blog/die-wichtigsten-cloud-computing-anbieter-im-vergleich/. Zugegriffen am 01.11.2025.

Prozesstechnik. (2019, Februar 01). *Blockchain in der Logistik*. https://prozesstechnik.industrie.de/pharma/verpacken-pharma/blockchain-in-der-logistik/. Zugegriffen am 26.01.2021.

Relex. (2021, Januar 07). Douglas digitalisiert Supply Chain mit KI-Technology. *Pressemitteilung*. https://www.relexsolutions.com/de/news/douglas-digitalisiert-supply-chain-mit-ki-technologie/. Zugegriffen am 29.01.2021.

Remdisch, S., & Petzel, T. (2019, März 14). *Digital Culture Fit – Merkmale einer zukunftsfähigen Digitalen Kultur*. https://leadershipgarage.de/2019/digital-culture-fit. Zugegriffen am 22.01.2019.

Rönisch, S. (2016, August 30). Dmexco: 15 Trends, die das Onlinemarketing 2017 bestimmen werden. *iBusiness*. https://www.ibusiness.de/members/aktuell/db/201141SUR.html. Zugegriffen am 15.12.2016.

Rotax, R., Marcone, A., & Felsmann, D. (2019). ExO – exponentielle Organisationen als Beschleuniger der Transformation. In G. Heinemann, M. Gehrckens, T. Täuber, & Accenture (Hrsg.), *Handel mit Mehrwert: Digitalisierung von Märkten, Geschäftsmodellen und Geschäftssystemen* (S. 379–396). Springer-Gabler.

Rudolf, A. (2023, August 11). *Generative KI*. https://mindsquare.de/knowhow/generative-ki/. Zugegriffen am 25.03.2024.

Ruehle, D. (2024, Oktober 17). Die besten Cloud-basierten KI-Plattformen im Jahr 2024: Ein umfassender Leitfaden. *Digital David*. https://www.digitaldavid.io/post/die-besten-cloud-basierten-ki-plattformen-im-jahr-2024-ein-umfassender-leitfaden. Zugegriffen am 01.11.2025.

Schallmo, D. (2020, Dezember 07). *Was Digital Leadership ausmacht*. https://www.springer-professional.de/digital-leadership/transformation/was-einen-echten-digital-leader-ausmacht/17649142. Zugegriffen am 22.01.2021.

Shewan, D. (2019, August 12). *10 companies using machine learning in cool ways*. https://www.wordstream.com/blog/ws/2017/07/28/machine-learning-applications. Zugegriffen am 29.01.2021.

Stein, C. (2017). *Wie weit darf Personalisierung gehen?* http://www.ottogroupunterwegs.com/blog/blog/posts/Hyperpersonalisierter-Webshop-Wie-weit-sollte-Personalisierung-gehen.php. Zugegriffen am 13.08.2017.

Täuber, T. (2019). Lösungsansätze zur digitalen Transformation – Erweitertes Produktportfolio, integrierte Marktplätze, neu ausgerichtete Betriebsmodelle. In G. Heinemann, M. Gehrckens, T. Täuber, & Accenture (Hrsg.), *Handel mit Mehrwert: Digitalisierung von Märkten, Geschäftsmodellen und Geschäftssystemen*. Springer Gabler.

transport logistic. (2021). *Künstliche Intelligenz in der Logistik: Aktueller Stand & Potenziale*. https://www.transportlogistic.de/de/messe/industry-insights/kuenstliche-intelligenz/kuenstliche-intelligenz-revolutioniert-die-logistik/. Zugegriffen am 29.01.2021.

TRT World. (2025, Oktober 22). *Amazon bets on „cobots": Collaborative robots set to replace thousands of workers*. https://www.trtworld.com/article/32da3a159c27. Zugegriffen am 01.11.2025.

Viete, A. (2025, Juni 29). *KI-Tools für Unternehmen: Die 10 besten Lösungen im Vergleich.* https://www.shopify.com/de/blog/ki-tools-fur-unternehmen?term=&adid=732988891158&campaignid=17062411161&utm_medium=cpc&utm_source=google&gad_source=1&gad_campaignid=17062411161&gbraid=0AAAAAC3Mv8-xQ4Lfb_Wc90kr-HAtxG-d-&gclid=EAIaIQobChMIkd_0u8vRkAMVd9hEBx21VSkhEAAYAiAAEgL0MvD_BwE. Zugegriffen am 28.10.2025.

Vranken, U. (2020, Mai 02). *Digital Leadership: 7 Kompetenzen, die Führungskräfte beherrschen sollten.* https://digitalpeoplemanagement.de/digital-leadership-7-kompetenzen-fuehrungskraft/. Zugegriffen am 22.01.2021.

Weidemann, T. (2020, Dezember 14). *E-Commerce 2021: Diese Trends bestimmen den Onlinehandel.* https://t3n.de/news/e-commerce-2021-diesen-trends-onlinehandel-ausblick-1344859/. Zugegriffen am 06.07.2021.

Wikipedia Lieferroboter. (2025). *Lieferroboter.* https://de.wikipedia.org/wiki/Lieferroboter. Zugegriffen am 15.11.2025.

Wikipedia Robotik. (2025). *Robotik.* https://de.wikipedia.org/wiki/Robotik. Zugegriffen am 15.11.2025.

Wohlfahrt-Prahl, F. (2025, September 06). *Welche Cloud-Anbieter sind die besten für Ihr Unternehmen?* https://sequafy.com/die-besten-cloud-computing-anbieter/. Zugegriffen am 01.11.2025.

Risiken des KI-Commerce

6

Zusammenfassung

Der KI-Commerce unterliegt aktuell noch erheblichen und ungeklärten Risiken. Gleiches gilt für die Haftung für Inhalte, die ChatGPT bzw. generative KI produziert. Und schließlich ist noch nicht klar, ob auch alle der äußerst positiven Prognosen für die KI-Industrie jemals eintreffen werden. In diesem Zusammenhang sind insbesondere auch die strukturellen Risiken der KI-Industrie zu berücksichtigen. Im Folgenden wird zunächst auf die qualitativen Risiken beim KI-Einsatz eingegangen, bevor deren rechtliche und ethische Risiken thematisiert werden. Die strukturellen Risiken werden abschließend erläutert.

6.1 Qualitative Risiken beim KI-Einsatz

Der zunehmende Einsatz von KI-Systemen birgt komplexe und oft noch wenig erforschte Risiken. Die Autonomie von KI-Agenten bedeutet Interaktionen in dynamischen Umgebungen bei abnehmender menschlicher Kontrolle. Dadurch entstehen neue Ebenen der Unsicherheit. So erschweren Systeme, die auf LLMs basieren, die Bewertung von Verlässlichkeit, Verantwortung und Kontrolle, denn sie beruhen auf emergentem Verhalten, intransparenten Entscheidungsprozessen und kontextabhängigen Ausgaben (Leimeister, 2025). Risikowahrnehmung und menschliches Verhalten spielen daher eine entscheidende Rolle für die Akzeptanz und das Management von KI-Systemen, sei es bei der Übertragung von Aufgaben, der Gestaltung von Mensch-KI-Workflows oder dem Vertrauen in autonome Entscheidungen der KI. Menschliche Reaktionen auf Unsicherheit und wahrgenommene Risiken beeinflussen maßgeblich den Rahmen der KI-Integration. Auch hat die zunehmende Komplexität moderner KI-Technologien eine neue Angriffsfläche im Be-

G. Heinemann, *Der neue KI-Commerce*,
https://doi.org/10.1007/978-3-658-51173-9_6

reich Cybersicherheit geschaffen. So gefährden Angriffe wie Model Poisoning, Prompt Injection oder Jailbreaking die Integrität und Verlässlichkeit von LLM-Modellen. Solche Angriffe bedrohen auch die Sicherheit und Privatsphäre ganzer digitaler Ökosysteme, sofern KI-Agenten in die Softwareumgebungen integriert sind (Leimeister, 2025). Insgesamt kann das KI-Risiko als Maß dafür verstanden werden, wie wahrscheinlich es ist, dass eine potenzielle KI-bezogene Bedrohung ein Unternehmen beeinträchtigt, und wie hoch der Schaden sein kann, den diese Bedrohung verursachen würde. Möglich ist die Schädigung von KI-Systemen selbst sowie von ganzen Unternehmen, einschließlich finanzieller Verluste, Rufschädigung, behördlicher Strafen, Vertrauensverlust in der Öffentlichkeit und Datenschutzverletzungen (Badman, 2015). Dabei lassen sich die qualitativen Risiken von KI in drei Kategorien einteilen, und zwar **Datenrisiken, Modellrisiken sowie operationelle Risiken**.

6.1.1 Daten- und Modellrisiken

Die Datensätze, auf die sich KI-Systeme stützen, sind anfällig für Manipulationen, Verstöße, Verzerrungen oder Cyberangriffe. Als häufige Risiken im Zusammenhang mit Daten sind folgende Aspekte zu nennen (Badman, 2015):

- **Datensicherheit**: Cyber-Angreifer können Unternehmen durch unbefugten Zugriff auf ihre Datensätze ernsthafte Probleme bereiten, einschließlich Datenverlust und Verletzung der Vertraulichkeit.
- **Datenschutz**: Datenschutzverletzungen können zu regulatorischen und rechtlichen Problemen für Unternehmen führen, da KI-Systeme oft sensible personenbezogene Daten verarbeiten.
- **Datenintegrität**: KI-Modelle können nur so zuverlässig sein wie ihre Trainingsdaten. Datenverzerrungen führen zu falsch positiven Ergebnissen, ungenauen Ergebnissen oder schlechten Entscheidungen.

Vor allem die Datenrisiken und dabei insbesondere der Datenschutz halten bisher viele deutsche Verbraucher davon ab, KI-Tools wie ChatGPT oder Gemini zu nutzen. Datenschutzbedenken sowie Zweifel an der Verlässlichkeit der KI-Ergebnisse (und damit mögliche Modellrisiken, siehe nachfolgender Absatz) sind offensichtlich die größten Hürden (Dearl, 2025).

Cyberkriminelle können KI-Modelle für Diebstahl oder unbefugte Manipulation ins Visier nehmen. Sie können die Integrität eines Modells gefährden, indem sie die Architektur, die Gewichtungen oder die Parameter manipulieren, also die Kernkomponenten, die das Verhalten und die Leistung eines KI-Modells bestimmen. Zu den häufigsten Modellrisiken zählen (Badman, 2015):

- **Böswillige Angriffe**: Werden Eingabedaten manipuliert, um KI-Systeme zu falschen Vorhersagen oder Klassifizierungen zu verleiten, liegen böswillige Angriffe vor. Kriminelle können den KI-Algorithmen beispielsweise mit böswilliger Absicht generierte Datensätze zuführen, um damit die Entscheidungsfindung gezielt zu stören oder Verzerrungen zu verursachen.
- **Prompt Injection**: Dabei werden große Sprachmodelle (LLMs) angegriffen. Bösartige Eingaben können als legitime Prompts getarnt und generative KI-Modelle auf diese Weise manipuliert werden. Damit können sensible Daten weitergegeben und Fehlinformationen verbreitet werden. Selbst einfache Prompt-Injektionen können intelligente Chatbots dazu bringen, Systemschutzmechanismen zu ignorieren und Dinge zu kommunizieren, die nicht beabsichtigt sind.
- **Interpretierbarkeit des Modells**: Komplexe KI-Modelle sind nicht einfach zu interpretieren. Deswegen können Benutzer oft nur schwer nachvollziehen, wie die KI zu ihren Entscheidungen gelangt. Der Mangel an Transparenz kann das Erkennen von Verzerrungen und die Rechenschaftspflicht erschweren sowie das Vertrauen in KI-Systeme und ihre Anbieter untergraben.
- **Angriffe auf die Lieferkette**: Böswillige **Akteure können KI-Systeme auch auf der Ebene der Lieferkette ins Visier nehmen, inklusive der Entwicklungs-, Bereitstellungs- oder Wartungsphase. Dabei können Schwachstellen in Komponenten von Drittanbietern ausgenutzt werden, was zu Datenschutzverletzungen oder unbefugtem Zugriff führen kann.**

6.1.2 Operationelle Risiken und Frameworks für das KI-Risikomanagement

KI-Modelle sind Produkte mit ausgeklügelten Codes und Algorithmen. Wie alle Systeme und Technologien sind sie anfällig für operationelle Risiken. Zu den häufigen operationellen Risiken zählen die folgenden Punkte (Badman, 2015):

- **Modelldrift oder Verfall**: Änderungen in den Daten oder den Beziehungen zwischen Datenpunkten führen zu einer Leistungsverschlechterung. Dadurch wird zum Beispiel ein Betrugserkennungsmodell ungenauer und schafft es nicht mehr, betrügerische Transaktionen aufzudecken.
- **Zuverlässigkeitsprobleme**: Wird die Zuverlässigkeit vernachlässigt, kann das zu Problemen bei der Wartung und Aktualisierung der KI-Systeme führen, was wiederum eine uneinheitliche Leistung, höhere Betriebskosten und einen höheren Energieverbrauch zur Folge haben kann.
- **Herausforderungen bei der Integration**: Bei der Integration von KI-Systemen in die bestehende IT-Infrastruktur stoßen Unternehmen häufig auf Probleme in Bezug auf Kompatibilität, Zugang zu Datensilos und Systeminteroperabilität. Die Einführung von

KI-Systemen kann auch neue Schwachstellen schaffen, indem sie eine größere Angriffsfläche für Cyberangriffe bietet.

- **Fehlende Verantwortung**: Viele Unternehmen verfügen nicht über angemessene Corporate-Governance-Strukturen für KI. Daher werden KI-Systeme oft nicht ausreichend überwacht. Nur 18 % der Unternehmen haben die Führungsverantwortung organisatorisch geregelt und verfügen über einen Vorstand oder Geschäftsführer, der Entscheidungen über verantwortungsvolle KI-Governance treffen kann.

Es ist zu befürchten, dass KI-Modelle auch wegen der benötigten Rechenleistung schlechter werden könnten. So hat der unglaubliche Erfolg von ChatGPT die Schattenseite, dass die **Rechenleistung** extrem kostspielig ist. Dementsprechend zieht der Algorithmus der KI gelegentlich die Handbremse und spuckt minderwertige Ergebnisse aus, weil das **Primat der Effizienz** zuweilen Höchstleistungen unmöglich macht. Zumindest in der kostenlosen Version soll ChatGPT gegenüber der Anfangsleistung bereits deutlich schlechter geworden sein (Wertgarantie, 2025).

Frameworks für das KI-Risikomanagement

Aufgrund dieser Risiken ist ein KI-Risikomanagement angeraten. Dieses ist Teil der KI-Governance und bezieht sich auf die Richtlinien, die sicherstellen, dass KI-Tools und -Systeme sicher sind. KI-Governance konzentriert sich auf die Identifizierung und Beseitigung von Schwachstellen und Bedrohungen, um KI-Systeme vor potenziellen Risiken zu schützen (Badman, 2015). KI-Risikomanagement-Frameworks unterstützen Unternehmen bei der Entwicklung, Bereitstellung und Wartung von KI-Systemen. Sie minimieren Risiken, stellen ethische Standards sicher und ermöglichen die fortlaufende Einhaltung gesetzlicher Vorschriften.

Zu den am häufigsten verwendeten KI-Risikomanagement-Frameworks gehören (Badman, 2015):

- **NIST AI Risk Management Framework (AI RMF)**: Das AI RMF unterstützt Unternehmen dabei, KI-Systeme so zu entwerfen, zu entwickeln, bereitzustellen und zu nutzen, dass Risiken effektiv gemanagt sowie vertrauenswürdige, verantwortungsvolle KI-Praktiken gefördert werden. Es gliedert sich in zwei Teile, wobei der erste einen Überblick über die Risiken sowie die Merkmale vertrauenswürdiger KI-Systeme bietet. Der zweite Teil, der AI RMF Core, skizziert die Funktionen, die Unternehmen dabei helfen, Risiken von KI-Systemen zu bewältigen, und zwar das Etablieren einer Unternehmenskultur des KI-Risikomanagements, das Einordnen der Risiken von KI in bestimmte Geschäftskontexte, das Messen von KI-Risiken sowie den Umgang mit erfassten und bewerteten Risiken.
- **EU AI Act**: Dieses gesetzliche Rahmenwerk regelt die Entwicklung und Nutzung von KI in der Europäischen Union (EU). Es verfolgt einen risikobasierten Regulierungsansatz und wendet unterschiedliche Regeln auf KI-Systeme an, je nachdem, welche Risiken sie für die menschliche Gesundheit, Sicherheit und Rechte darstellen. Der EU AI

Act stellt auch Regeln für die Entwicklung, Schulung und Bereitstellung allgemeiner Modelle künstlicher Intelligenz (z. B. ChatGPT und Google Gemini) auf.

- **ISO/IEC-Standards**: Hinter diesem Regelwerk stehen die International Organization for Standardization (ISO) sowie die International Electrotechnical Commission (IEC). Beide Organisationen haben gemeinsam Normen entwickelt, die verschiedene Aspekte des KI-Risikomanagements behandeln. Diese konzentrieren sich auf die Bedeutung von Transparenz, Rechenschaftspflicht und ethischen Überlegungen im KI-Risikomanagement. Die ISO/IEC-Standards bieten umsetzbare Richtlinien für den Umgang mit KI-Risiken während des gesamten KI-Lebenszyklus, angefangen bei der Konzeption und Entwicklung bis hin zur Bereitstellung und zum Betrieb.

6.2 Ethische und rechtliche Risiken beim KI-Einsatz

6.2.1 Ethische Risiken

Unternehmen riskieren Datenschutzverletzungen und verzerrte Ergebnisse, wenn sie bei der Entwicklung und Bereitstellung von KI-Systemen nicht auf Sicherheit und Ethik achten. Zu den häufig auftretenden ethischen Risiken zählen die folgenden Aspekte (Badman, 2015):

- **Mangelnde Transparenz**: Sofern KI-Systeme nicht transparent und verantwortungsvoll gestaltet werden, kann das einen Vertrauensverlust in der Öffentlichkeit zur Folge haben.
- **Nichteinhaltung von regulatorischen Anforderungen**: Der Verstoß gegen behördliche Vorschriften wie der DSGVO oder branchenspezifische Richtlinien kann zu hohen Bußgeldern und rechtlichen Sanktionen führen.
- **Algorithmische Verzerrungen**: Das Verzerren von KI-Algorithmen durch die verwendeten Trainingsdaten führt möglicherweise zu kritischen Ergebnissen wie diskriminierenden Personalentscheidungen und ungleichen Zugang zu Finanzdienstleistungen.
- **Ethische Dilemmas**: Entscheidungen, die von KI oder KI-basiert getroffen werden, können ethische Bedenken in Bezug auf Privatsphäre, Autonomie und Menschenrechte aufwerfen.
- **Mangelnde Erklärbarkeit**: Mangelnde Erklärbarkeit von KI-Ergebnissen kann das Vertrauen beeinträchtigen und zu rechtlichen Prüfungen und Rufschädigung führen. Wenn beispielsweise ein Unternehmen nicht weiß, woher sein LLM die Trainingsdaten bezieht, kann dies womöglich schlechte Presse oder behördliche Untersuchungen zur Folge haben.

6.2.2 Rechtliche Risiken

Der KI-Einsatz wirft erhebliche rechtliche Fragestellungen auf, die sowohl in der Rechtswissenschaft als auch in der Gesetzgebung Gegenstand einer dynamischen Auseinandersetzung sind. Der Einsatz von KI ist durch zwei wesentliche rechtliche Leitplanken reguliert, und zwar auf EU-Ebene sowie auf nationaler Ebene (Wehler, 2025):

- **EU-Ebene**: Hier wurde mit dem EU AI Act ein risikobasierter Ansatz für die Regulierung von KI geschaffen, der im August 2024 in Kraft trat. Dabei soll gemäß Art. 1 Abs. 1 die Einführung einer auf den Menschen ausgerichteten und vertrauenswürdigen KI gefördert werden –. Nach Art. 2 Abs. 1 des EU AI Act sind die Regelungsadressaten alle Produkthersteller, Anbieter, Händler und Betreiber von KI-Systemen, und zwar unabhängig davon, ob sie ihren Sitz in der Union haben oder nicht. Maßgeblich ist allein, ob das KI-System in einem Mitgliedstaat der EU Anwendung findet.
- **Nationale Ebene**: Hier gelten für den Einsatz von KI-Technologien alle bisherigen unspezifischen Regelwerke. Bei der Entstehung der einschlägigen Gesetze wurde der disruptive Charakter von KI noch nicht berücksichtigt.

Bezüglich der zivilrechtlichen Haftungsgrundsätze ist festzuhalten, dass KI keine eigene Rechtspersönlichkeit ist und insofern nicht für durch sie verursachte Rechtsverletzungen haftet. Doch haftet der Verwender der künstlichen Intelligenz in jedem Fall für die mit ihr erzeugten Inhalte (LG Kiel, Urteil vom 29.02.2024 – 6 O 151/23). Die Haftung für KI-Systeme wird aufgrund der Vorgaben der EU-Produkthaftungsrichtlinie noch einmal verschärft werden. Sie sieht eine Übertragung ihrer Vorgaben bis zum 09.12.2026 in deutsches Recht vor. Dabei sind KI-Systeme als Software unter den Produktbegriff zu subsumieren. Die Richtlinie sieht auf prozessualer Ebene eine umfassende Beweiserleichterung für den Geschädigten durch Vermutungsregelungen und Offenlegungspflichten vor – und damit einer Erweiterung des Kreises potenzieller Haftungsadressaten. Auch dort, wo der Einsatz von KI-Tools die Arbeit des Unternehmens erleichtert, gilt die allgemeine Überwachungspflicht der Geschäftsleitung, wodurch rechtskonformes Verhalten der Mitarbeitenden sowie des gesamten Unternehmens sichergestellt werden soll (Wehler, 2025).

Als Rechtsmaterien finden das Recht des geistigen Eigentums, das Wettbewerbsrecht, das Datenschutzrecht, das Zivilrecht inklusive Haftungsgrundsätze sowie das Arbeitsrecht und Urheberrecht Anwendung (Wehler, 2025).

- **Geistiges Eigentum**: Hier ist Vorsicht geboten. Es liegt auf der Hand, dass eine KI identische oder ähnliche und damit verwechslungsfähige, bereits für Dritte geschützte Marken zur Nutzung vorschlägt oder urheberrechtlich geschützte Werke wie Texte, Bilder oder Videos verwendet oder reproduziert. Denn die derzeit im Einsatz befindlichen Technologien wurden auch mit rechtlich geschützten Inhalten trainiert. Der KI-Nutzer muss mit Rechtsfolgen rechnen und haftet – neben Vernichtung, Beseitigung, Auskunft und Unterlassung – auch auf Schadensersatz. Bereits durch die Abmahnung kann für ihn eine Kostentragungspflicht entstehen, mit der eine Urheberrechtsverletzung erstmals geltend gemacht werden kann (vgl. etwa § 97a Abs. 3 Satz 1 UrhG). Zudem drohen auch strafrechtliche Konsequenzen, da zum Beispiel § 106 Abs. 1 UrhG die Vervielfältigung, Verbreitung oder öffentliche Wiedergabe eines Werks, einer Bearbeitung oder einer Umgestaltung eines Werks ohne Einwilligung des Berechtigten und außerhalb der gesetzlich zugelassenen Fälle unter Strafe stellt (Wehler, 2025).

- **Wettbewerbsrecht**: Für den B2C-Bereich sind zahlreiche unlautere Geschäftspraktiken definiert, die zu berücksichtigen sind. So besteht die Gefahr, dass die von der KI generierten Inhalte unwahr oder irreführend sind und ihre Verwendung den Tatbestand einer unlauteren geschäftlichen Handlung erfüllt (nach § 5 Gesetz gegen den unlauteren Wettbewerb – UWG). Dabei würden sich die Verwender Beseitigungs-, Unterlassungs- und Schadensersatzansprüchen ausgesetzt sehen, die gemäß § 8 Abs. 3 UWG unter anderem von Mitbewerbern und bestimmten Verbraucherverbänden geltend gemacht werden können (Wehler, 2025).
- **Datenschutzrecht**: KI kann zweifelsohne das Handling von Kunden- oder Angestelltendaten erleichtern und auch erhebliche Datenmengen in kurzer Zeit analysieren. Allerdings gilt es gerade hier, auf Verstöße gegen die Datenschutz-Grundverordnung (DSGVO) und den EU AI Act zu achten. KI-Tools sind nun einmal für ihren Betrieb und ihre Verbesserung auf Daten angewiesen, auch solche mit Personenbezug. Rechtsrelevante Schwierigkeiten können sich vor allem im Hinblick auf die zulässigen Nutzungszwecke sowie die Rechte der betroffenen Personen ergeben. Deswegen sollte bei der Implementierung von KI-Systemen großes Augenmerk auf den Schutz personenbezogener Daten gelegt werden (Wehler, 2025).
- **Arbeitsrecht**: Der Einsatz von KI wird auch die Arbeitswelt nachhaltig verändern und neben dem Wegfall von Arbeitsplätzen dafür sorgen, dass Arbeitnehmer neue Qualifikationen erlernen müssen. Sofern KI-Tools zur Überwachung und Kontrolle von Arbeitszeiten eingesetzt werden, müssen die Regelungen zum Datenschutz und das Recht auf Privatsphäre der Arbeitnehmer gewahrt werden. Bei der Rekrutierung neuer Arbeitnehmer durch KI könnte es zudem zu Diskriminierungen kommen, die einen Haftungstatbestand des Allgemeinen Gleichbehandlungsgesetzes erfüllen (Wehler, 2025).
- **Urheberrecht**: Hochkarätige Medienunternehmen, wie u. a. die **New York Times** (NYT), haben OpenAI und Microsoft wegen Urheberrechtsverletzungen verklagt. Den KI-Entwicklern wird vorgeworfen, die KI nutze unautorisiert Inhalte aus Millionen von Presseveröffentlichungen, was zu einem Milliardenschaden führe. Dem Antrag von OpenAI, diese Klage abzuweisen, wurde gerichtlich nicht stattgegeben (Stand 5. April 2025) (Wertgarantie, 2025). Der Urheberrechtsstreit wird nun fortgesetzt. Etliche Redaktionen befürchten gravierende Einschnitte beim unabhängigen Journalismus, wenn sich die KI fortlaufend aus den Medien bedient und die Ergebnisse der Allgemeinheit mehr oder weniger kostenlos zur Verfügung stellt. Diese Gefahr haben auch Universitäten und Forschungseinrichtungen erkannt. Sollte OpenAI die Klage verlieren, wird die Qualität von ChatGPT zwangsläufig abnehmen. Einige Social-Media-

Plattformen haben der Nutzung von Inhalten durch KI bereits einen Riegel vorgeschoben (Wertgarantie, 2025). So auch die GEMA: In einem weltweit beachteten Verfahren der GEMA gegen OpenAI hat das Landgericht München am 11. November 2025 das Urteil gefällt, dass OpenAI mit dem Training und dem Betrieb von ChatGPT gegen geltendes Urheberrecht verstößt. Damit wurde erstmals in Europa die Nutzung urheberrechtlich geschützter Werke durch generative KI-Systeme rechtlich bewertet und dabei zugunsten der Kreativen entschieden (GEMA, 2025).

Der Einsatz und die Verwendung von KI stellen Unternehmen vor regulatorische Herausforderungen. Um das Potenzial der KI optimal auszuschöpfen zu können, müssen die rechtlichen Risiken minimiert werden. Das macht es erforderlich, den dynamischen tatsächlichen und rechtlichen Diskurs nicht aus den Augen zu verlieren, um neue gesetzliche Anforderungen aus Unions- und nationalem Recht rechtzeitig und gesetzeskonform umsetzen zu können (Wehler, 2025).

Frameworks für das KI-Risikomanagement legen die Rahmenbedingungen, Regeln und Standards fest, die die KI-Forschung, -Entwicklung und -Anwendungen steuern. Sie gewährleisten Sicherheit, Fairness und Achtung der Menschenrechte (Badman, 2015).

6.3 Strukturelle Risiken der KI-Industrie

Alle wichtigen KI-Unternehmen sind miteinander verbandelt. Zugleich haben neun der zehn wertvollsten Unternehmen der Welt einen KI-Bezug (Mordrelle, 2025) (vgl. Abb. 6.1). Angeführt wird das Ranking von Nvidia mit über 4000 Mrd. US-Dollar. Analysten gehen davon aus, dass sich der Wert von Nvidia bis Ende 2026 auf über 8000 Mrd. US-Dollar verdoppeln könnte. Bereits am 29. Oktober 2025 gelang es dem Chiphersteller als erster Firma in der Geschichte überhaupt, eine Bewertung von 5 Billionen US-Dollar an der Börse zu erreichen (Langer, 2025). Der Unternehmenswert ist damit höher als das Bruttosozialprodukt von Deutschland, das in 2024 umgerechnet 4,66 Billionen US-Dollar betrug.

Dem aktuellen Hype zufolge soll KI die Welt in eine neue Ära von Wachstum und Prosperität führen, was den Aktienmärkten viel Auftrieb verschafft und die Technologiewerte wie Nvidia, Alphabet und Microsoft auf Höchststände treibt (Mordrelle, 2025). Der US-Aktienmarkt geht ganz klar davon aus, dass KI sich durchsetzen und für hohe Gewinne sorgen wird. Dementsprechend wollen die Tech-Konzerne bis Ende 2026 rund 800 Mrd. US-Dollar in KI-Infrastruktur stecken. Durch den KI-Boom hat zum Beispiel die Nachfrage nach Cloud-Diensten (Azure) bei Microsoft ein Auftragsvolumen von 393 Mrd. US-Dollar erreicht und ist damit so hoch, dass sie die Kapazitäten von Microsoft übersteigt. Deswegen plant der Tech-Gigant, die Kapazität seiner Rechenzentren in den nächsten beiden Jahren zu verdoppeln. Auch die GAFA-Unternehmen (Google, Amazon, Facebook/Meta und Apple) benötigen für ihre KI-Themen immer gigantischere Cloud-Kapazitäten. Immer mehr Analysten stellen daher die Frage, wie sich die enormen Investitionen in KI

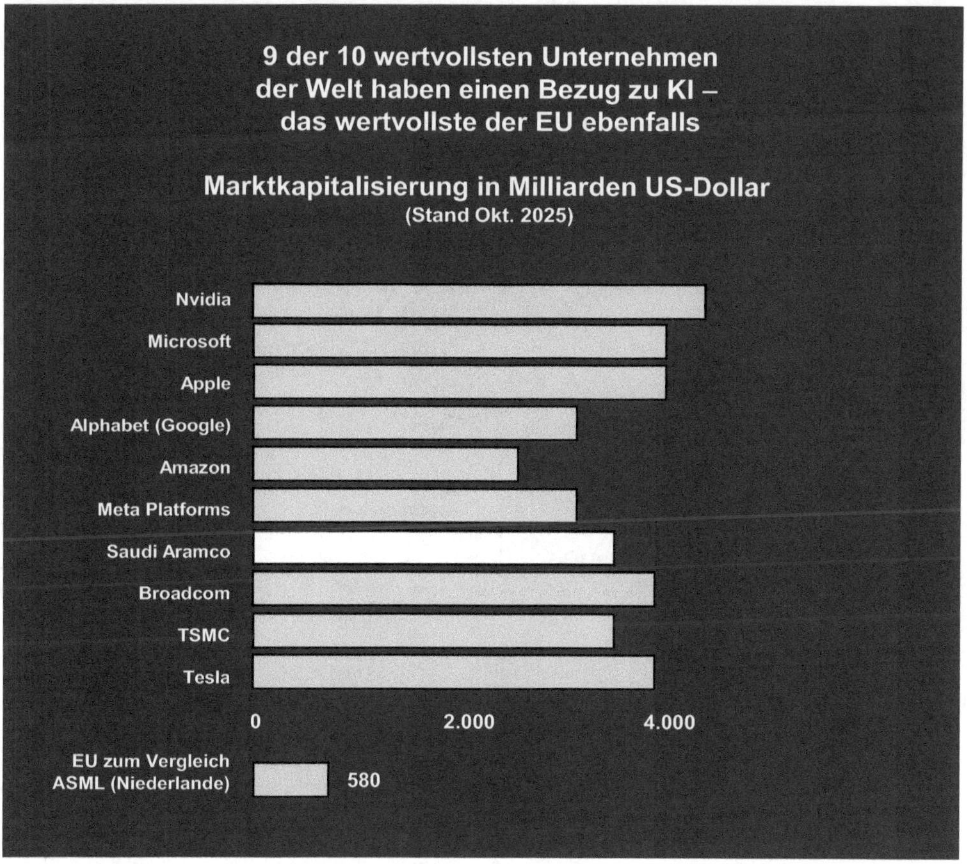

Abb. 6.1 Wertvollste Unternehmen mit KI-Bezug. (In Anlehnung an Mordrelle, 2025)

jemals amortisieren sollen (Langer, 2025). Ohne diese KI-Investitionen würde sich die US-Wirtschaft in einer Rezession befinden. Seit 2021 wurden in den USA mehr als 5000 KI-Firmen – also mehr als alle derzeitigen börsennotierten Unternehmen der USA – von Investoren finanziert, darunter auch Anthropic, OpenAI und Perplexity. Diesbezüglich gibt es durchaus Bedenken, dass sich diese Investitionen nicht rechnen werden, zumal die Tech-Giganten in einer Art zirkulärer KI-Ökonomie stecken. So kauft OpenAI im großen Stil die Produkte des Chip-Herstellers AMD, an dem das ChatGPT-Unternehmen beteiligt ist. Zudem kauft OpenAI bei Oracle für 300 Mrd. US-Dollar Rechenleistung ein. Oracle wiederum investiert Milliarden in Nvidia-Chips (Mordrelle, 2025). Dabei macht OpenAI gerade einmal 13 Mrd. US-Dollar Umsatz und ist finanziell nicht in der Lage, den Ausbau der eigenen Infrastruktur zu stemmen. Deswegen ist OpenAI auf Investorengelder angewiesen, die mit großen Produktivitätsversprechen gelockt werden müssen. Aktuelle MIT-Studien sagen allerdings voraus, dass KI die meisten Unternehmen nicht produktiver machen wird, sondern nur die großen Tech-Firmen profitieren lässt. Diese investieren

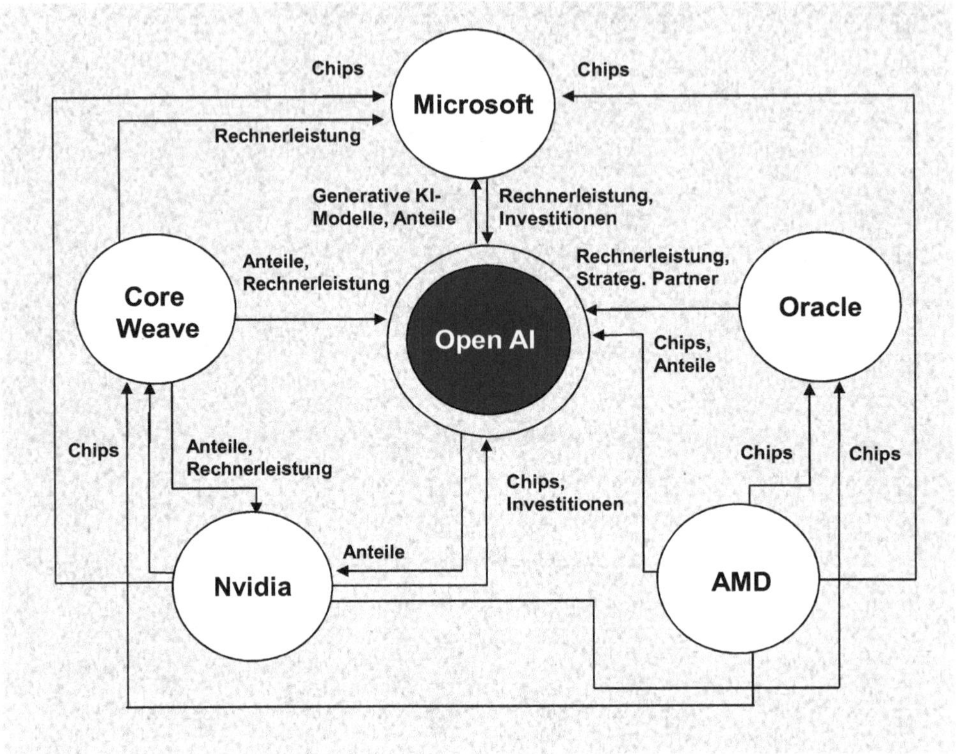

Abb. 6.2 Die zirkulären Geldströme der KI-Unternehmen. (In Anlehnung an Hunziker, 2025)

ineinander und setzen dadurch eine kreislaufartige Dynamik in Gang, die den KI-Hype befeuert. Dieser beruht auf drei Typen von KI-Firmen, die überwiegend überkreuz aneinander beteiligt sind (Mordrelle, 2025):

- **KI-Softwareunternehmen** wie OpenAI, die im Zentrum stehen und den Hype ausgelöst haben, weil sie der Menschheit schlagartig aufgezeigt haben, was mit KI möglich sein kann.
- **Cloud-Provider** wie Microsoft, Oracle oder Core Weave, die gigantische Rechenzentren zur Verfügung stellen, auf die die KI-Softwareunternehmen zur Entwicklung ihrer KI-Modelle angewiesen sind.
- **Chip-Hersteller** wie Nvidia und AMD, die hoch spezialisierte Grafikprozessoren für die Server der Rechenzentren bereitstellen.

Zwischen diesen Firmen ist ein komplexes Netz von Käufen und Investitionen sowie zirkulären Geldströmen entstanden, die in Abb. 6.2 dargestellt sind. Demnach investieren Nvidia und Microsoft gleichzeitig in OpenAI und helfen damit dem KI-Player, zu wachsen und mehr Rechenkapazität sowie Chips zu kaufen. Dadurch kurbeln die beteiligten

Unternehmen die Nachfrage nach ihren Modellen, Produkten und Leistungen künstlich an. Erst Ende September 2025 kündigte Nvidia an, in den kommenden Jahren bis zu 100 Mrd. US-Dollar in OpenAI investieren zu wollen, wofür es Anteile erhalten würde. Damit eifert der Chip-Hersteller Microsoft nach, für das das in 2019 abgeschlossene Investment in OpenAI immer lukrativer wird. Den Verzicht auf Exklusivrechte, der für den Börsengang von OpenAI erforderlich war, ließ sich Microsoft fürstlich entlohnen. Demnach erhält Microsoft nach Berichten der WELT vom 31. Oktober 2025 einen Anteil von 27 % an OpenAI. Zudem erhält Microsoft Exklusivrechte an der Nutzung von Innovationen von OpenAI. Zusätzlich verpflichtete sich die KI-Schmiede, für 250 Mrd. US-Dollar Supercomputer-Rechenleistungen bei Microsofts Azure einzukaufen. Schließlich bleibt Microsoft zu 20 % an den Umsätzen von OpenAI beteiligt (Fuest, 2025).

Durch derartige Rundgeschäfte sorgen Microsoft sowie alle anderen an der Kreislaufwirtschaft beteiligten Unternehmen zweifelsohne für höhere Bewertungen. An diesen Rundgeschäften ist auch der Rechenzentrenbetreiber CoreWeave beteiligt, an dem OpenAI und Nvidia wiederum Anteile halten. Andererseits kauft Nvidia alle ungenutzten Rechenkapazitäten von CoreWeave, wodurch das Unternehmen größer erscheint, als es in Wirklichkeit ist. Erste Experten mahnen zur Vorsicht, da die hohen Bewertungen der Techfirmen künstlich gepusht und daher stark übertrieben seien (Hunziker, 2025; Mordrelle, 2025).

Literatur

Badman, A. (2015). *Was ist KI-Risikomanagement?* https://www.ibm.com/de-de/think/insights/ai-risk-management. Zugegriffen am 19.11.2025.

Dearl, S. (2025, November 10). *Künstliche Intelligenz im Shopping-Alltag zwischen Potenzial und Zurückhaltung.* https://ibi.de/blog/kuenstliche-intelligenz-im-shopping-alltag-zwischen-potenzial-und-zurueckhaltung#. Zugegriffen am 20.11.2025.

Fuest, B. (2025, Oktober 30). Der nächste Coup für Microsoft. *Die Welt*, S. 11. https://www.welt.de/wirtschaft/plus690226a85afbdf36c840cbd1/neuer-deal-mit-openai-der-naechste-coup-fuer-microsoft.html

GEMA. (2025, November 11). Erstes KI-Grundsatzurteil in Europa: GEMA setzt sich gegen OpenAI durch. *Pressemitteilung*. https://www.gema.de/de/w/grundsatzurteil-gema-gegen-openai. Zugegriffen am 21.11.2025.

Hunziker, M. (2025, Oktober 13). Ist das eine Blase? Wie sich Techfirmen Milliarden zuschieben – und so ihren Wert aufblähen. *NZZ*. https://www.nzz.ch/wirtschaft/ist-das-eine-blase-wie-sich-techfirmen-milliarden-zuschieben-und-so-ihren-wert-aufblaehen-ld.1906149

Langer, M.-A. (2025, Oktober 31). Der KI-Boom katapultiert Nvidia auf einen Börsenwert von 5 Billionen Dollar. *NZZ* , S. 18.

Leimeister, J. M. (2025). *Risikomanagement für Künstliche Intelligenz (KI).* Universität Kassel. Fachbereich Wirtschaftsinformatik. Ausschreiben-AI_Risk_Management_1.pdf

Mordrelle, E. (2025, Oktober 27). Keine Blase, aber „rationaler Überschwang“ bei KI – warum der Chefökonom von Vanguard vor einer Korrektur warnt. *NZZ*, S. 19. https://www.nzz.ch/finanzen/keine-blase-bei-ki-aber-rationaler-ueberschwang-warum-der-chefoekonom-von-vanguard-vor-einer-korrektur-warnt-ld.1908270

Wehler, P. (2025, Januar 22). *Rechtliche Risiken beim Einsatz von künstlicher Intelligenz*. https://www.deutscheranwaltspiegel.de/deutscheranwaltspiegel/kuenstliche-intelligenz/rechtliche-risiken-beim-einsatz-von-kuenstlicher-intelligenz-158052/. Zugegriffen am 19.11.2025.

Wertgarantie. (2025). *ChatGPT: Ist der Chatbot schlechter geworden?* https://www.wertgarantie.de/ratgeber/elektronik/apps-programme/hilfsprogramme/chatgpt-ist-der-chatbot-schlechter-geworden#:~:text=Urheberrechtsverletzung%20durch%20ChatGPT&text=Den%20ChatGPT%2DEntwicklern%20wird%20vorgeworfen,was%20zu%20einem%20Milliarden-schaden%20f%C3%BChre. Zugegriffen am 21.11.2025.

FSC
www.fsc.org
MIX
Papier | Fördert
gute Waldnutzung
FSC® C083411

Kolibri 360 GmbH
Ferdinand-Jühlke-Straße 7
99095 Erfurt, Deutschland
produktsicherheit@kolibri360.de